南方海洋科学与工程广东省实验室(广州)人才团队引进重
(项目批准号：GML2019ZD0601)
国家自然科学基金项目(项目批准号：42206239)
教育部人文社会科学研究项目(项目批准号：22YJCZH260)

U1000670

中国南海渔业资源治理研究

赵 欣 著

海洋出版社

2023年 · 北京

图书在版编目（CIP）数据

中国南海渔业资源治理研究 / 赵欣著 . —北京：海洋出版社，2022.9
ISBN 978-7-5210-1016-9

Ⅰ. ①中…　Ⅱ. ①赵…　Ⅲ. ①南海-海洋渔业-资源管理-研究　Ⅳ. ①F326.43

中国版本图书馆 CIP 数据核字（2022）第 183247 号

责任编辑：程净净
责任印制：安　森
海洋出版社　出版发行

http：//www.oceanpress.com.cn
北京市海淀区大慧寺路 8 号　邮编：100081
鸿博昊天科技有限公司印刷　　新华书店北京发行所经销
2022 年 9 月第 1 版　2023 年 7 月第 1 次印刷
开本：787 mm×1092 mm　1/16　印张：14
字数：300 千字　定价：188.00 元
发行部：010-62100090　总编室：010-62100034
海洋版图书印、装错误可随时退换

前　　言

地球已进入人类世(Anthropocene)，成为一个由人类主导的、日益复杂的复合系统。人与海之间的互动关系正变得愈加深刻和复杂，如何处理人类与海洋的关系日益成为全人类的历史命题。其中，全球海洋渔业的可持续发展问题受到高度关注，是世界海洋治理的热点问题。海洋渔业对全球粮食安全、生计和经济等的重要贡献已得到广泛认可，联合国《2030 年可持续发展议程》及其 17 个可持续发展目标中有多个与海洋渔业直接相关。

南海，系位于西太平洋地区的半封闭边缘海，因其靠近世界海洋生物多样性中心，造就了多个世界主要渔业国家(地区)，涉及的渔业人口近世界总渔业人口的 1/3，支撑着沿岸地区人们的生计、粮食安全和营养健康。南海是中国最具核心价值的海洋地缘战略区，攸关中国的经济、军事战略和生存发展。我国历来高度重视南海渔业的发展，南海渔业开发为维护我国渔业利益和海洋权益发挥了重大作用。

然而，南海渔业可持续性面临重大危机。首先，渔业资源环境持续衰退。自 20 世纪 50 年代以来，虽然捕捞能力不断增强、渔获总量呈波动增长趋势，但近年来超过七成的渔获均是低值鱼类和幼鱼，过度捕捞严重改变了生态系统的营养结构，并导致了生物多样性和栖息地的大量丧失。其中，红树林已退化 73%，而珊瑚礁已退化约 80%。其次，渔业政治化、安全化趋势进一步使可持续发展蒙上阴影。渔业冲突有可能通过海洋安全、生态系统和生计重塑全球国际关系，可能升级为“系统性风险”，与石油、矿产资源一样是国际冲突的常见根源。而南海渔业冲突已经成为南海冲突中的核心安全威胁之一，甚至成为大国战略对弈的新热点。随着近岸渔业资源衰退，南海周边渔民捕捞作业在多种支持下逐步向南海外海扩展，在一定程度上将加剧争议水域的渔业事件。再次，该地区快速增长的经济和全球变化将带来更剧烈的人-海冲突。目前，南海地区总人口近 20 亿人，集聚了世界上增长最快的一些发展中经济体。随着工业化进程，加之气候变化和海洋酸化等影响，人类与海洋的冲突将更加凸显，引发地区渔业冲突的条件今后很可能更加普遍，如果不采取实质性的行动，进一步衰退的渔业资源将可能给该地区带来严重的后果。

尽管在过去的几十年里，人们已经意识到南海渔业资源普遍遭到过度开发。但是，对南海渔业的管理仍然很薄弱，南海渔业治理不足、呼吁治理革新，是国内外学术界的广泛共识。在当前中国和平崛起的关键期，在南海已然成为大国博弈角逐场的背景下，我国与周边国家的渔业纠纷和冲突是周边外交亟待解决的现实问题，近年来，急速衰退的渔业资源和不断升温的冲突态势亟须寻找治理革新的突破口。由于资源环境问题涉及生态、经济、社会与制度不同维度之间的复杂反馈，渔业资源治理制度的革新需要基于对渔业社会-生态系统的多维度系统诊断。然而，目前对我国南海渔业社会-生态系统全面的诊断评估与定量国际比较研究仍然欠缺，导致难以对我国南海渔业资源治理现状形成清晰、准确的认识。

为此，本书围绕渔业社会-生态系统的生态维度、经济维度、社会维度与制度维度，从基于权利的渔业管理理论和渔业绩效评估体系出发，结合定量评估与定性描述方法，综合研究我国南海渔业资源治理现状及其制度革新对策。本书主要内容包括：(1)梳理了南海渔业资源特征和变化趋势，分析了南海渔业开发利用与治理状况。(2)按照渔业绩效评估体系的指标体系设计社会调查，综合运用问卷调查、实地考察、专家评价、文献回顾、非结构式访谈等方法收集我国南海渔业数据，利用这些数据对我国南海渔业治理绩效及其促成因子进行定量综合评估。(3)基于评估结果，运用计量方法与渔业绩效评估体系全球数据集进行国际比较研究，明晰我国南海渔业资源治理状况。(4)在全球尺度上，运用计量方法研究渔业生态维度、经济维度、社会维度和制度维度的互动关系。(5)针对性地提出我国南海渔业资源治理制度对策建议。

本书可以为科学设计新型南海渔业合作治理制度提供科学依据，对改进新时代我国面向周边国家的南海渔业资源治理制度具有现实意义。

本书的撰写得到了我的博士导师南京大学中国南海研究协同创新中心主任王颖院士的悉心指导，得到了海南省海洋与渔业系统领导干部和同仁的热情协助，得到了华东师范大学杜德斌教授的鼎力支持。本书得到了南方海洋科学与工程广东省实验室（广州）人才团队引进重大专项“南海和大湾区资源环境可持续利用及治理研究”（项目批准号：GML2019ZD0601）、国家自然科学基金项目“南海渔业社会-生态系统耦合机理与优化调控”（项目批准号：42206239）和教育部人文社会科学研究项目“社会生态系统视角下南海渔业治理诊断与优化对策研究”（项目批准号：22YJCZH260）的资助，在此一并表示感谢。

限于作者水平，书中难免有疏漏之处，敬请读者批评指正。

作　者

2022年9月

目　　录

第一章　导　论

1.1　以公共池塘资源治理作为理论起点

1.1.1　公共池塘资源问题

公共资源领域研究涉及公地(the commons)、公共产权资源(public-property resources)、共享资源(open access resources)等概念，为了更好地理解公共资源问题，必须区分资源系统和产权相关的概念(Ostrom et al., 1999；Ostrom, 2005)。根据资源消费上的排他性和可利用性减少程度的高低，奥斯特罗姆(Ostrom, 2005)将资源划分为四类，包括：公共池塘资源(common-pool resources)、公共物品(public goods)、私人物品(private goods)和俱乐部物品(toll goods)(表1.1)。公共池塘资源，是指具有在消费上的竞争性，但不具有排他性的自然或人造资源，其属性是：①通过物理的和制度的手段阻止受益者开发资源的成本特别高；②一个用户对资源的开发利用会减少其他用户的资源可用性，如渔业资源、陆域和海洋生态系统、地下水资源、大气、灌溉系统和万维网等(Ostrom, 2005)。

表1.1　资源的种类

排他性的难度 \ 可利用性减少程度	低	高
低	俱乐部物品，如公共道路	私人物品，如食物
高	公共物品，如国防	公共池塘资源，如渔业资源

注：根据Ostrom(2005)修改。

1968年，哈丁(Hardin, 1968)在《科学》杂志发表了富有开创性的文章，提出“公地悲剧”的表述，以“对所有人开放”的牧场来说明，只要许多人共同使用一种稀缺资源，便会发生资源的退化。哈丁认为，公地的“理性”使用者对资源会一直有需求，直到他们使用资源行动的预期收益等于预期成本。由于每个资源用户都忽略了强加给他人的成本，因此个人行为会累积到过度使用及毁灭公共资源的地步。早在2 000多年前，亚里士多德就已注意到公地悲剧现象：“凡是属于最大多数人的公地常常是最少受人照顾的东西，人们关心着自己的东西，而忽视公共的东西。”在1833年，威廉·福斯特提出过关于公地的理论，认为公共财产会被不计后果地使用（Ostrom，1990）。戈登（Gordon，1954）在《渔业：公共财产资源的经济理论》一文中，同样阐述了类似逻辑，指出属于所有人的财产就是不属于任何人的财产，所有人都可以自由获得的财富得不到任何人的珍惜，海洋里的渔业资源对渔民来说是没有价值的，因为如果他们今天放弃捕捞，就不能保证这些鱼明天还在那里等着他们。此后，资源经济学家们（Clark，1976；1980；Dasgupta and Heal，1979）分析认为，只要共享资源对一批人开放，资源单位的总提取量就会大于经济上的最优提取水平。

事实上，除了上述牧场和渔业资源，公地悲剧现象普遍存在（Ostrom，1990），例如，20世纪70年代的撒哈拉地区国家的饥荒（Picardi and Seifert，1977）、都市犯罪（Neher，1978）、酸雨问题（Wilson，1984）、现代经济中公共部门与私人部门之间的经济关系（Shepsle and Weingast，1984a）、国际合作问题（Snidal，1985）、美国国会在限制自己过度开支上的无能（Shepsle and Weingast，1984b）、温室气体减排问题（Dietz et al.，2003）等。

公地悲剧常常用囚徒困境博弈表示。在信息不对称的条件下，每个人都选择占优策略，博弈的结局出现了并非对每个个体都最优的结果，甚至是最差的结果，即个体理性造成了集体非理性的结局（Olson，1965；Ostrom，1990）。曼瑟尔·奥尔森（Olson，1965）在《集体行动的逻辑》一书中，证明了在严格坚持经济学关于人及其行为的假定条件下，理性人都不会为集团的共同利益采取行动。他指出，如果一个人在公共物品被生产出来后，不会被排除在获取这一物品所带来的收益之外，那么这个人就不会有动机为这个公共物品的供给自愿奉献力量，都希望在坐享其成的同时避免其他人坐享其成。如果每个人都选择“搭便车”，结果就造成集体行动无法达成或者公共物品得不到提供。奥斯特罗姆也指出（Ostrom，1990；Ostrom et al.，1999），公地悲剧、囚徒困境和集体行动逻辑的核心都是“搭便车”问题，当缺少限制使用者开采资源权利和义务的有效规则时，可能有两种形式的“搭便车”行为：过度使用而不关心对他人的负面影响，以及缺乏维护和改善公共池塘资源的奉献精神，因而造成了潜在的公共资源困境，在这些困境中，人们追随自己的短期利益，造成的结果就是不符合所有人的长期利益。

人类制度，即组织管理人类活动的方式，影响环境的复原能力（Dietz et al.，2003）。曼瑟尔·奥尔森（Olson，1965）认为，只有借助于“引导之手”或是适当的制度安排，集体行动才能求得有效的集体结果。为了解决公地悲剧，哈丁提出的解决方案是保留公共产权但分配资源的获取权，采取强制手段，如用税收管制，或者采取产权私有化制度（Hardin，1968）。

1.1.2　公共池塘资源治理制度

为了防止公共池塘资源的过度开发利用，学术界提出了政府集中管制、产权私有化、自主治理和多中心治理等几种制度规则。

(1)政府集中管制。传统的经济学理论认为，公共物品属于市场失灵，必须由政府来提供，政府是提供公共物品的唯一主体(黄少安和洪银兴，2016)。许多学者和官员都认为，“一群无助的个人陷入了毁灭他们自己资源的残酷进程中”(Ostrom，1990)。哈丁(Hardin，1968)认为，如果想避免资源毁灭，必须对人们强加外在强制力。海尔布(Heilbroner，1974)认为，“铁的政府”或军事政府对实现生态控制是绝对必要的。卡路瑟和斯通纳(Carruthers and Stoner，1981)认为，没有公共控制，过度放牧、以较高成本捕获较少的鱼会必然发生，如果经济效率来自公共财产资源的开发，那就要求对公共财产资源实行公共控制。科斯和诺思(科斯等，2003)认为，作为最大制度的供给者，国家具有垄断权的制度安排，它是一种第三方实施的暴力机制，在一定程度上比其他机制更有利于契约的实施。对渔业资源等绝大多数自然资源系统实行中央政府控制的政策方案已得到广泛认可，特别是获得第三世界国家赞同(Ostrom，1990)。

但是，新制度经济学认为，国家既可能发挥增进市场制度的补充作用，也可能由于自身利益而阻碍市场的发展。奥斯特罗姆(Ostrom，1990)应用博弈模型解释了中央政府集中控制公共资源的弊端，认为要想实现集中控制所希望的最优均衡，即政府能够决定谁能使用资源，他们能够在什么时候使用，能利用多少资源，这些都必须要建立在具有准确的信息、强有力的监督能力、可靠有效的制裁以及零行政费用等假定基础之上。没有准确可靠的信息，中央机构可能犯各种错误，如主观确定资源承载力，罚金太高或太低，制裁了合作者或放过了背叛者等。多个学科的研究都已经发现，有些政府政策甚至加快了资源退化(Ostrom，2009)。因此，政府提供公共产品存在许多问题，如因信息不对称无法准确提供，因追求自身利益最大化而不愿提供等问题。

(2)产权私有化。史密斯(Smith，1981)提出，为了避免自然资源产生公共池塘资源悲剧，唯一的方法是通过创建私有产权制度来终止公共财产制度，把资源当作公共财产则会使我们被锁定在无法改变的毁灭中。韦尔奇(Welch，1983)也认为，为避免过度捕捞造成的低效率，建立完全私有化产权是非常必要的，产权私有化是解决公共池塘资源问题的最优办法。经济理论和经验表明，私有化产权在某些情况下比政府控制管理具有显著优势，但是也具有明显的不足(Dietz et al.，2003)。即使实行私有产权制度，其本身也是一种公共制度，它的存在取决于公共组织(Binger and Hoffman，1989)。当讨论土地实行土地私有产权时，很清楚是指将土地分割为个人占有、使用、处置，但对于流动性资源(如渔业资源)实行私有化产权已被证明特别困难(Clark，1980；Ostrom，1990)。

(3)自主治理和多中心治理。奥斯特罗姆(Ostrom，1990)认为，虽然公地悲剧、囚徒困境和集体行动逻辑模型解释了在世界各地不同背景下发生的许多不同问题的一些重要方面，但仅以此作为政策制定的基础是危险的，因为模型中被假设为固定不变的约束条件在各种实际场景中也被认为是固定不变的，而实际上，并不是所有的自然资源使用者都无法改变约束条件。奥斯特罗姆认为，公共池塘资源具有生态-社会多样性，在个人能够自主组织起来进行制度创设和自我管理的情况下，从体系外部实施政府规制和干预或干脆实行产权私有化都是错误的，弊大于利。例如，Sneath(1998；2003)研究表明，因国家治理政策的不同，在中国、蒙古和俄罗斯交界的草原退化情况存在巨大差异。蒙古允许牧民继续其传统的集体产权制度，而俄罗斯和中国都建立了涉及永久定居点的国有农业集体，采取中央集权的政府规制制度。结果，同样在该生态区，俄罗斯区域大约3/4的牧场已经退化，中国区域超过 1/3 的已经退化，而蒙古区域仅有 1/10 的土地遭受了相同的损失。

为了克服公共资源治理中的“集体行动困境”问题，奥斯特罗姆(Ostrom，1990；Ostrom et al.，1992)在大量的公共资源治理成功和失败的案例基础上，证明除了政府规制(集权)和产权私有化(分权)，还有第三种方案，即自主治理理论(self-governance)，其在《公共事物的治理之道：集体行动制度的演进》(埃莉诺·奥斯特罗姆，2012)一书中强调，在一定条件下，人们可以为了集体利益而自主组织起来采取集体行动，通过自主组织有效实现自主治理，并取得成功。全球已有众多自主组织成功治理公共资源的案例，如瑞士的托拜尔、日本的平野庄、中生庄和良木家庄的高山草场和森林的社区保有权，菲律宾桑赫拉的灌溉社群等。而后，奥斯特罗姆又发展了多中心治理理论(polycentric governance)。多中心治理理论认为，各行为主体既会自由追逐自己的利益，也会协调合作，政府仅应作为公共事务治理的其中一个治理主体，治理应该在包括中央政府、各级地方政府、各种政府派生组织、各种私人机构和公民个人在内的多个决策中心进行(Ostrom，2010)。制度安排必须复杂、冗余，并嵌套在许多层级中(Levin，1999；Janssen，2002；Low et al.，2003)。而以效率名义消除了冗余，简单地将资源治理完全依赖于强加的市场或单层级的、中央集权的政府规制都已经尝试过并失败了(Dietz et al.，2003；Ostrom，1999)。全球来自森林、海洋渔业、河流流域、灌溉系统、全球气候等多个经验证据表明，多中心治理往往具有很高的治理效率(谭江涛等，2018)。

但是，奥斯特罗姆提出的能够自主组织起来的是小范围的集体或组织，在规模较大的公共资源环境中，缺乏沟通、每个人都独立行动、没有人注意单个人行动的效应，改变现有结构的成本就很高(Ostrom，1990)。大范围内的集体行动情况下，还是需要政府干预和产权私有化等方式来解决集体行动困境(卢现祥和朱巧玲，2012)，目前还缺少合适尺度的有效治理制度(Dietz et al.，2003)。实证研究表明，没有哪一种单一类型的产权制度能够有效、公平和可持续地治理所有公共资源(Ostrom, 1999)。没有各种公有制度作为支持基础，任何私有产权市场也都不能长期存在。因此，在现实中，往往是公有制度和私有制度相互依存，而非相互隔绝(Ostrom, 1990)。

1.1.3 基于权利的渔业资源治理制度

普遍认为，全球渔业资源衰退的首要原因是对渔业的治理不善(Costello et al., 2008)。渔业资源作为典型的公共池塘资源，具有公共池塘资源的特点和本质属性，为了防止公地悲剧的发生，同样可以从产权角度进行治理。世界渔业发展历史表明，渔业资源如同其他许多公共池塘资源一样，基于对渔业资源的权利，渔业资源治理制度可以分为以下三类(Charles, 2002；杨正勇，2012；高健，2012；Anderson et al., 2015；Squires et al., 2017)。

(1)开放性进入(open access)。开放性进入是一种没有界定渔业资源产权的制度，任何人都可以从渔业资源获得收益，任何人都没有权利排斥其他人来使用该资源，先到先得(Charles, 2002；杨正勇，2012；高健，2012)。也许最著名的开放性进入渔业是公海渔业，发生在任何一个国家管辖范围之外的海洋空间；如果一个渔业没有管控渔船数量或渔具渔法数量，即使规定了总可捕量，有时候也称之为开放性进入。因为，受经济利益驱动，实际的捕捞努力可能是过度的，“捕鱼竞赛”现象仍然存在(Charles, 2002)。

(2)投入控制制度①(input control)，也称准入权(access rights)，或基于权利的投入努力量制度(effort rights-based management)，是指赋予渔获人进入渔场的权利，即捕捞权，对渔业生产过程中投入的人力、物力、资金等加以控制的管理制度。限制渔业的投入是消除开放性进入所带来的租金耗散问题的一个重要步骤(Clark, 1980)。制度的主要形式包括：捕捞许可、渔期限制、渔场限制、渔具渔法限制、渔船数量限制、个体不可转让捕捞权等(杨正勇，2012；高健，2012；Squires et al., 2017)。

(3)产出控制制度(output control)，也称渔获权(harvest rights)，或基于权利的渔获控制制度(catch rights-based management)，指允许渔获人认领总可捕渔获中明确的一部分，建立起对一定数量渔业资源的排他性权利，通过控制渔获产出来控制捕捞强度，并诱导经济刺激，有效分配资源和创造财富(Clark, 1980；Charles, 2002；Branch, 2009；杨正勇，2012；高健，2012)。渔获权可以分配给个人，其中以 1973 年 Christy 提出的个体可转让配额最为流行(如 Copes, 1986；Squires et al., 1995；Grafton et al., 2006；Chu, 2009；Branch, 2009；Jardine and Sanchirico, 2012；Squires et al., 2014；Del Valle

① 三种名称指的是同一制度类型，只是因为看待问题的角度不同而名称不同，从资源管理角度就叫“投入控制制度”；从渔民角度，就叫“准入权”；从政府管理角度，就叫“基于权利的投入努力量制度”(Charles, 2002；Squires, et al., 2016)。

et al.，2017)，也可以分配给群体或社区，即进行自主治理(如 Ostrom，1990；Baland and Platteau，1996；Deacon，2012；Zhou and Segerson，2016；Segerson，2016)。主要形式包括：总可捕量限额制度、个体渔获配额制度和个体可转让配额制度等(杨正勇，2012；高健，2012；Squires et al.，2017)。

因此，投入控制制度和产出控制制度均具有多种形式，并且这些形式可以发生在不同的组织层面，个人、社区(群体)或部门都可以(Charles，2002)。在特定情况下，一些形式比其他形式更加有效，或者有些形式比其他形式更擅长解决某类问题。所有的形式都在于重新确定激励方向，使得渔获者从"捕鱼竞赛"转变到让其行为与社会所期望的社会-经济-生态目标相协调，以解决渔业资源存量的外部性及伴随的产能过剩、资本过剩、过度捕捞和过度捕捞的存量资源问题，以实现可持续的渔业资源开发及社会经济效益(Costello et al.，2008；Squires et al.，2017)。

投入控制制度和产出控制制度各有优缺点，在二者之间存在妥协。从狭义的经济学意义上说，产出控制制度因为它所创造的激励机制而显得更加优越，但是，一旦考虑到为了资源评估所投入的研究成本，以及确定总可捕量所带来的相关风险及监测、管制、监察及执法的成本，则很难选择是产出控制制度还是投入控制制度更好(Squires et al.，2017)。单一的制度可能无法解决所有政策问题，同时混合使用这两种制度的实践越来越多，可以兼顾二者的优点，有很多实践案例从投入控制制度向产出控制制度转变，结合使用两种制度(Squires et al.，2017)。拥有强大的捕捞权，不能保证能够获得渔获(例如，奥林匹克竞赛式捕捞)；但是反过来，拥有渔获权的配额系统却不太可能缺少捕捞权，通常分配渔获配额时附带准入许可。因此，全球多个实施产出控制制度的案例也同时施行了投入控制制度(Anderson et al.，2015)。而以这两种制度为基础，结合基于空间区域的制度(area specifications of rights)，以及补充自上而下的政府管控措施，如休渔期、休渔区、渔具渔法技术标准等，可以用于减少兼捕、保护生境和生物多样性(Emery et al.，2012；Squires et al.，2017)。成功的渔业管理需要基于权利的管理制度作为主要机制，以支撑激励结构、制度能力和利益相关者的参与(Grafton et al.，2006)，同时，也需要政府强有力的立法、执法和监管(Beddington et al.，2007)。

1.1.4 渔业资源治理绩效评价

1.1.4.1 公共池塘资源治理制度分析与发展框架

在哈丁 1968 年提出公地悲剧概念到 1985 年期间，关于公地或公共事物的研究成果非常稀少。1985 年之后，对公共事物的研究成果显著增加，公开发表的学术成果超过 10 000 份，涉及的学科有环境科学、政治学与政策学、经济学、法学、历史、发展研究、地理学和人类学，不同学者从不同角度研究公共事物治理制度，尤其是环境科学对公共池塘资源的研究近年高速增长，其中，渔业资源是最受关注的公共事物领域（Ostrom，2007）。

鉴于制度分析涉及多个学科、多个层面，为了促进不同学科、不同尺度的制度研究之间可以交流、理解和合作，奥斯特罗姆开发并完善了制度分析与发展框架（Institution Analysis and Development，IAD）（Ostrom et al.，1992；Ostrom，2005；2007）（图 1.1）。该分析方法建立了跨学科的统一语言“诊断”人类与自然的复杂互动关系，有利于重新认识公共资源治理中的复杂结构和互动关系，从而挖掘公地悲剧的真正根源，寻找可以促进社会与生态可持续发展的因子（蔡晶晶，2012）。IAD 框架是制度分析的通用语言，具有多学科范式，能为组织和设计研究提供一般性的框架，但也存在系统应用成本高和难以学习的问题（王亚华，2017）。

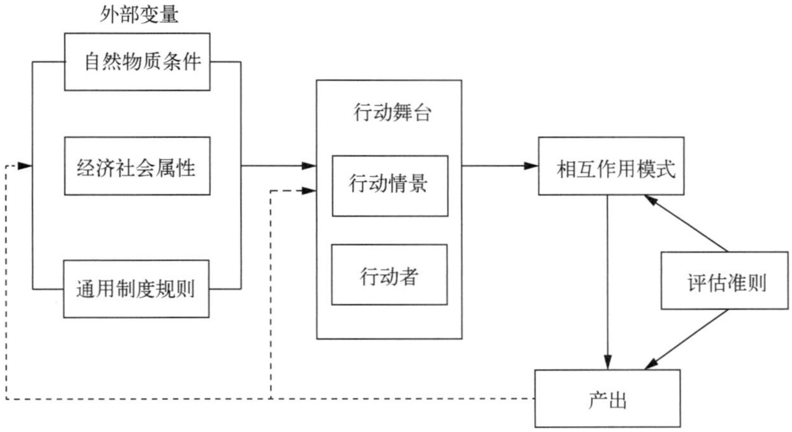

图 1.1　制度分析与发展（IAD）框架

资料来源：Ostrom，2007；王亚华，2017

经过对公共池塘资源多年的研究，奥斯特罗姆（Ostrom，2009）认为，所有人类开发利用的资源都包含在一个复杂的社会-生态系统（Social-Ecological System，SES）中，而不同学科使用不同的语言和概念描述和解释 SES，造成知识无法综合和积累。此外，学者们倾向于开发简单的理论模型分析资源问题的各个方面并得出通用的解决方案，比如，理论上预测自然资源的破坏是由于缺乏公认的产权制度，而导致了强行实施一刀切的政策方案常常是失败的。奥斯特罗姆进而提出了一个用于分析 SES 可持续性的一般框架（图 1.2），用于分析复杂的资源系统在不同时空尺度和不同层面的问题。

奥斯特罗姆认为，SES 是由多个子系统以及子系统的子系统多个层级组成，一级子系统包括资源系统（如近海渔场）、资源单元（如龙虾）、使用者（如渔民）、治理系统（即治理近海渔业活动的组织和规则），这些子系统是相对独立的，但是在 SES 层面相互作用产生结果，而这些结果又会反过来影响这些子系统及其组成部分。一级子系统又可分为数十个二级变量。由于渔业资源等公共池塘资源的复杂性，单一的“万能药”式的政策方案不能解决所有问题，科学的渔业资源治理对策需要建立在充分理解 SES 的互动特征和各组分之间的关联等基础之上（Ostrom，2009；陈琦等，2017）。虽然 SES 框架仅体现在二级变量上，对各变量的分析以定性为主，缺少具体完整的量化标准，但它为不同学科分析简单的公共池塘资源系统提供了基础方法，也为设计出试图理解更复杂的 SES 的理论原则提供了基础（Anderies et al.，2004）。

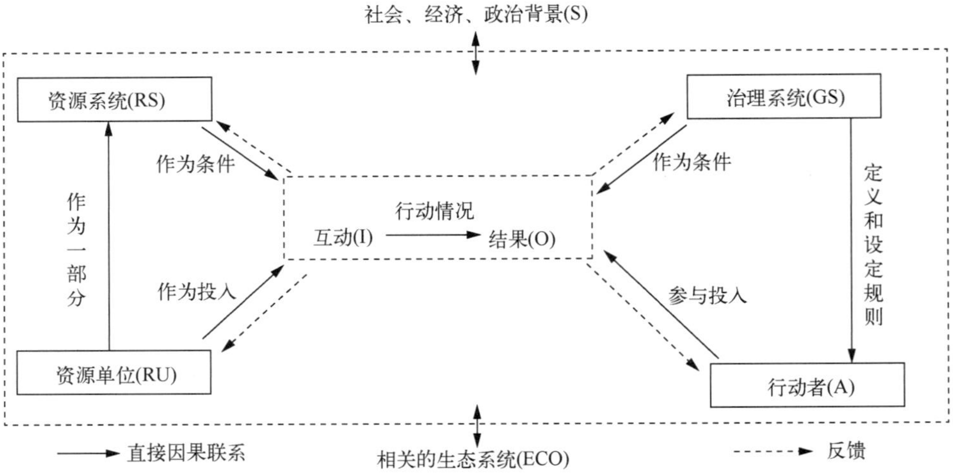

图 1.2　社会-生态系统（SES）框架概念示意图

资料来源：Mcginnis and Ostrom，2014；王亚华，2017

1.1.4.2　渔业社会-生态系统及其评估体系

联合国宣称可持续发展包括环境、经济和社会的可持续性，而世界渔业的可持续性越来越受关注（Asche et al.，2018）。渔业已被公认为 SES 的一个部分（Ostrom，2009），其可持续性包含四个方面：生态的、经济的、社会的（包括文化）和制度的（或治理）可持续性（Boström，2012；Dahl，2012；Garcia et al.，2014；Garcia et al.，2000；Rindorf et al.，2017；Stephenson，2017）。其中，制度可持续性是生态、经济、社会可持续性的核心，因为制度提供了将渔业系统转变为可持续系统的手段，从而影响其他三方面可持续性组成部分（Charles，1994；1997；2002；Boyd and Charles，2006）。可持续的 SES 不仅需要可持续的渔业资源基础，还需要渔获及后续盈利部门，以及接受和支持这些产业的社区和人们（Dietz et al.，2003；Ehrlich et al.，2012；Halpern et al.，2013；Anderson et al.，2015）。但是，在实践中，社会、经济和制度方面（即人类维度）迄今为止是被忽视了的（Charles，1995；Frame and Brown，2008；Hicks et al.，2016；Rydin，2007；Anderson et al.，2015；Stephenson et al.，2017）。

过去许多研究认为，提高生态可持续性则不可避免地要牺牲社会、经济发展(Costello et al.，2008；Birkenbach et al.，2017)，或发展经济就会损害生态和社会效益(Gordon，1954；Smith，1969；Clark，1973；Botsford et al.，1997；Pauly et al.，1998；Sethi et al.，2010；Ruddle and Davis，2013；Crona et al.，2015；Pitcher and Lam，2015；Béné et al.，2016；Golden et al.，2016；Kittinger et al.，2017；Costello et al.，2016；陈新军，2014)。也有少数研究认为，生态、经济和社会绩效之间是相互补充、相互促进的关系(Asche et al.，2018)。

通过分析渔业管理替代方法，渔业生物学在政策制定方面获得了相当多的应用(Worm et al.，2009)，被应用在捕捞份额管理(catch shares)(Costello et al.，2008；Essington et al.，2012)、个别可转让配额制(Individual Tansferable Quotas，ITQs)(Branch，2009)、共同管理(co－management)(Gutiérrez et al.，2011)和海洋保护区(Marine Protected Areas，MPAs)管理(Lester et al.，2009；Hilborn et al.，2004)等方面。但是这些方法对渔业的评估和管理仍然主要由生态方面和较小程度的经济方面所主导，而不能充分涵盖 SES 所包含的经济、社会和制度方面(Anderson et al.，2015；Stephenson et al.，2017)。越来越多的机构和政策提出需要“整体方法”来评估渔业的生态维度、经济维度、社会维度和制度维度(Anderson et al.，2015)。

目前，对渔业社会-生态系统的生态维度、经济维度、社会维度和制度维度 4 个维度建立的综合评估框架主要如表 1.2 所示。

表 1.2　不同渔业社会-生态系统评估体系 4 个维度比较

评估框架	文献来源	生态维度	经济维度	社会维度	制度维度
FAO 海洋捕捞渔业可持续发展指标体系	Garcia et al.，2000	• 渔获物结构	• 渔获	• 就业/参与	• 制度规则
		• 目标种群的丰度	• 渔获价值	• 人口	• 产权
		• 渔具对非目标种群的直接影响	• 渔业对 GDP 的贡献	• 文化教育	• 透明度与参与度
		• 渔业的间接影响：营养结构	• 渔业出口值	• 蛋白质/消费	• 管理能力
		• 渔具对生境的直接影响	• 捕捞船队和加工设施投资	• 收入	
		• 生物多样性(物种)	• 税收和补贴	• 捕捞传统/文化	
		• 重要或关键生境面积和质量的变化	• 收入	• 债务	
		• 渔业压力：捕捞与非捕捞区域	• 渔业纯收益	• 决策中性别分布	

续表

评估框架	文献来源	生态维度	经济维度	社会维度	制度维度
基于社区的地方渔业可持续性监测指标体系	Boyd and Charles, 2006	• 生物多样性	• 渔获	• 人口	• 管理资源充裕度
		• 捕捞和非捕捞区域的面积和质量	• 渔获价值	• 获得知识的机会	• 对海岸带综合管理(ICZM)的认可度
		• 承载能力	• 水产品价值	• 边缘群体的贡献	• 渔业管理中的综合方法
		• 渔具对非目标种群的直接影响	• 出口值	• 传统与文化	• 公众参与和透明度
		• 渔业对营养级和群落结构的间接影响	• 利润率	• 依赖本地捕捞渔民的捕捞权	• 地方适宜性
		• 渔获物结构	• 收入	• 合作/凝聚力	• 具有长期愿景的动态管理
		• 开发利用率	• 就业	• 争议解决机制	• 科学研究
		• 目标种群的丰度	• 渔获及加工能力	• 复原力	• 冲突与合作
		• 再生潜能/障碍	• 产能		
		• 鱼类浪费	• 公共资金的使用		
		• 资源浪费	• 市场刺激		
			• 债务		
			• 蛋白质健康与安全		
			• 复原力		
			• 自然资本		
			• 分配		
加拿大渔业研究网络框架	Stephenson et al., 2018	• 生产力和营养级	• 经济活力与繁荣度	• 健康与福利	• 法律义务
		• 生物多样性	• 可持续生计	• 社区可持续性	• 良好的治理结构
		• 生境与生态完整	• 权利和利益的分配	• 渔业规范性	• 有效的决策过程
			• 区域经济效益对渔区的贡献		
渔业绩效指标体系	Anderson et al., 2015	• 过度捕捞比例	• 渔获维度	• 管理回报维度	• 国家治理
		• 过度捕捞的程度	• 渔获资产维度	• 劳动回报维度	• 捕捞进入权限
		• 渔业资源动态	• 渔获后资产维度	• 健康与卫生维度	• 渔获权维度
		• 管制死亡率	• 风险维度	• 渔区支持服务维度	• 集体行动维度
		• 非目标渔获率	• 贸易维度	• 当地雇主维度	• 公众参与维度
		• IUU 渔获比例	• 产品形式维度	• 当地劳工维度	• 市场制度维度
		• 有第三方认证的上岸渔获比例		• 职业生涯维度	

(1)盖斯亚等提出的 FAO 海洋捕捞渔业可持续发展指标体系。该指标体系是对海洋捕捞业可持续性的综合评价，包含两级指标，但是，该评价体系最明显的限制是缺少跨国家、跨部门和跨鱼种的通用指标(Garcia et al.，2000)。

(2)鲍伊德和查尔斯提出的基于社区的地方渔业可持续性监测指标体系。该体系包含两级指标，是用于地方渔业社区层级的系统评估(Boyd and Charles，2006)。

(3)斯蒂芬森等构建的加拿大渔业研究网络框架。该框架是基于涉及可持续发展的国际法中的有关要求，建立了覆盖渔业系统生态、经济、社会和制度 4 个维度的二级指标，可以用于确定管理目标，确定给定管理目标下的替代选择，比较不同的管理方案，综合评估渔业管理(Stephenson et al.，2017)。但是，该框架含两级指标，还无法量化应用分析，也没有实际应用案例。

(4)安德森等提出的渔业绩效指标体系(Fishery Performance Indicators，FPIs)。该指标体系是一个广泛适用和灵活的渔业评估工具，包含三级指标及其评分标准，并在促成因子(包含制度因子)、管理策略以及它们对生态、经济、社会产生的结果之间建立了横向联系，该方法可以评估渔业社会-生态系统的绩效和制度因子，深入了解管理制度如何与外部资源及社区因素相互作用，并已应用于全球一百多个渔业案例(Anderson et al.，2015；2016；Asche et al.，2018；McCluney et al.，2019)。应用 FPIs，安德森团队探讨了渔业的生态、经济和社会 3 个维度之间的关系(Asche et al.，2018)。

1.1.4.3 制度分析与发展框架及社会-生态系统框架在中国的应用

(1)陆续引进制度分析与发展框架及社会-生态系统框架。近几年来，国内学者陆续引进了奥斯特罗姆的相关研究成果，认为其对中国公共资源治理有积极借鉴意义。王群(2010)对 IAD 框架的最近进展进行了介绍，认为该框架对中国公共池塘资源治理有积极指导意义。谭江涛等(2010)介绍了奥斯特罗姆的 SES 框架，认为该框架可为我国解决自然资源治理公共领域不断出现的新问题，提高资源治理水平，改善政府管理绩效，提供分析基础。李文钊(2011)介绍了奥斯特罗姆的多中心理论及 IAD 框架和 SES 框架，指出多学科、多元研究方法和合作研究是其重要特色。蔡晶晶(2012)对奥斯特罗姆的相关成果进行梳理和介绍，并总结其理论和实践意义。王羊等(2012)介绍了奥斯特罗姆的社会-生态系统可持续发展分析框架，指出该框架为自然资源学、生态学、地理学、经济学、社会学等学科的交流融合提供平台，并为资源管理、政策分析和案例比较分析等提供了理论和方法，对现阶段我国资源管理政策的制定有重要借鉴意义。王亚华(2017)介绍了 IAD 框架，该框架已被广泛应用于各种理论和实证研究，特别是在公共池塘资源领域的研究中应用尤为广泛，并分析指出了 IAD 框架作为制度与政策分析工具的主要优势和不足。认为 IAD 框架提供了制度分析的通用语言、包容多学科的范式，便于处理复杂性，辅助研究设计和组织，提供制度研究的有益概念；

同时，IAD 框架也存在缺点，比如可以提供宏观指导但难以深入，使用子分类操作性不强，系统应用的成本较高，比较复杂而不易掌握。

(2)IAD 框架和 SES 框架开始应用于中国渔业资源治理研究。国内渔业资源治理研究中已开始尝试引入 IAD 框架和 SES 框架。朱玉贵(2009)从系统论的视角，在“渔业管理措施施行效果分析的一种概念性框架”和 IAD 框架的基础上，构建并应用休渔制度分析框架，对伏季休渔制度产生的生物、经济、社会、渔政及国际效果进行了评估。谭江涛等(2018)基于组合 IAD-SES 分析框架，以浙江楠溪江渔业资源从单中心治理向多中心治理的演变为案例，探讨了政府授权的多中心协调治理机制在开放性公共资源治理中的有效性问题。验证了该案例变革的效果与多中心理论预测结果一致，多中心治理变革的确增强了集体行动水平，“搭便车”、规避责任或其他机会主义捕捞行为得到有效控制，渔业资源实现了可持续发展。认为中国政府是否愿意和如何授予当地群体的自治权是实现自主治理的关键性因素，经济发展等背景变量是促进自主治理发展的重要因素。陈琦和胡求光(2018)从社会-生态系统视角探究海洋渔业在多重扰动下的脆弱性问题，研究了 2001—2015 年中国海洋渔业社会-生态系统脆弱性的变化趋势及其影响因素。

1.1.4.4 中国对渔业资源可持续利用的评估

在过去的 20 年间，中国学者运用不同方法对渔业资源可持续利用情况进行了评价研究，主要包括从资源环境子系统、从经济子系统，以及从资源环境、经济和社会复合系统，建立渔业资源可持续利用评价指标体系。

(1)基于资源环境子系统的渔业资源可持续利用评价指标体系研究情况。丁琪等(2013；2015；2016)、丁琪(2017)用渔获物平均营养级的变化情况分别评价了西北太平洋、西北太平洋各沿海国、太平洋岛国、全球沿海国以及全球各海区海洋渔业资源可持续利用情况，因为渔获物的平均营养级可以视为鱼类群落的平均营养级，其可用来说明该生态系统内群落格局的变动，从而判断人类捕捞行为对海洋生态系统的影响。吴隆杰(2006)应用渔业生态足迹指数分析方法，对我国渔业资源可持续利用情况进行了测度。宋亚洲等(2010)基于生态足迹理论构建了渔业可持续指数的评价框架，并利用该评价指数对江苏省 1949—2007 年的渔业资源利用状况进行了定量评价。

(2)基于经济子系统的渔业资源可持续利用评价指标体系研究情况。平瑛等(2014)设计了渔业社会与经济发展的评估指标体系，运用专家调查法和模糊群组层次分析(GAHP)模型确定各层组指标的权重，综合测评沿海省份渔业产业的发展状况。张鸿杨(2015)基于评估学的研究方法初步构建了渔业政策实施后的评估指标体系，采用德尔菲法、逻辑框架法、层级分析法和灰色关联度分析法，定性和定量评估分析了部分沿海省市渔业经济社会的发展状况。孙吉亭和卢昆(2016)对我国海洋捕捞渔船“双控”制度的实施进行测度，通过考察海洋捕捞业的投入产出关系，即测度中国海洋捕捞业的生产效率来分析，发现现阶段我国海洋捕捞渔船“双控”制度的实施未完全达到政策预期效果。

(3)以资源环境、经济和社会三个子系统组成的渔业资源可持续利用评价指标体系研究情况。陈新军(2001)指出，渔业资源的可持续利用评价是一个系统性的工程，需要从经济、社会、资源环境和制度等方面建立一套指标体系，同时也指出，由于资料收集的限制，有些指标并没有包括在内。他以我国东海区渔业资源可持续利用状况为例，通过主成分分析等手段筛选出包括资源环境、社会和经济三个子系统共 11 个评价指标，对 1978—1990 年东海区渔业资源可持续利用水平进行了评价，并建立了以神经网络为基础的东海区渔业资源可持续利用动态评价模型。此后，陈新军和周应祺(2002a；2002b；2003)先后建立了以神经网络模型为基础的包括经济、社会和资源环境三个方面的渔业资源可持续利用综合动态评价方法，以灰色系统理论为基础的渔业资源可持续利用综合评价方法，以及以可持续发展的理论为基础的渔业资源可持续利用的发展度、协调度和耦合度系统化评价方法，上述三种方法均克服了传统上单纯从生物方面进行资源评价的缺陷，比传统的生物-经济模型更能反映渔业资源可持续利用的各个方面，均以东海区 1978—1990 年的渔业资源可持续利用状况为例进行了实证分析。以陈新军构建的海洋渔业资源可持续利用评价指标为参考，孙康等(2016)对 2003—2012 年中国沿海 11 个省份海洋渔业资源可持续利用水平的时空格局演化进行测度，并运用基于多智能体遗传算法的投影寻踪模型和核密度估计模型，分析出捕捞技术、捕捞强度和渔业产业结构等逐渐上升为影响海洋渔业资源可持续利用水平的重要因子。类似地，夏明明等(2009)以陈新军构建的海洋渔业资源可持续利用评价指标为参考，评价了舟山市渔业可持续发展情况。倪海儿和陆杰华(2003)以舟山渔场为例，选择了渔业资源环境、社会和经济三个子系统 24 个指标，对各子系统的指标体系进行了主成分分析，在此基础上采用灰色关联度分析，计算了舟山渔场 1954—1990 年的相对关联度，评价了舟山渔场渔业资源可持续利用水平。倪海儿和周瑞娟(2009)采用灰色系统理论建立了渔业资源可持续利用水平的灰色聚类评价模型和灰色神经网络预测模型，评价了舟山渔场渔业资源可持续利用水平。杨建毅(2004a；2004b)以浙江省海洋渔业资源可持续利用为研究对象，基于 FAO 推荐的海洋捕捞渔业可持续发展指标，建立了浙江海洋捕捞渔业可持续发展框架，实证列举了浙江省的海产品产量、捕捞能力、海洋渔业资源蕴藏量、近海生态环境污染等现状。陈作志等(2010)采用层次分析法提出了包括渔业资源环境子系统、社会子系统和经济子系统三个层次 23 个指标的南海海域渔业资源可持续利用评价指标体系，在此基础上，采用层次分析和专家咨询相结合的方法确定各指标的权重，并应用层次灰色综合评价模型评价了南海海域 1978—2007 年渔业资源可持续利用状况。经主成分分析，说明 23 个指标通过渔业资源的利用方式、生产效益等方式来影响渔业资源的质量和数量，从而反映南海渔业资源的利用状况和发展潜力。同时指出，由于资料收集的限制，有些指标并没有包括在内。类似地，他们采用同样方法分析了1978—2007年广东省渔业资源的可持续利用状况（陈作志等，2010）。徐涛和慕永通（2016）利用层次分析法原理构建了威海市海洋渔业资源可持续利用评价指标体系，共包括资源环境子系统、经济子系统和社会子系统三个层次24个指标，用层次分析法确定各指标的权重，应用层次灰色综合评价模型首次定量评估了2007—2015年威海市海洋渔业资源可持续利用水平。

1.1.5　中国渔业资源治理研究进展

我国的渔业发展面临着渔业资源严重枯竭、渔业监管难、渔民收入增长幅度放缓等诸多问题，为此，学术界在渔业资源管理制度方面进行了大量研究，主要观点可分为三方面。

1.1.5.1　政府集中管理制度存在失灵

“公地悲剧”问题为政府实施集权管制提供了现实依据，学者们的研究又为其提供了理论依据，因此，几乎所有国家都采取了或采取过对海洋渔业资源实行政府集中管理的制度（郭守前，2004）。中国渔业资源产权为国家所有，理论上，国家享有对渔业资源的占有、使用、收益和处分的权利（高健，2012）。我国市场经济发展还不够充分，且渔业资源属流动性资源，把海洋渔业资源彻底私有化显然不可能，同时，管辖海域面积大，采用渔民自主管理也很难，所以，解决海洋渔业问题需要政府规制（任爱珍，2004）。我国的海洋渔业管理制度就是“政府→渔民”的自上而下的纵向监督管理模式（高明和高健，2008）。

以政府主导型管理为手段的传统模式虽然在一定时期内起到了遏制“非法捕捞”的作用，但是，对于流动性强的渔业资源来说，完全由政府管理者管理已被证明监督成本高昂，国外捕捞限额制度的实施已经提供了例证（李晟等，2009）。中国渔业管理部门对海洋渔业开发和管理投入了巨大管理成本，高昂的管理费用并未消除“公地悲剧”现象（高明和高健，2008）。从20世纪80年代中后期至21世纪初，“双控”制度一再失败，中国海洋捕捞渔船持续增长、渔业资源持续衰退，这说明政府集中控制的渔业资源管理制度在一定程度上已经失灵，政府不能有效控制入渔是导致海洋渔业资源开发利用过度的主要原因之一（李寿岩，2003；慕永通，2005；2004b；赵丽丽，2009）。成功的渔业管理制度的一个必要条件就是能够真正避免资源利用的自由准入状态，而中国渔业管理制度本身的缺陷导致事实上的自由准入，未能从根本上消除渔民的竞争性捕捞心理（慕永通，2005；2004b）。同时，现有的“命令与控制”式的管理机制在渔业资源的共有和洄游跨界性质前提下，不但缺乏诱导渔民养护资源的激励机制，而且还鼓励渔民千方百计增加短期收益（赵丽丽，2009）。此外，我国缺乏资源规制整体性立法，条块化管理模式导致职责不清，规制法规覆盖领域不全，重开发利用轻保护，缺少规制效果评估机制，这些问题都会降低政府规制对自然资源的管控效率（陈书全和邓宇冠，2018）。

1.1.5.2 倡导明确界定渔业产权

明确界定和有效实施的渔业产权是被多数经济学家视为最有效率的制度安排之一（于会国等，2006）。渔业问题源于自由准入制度，产权制度的缺失是我国渔业管理中诸多问题的根源所在，本应理性的经济行为在自由准入制度下被扭曲，才导致无效率和有害于环境资源的结果，单靠政府管制不可能消除市场扭曲，需要市场机制（洪银兴，2000；慕永通，2004a；刘勤，2012）。而市场机制只有在产权界定明晰的条件下才能发挥作用，因为持有产权的个人和团体都知道，明天从渔业资源利用中得到的收益同今天得到的一样多，因此，也就更为从容和谨慎地从事捕捞作业（慕永通，2004a）。建立排他性的、明晰的、可转让的渔业产权制度，消除渔民在自由准入状态下的竞争性捕捞心理，是保障我国渔业可持续发展的有效途径（慕永通，2005；刘勤，2012）。

“渔业权”在国内尚未明确定义。刘舜斌（2006）将其定义为“渔业权是法律赋予渔民或渔民团体在一定水域从事养殖或捕捞生产的物权性权利”。一般而言，捕捞权是指依法取得捕捞渔业资源的权利，目前我国学者一般将捕捞权与其他资源利用权合称为“自然资源利用权”，认为是准物权 ，或是用益物权，或是其他类型的物权（如特许物权）。王志凯（2005）则认为，渔业是古老的行业，虽然我国缺少渔业权的概念，但实际的权利很早就已存在，渔业权应该是渔民根据传统的谋生手段所享有的一种固有权利，而不是派生和附属的，它是一种独立物权。

渔业产权的缺失，导致资源开发短视行为和渔民权利被破坏等问题。首先，我国长期采取非商品化、非市场化、无价或低价的自然资源利用制度，资源所有权主体（国家）的利益无法实现，而微观主体的利益得到加强，助长了短期行为（唐建业和黄硕琳，2004）。其次，在我国渔业权被认为是一种从国家所有权派生的权利，因此，渔业权的享有和行使必须符合“国家所有权”的需要，渔业权的从属性在实践上就会产生政府权力扩大化的现象，容易导致有关政府部门滥用行政权力侵犯渔民权利。例如，一些地方政府在水域确权过程中引入了所谓经营水域的概念，大面积圈卖、占有渔民的水域和海域，以工程建设、城市规划为由挤占渔业水域，渔民不仅“失海”，还常常得不到合理补偿及安置（王志凯，2005）。

因此，明晰渔业产权至关重要（王志凯，2005）。但是一些学者提出，中国沿海地区的众多渔业人口和多样化的渔业作业方式决定了很难按照个别可转让配额制的传统理论来设计我国海洋捕捞业的限额管理制度（杨正勇，2005；高健，2012；慕永通，

2005）。

一些学者对中国渔业产权的形式提出了配额权、永久渔业权、马力配额财产权等建议。唐建业和黄硕琳（2004）提出，为了促进《中华人民共和国渔业法》中捕捞限额制度的实施，必须完善现有渔业资源管理和保护的法律和制度，加强市场机制在渔业资源管理中的基础性作用，建立和完善渔业资源产权制度，将配额权作为现代物权法中一种物权性质的权利，有利于对我国渔业资源的养护、管理及利用，可促进政府管理职能从目前以行政管理为重心的管理制度向以权利为基础、以渔民为中心的民主法治的管理制度转变。王志凯（2005）则认为，一旦构建了渔民的类似于佃农性质的永佃权的永久渔业权，并逐步将国家所有权的索取最小化，实际就是达到了把渔业水域的财产权利真正落实到了个人，这样可以通过法律手段强化对渔民个人财产权利的保护，形成对公共权力的制约。刘舜斌（2005；2009）认为，渔业权是渔民的生存权，应赋予渔业权具有财产权性质，实现真正意义上的物权权利，对公共水域捕捞权可以通过马力配额量化到人，实现渔业权的私人产权性质，明晰产权关系，解决渔业权主体不明、产权模糊问题，以维护渔民的权益。

1.1.5.3 倡导强化自主治理

很多学者从理论探讨、国际经验借鉴、总结中国整体概况、中国案例实证研究四个方面提出，中国政府应下放更多管理权力，发展渔民组织、渔业协会、渔业社区等基层组织是实现我国海洋渔业可持续发展的有效制度安排。

在理论探讨方面。任爱珍（2004）认为，我国的渔业资源产权从法律上来看是国家所有，但从实践来看，渔业资源产权主体是虚置的，存在所有者与管理主体不一致等问题，以至于国家所有的渔业资源权流于形式，产权被稀释，在国内不具有排他性，提出渔业资源产权应为地方所有，由地方管理，国务院渔业行政主管部门监督指导。高健等（2002）基于渔业资源的属性提出，在我国海洋渔业以政府管理和市场机制为主的制度安排中，强化地方或社区自治能力，建立必要的社区自治是实现我国海洋渔业可持续发展的理想制度安排。郭守前（2004）分析了海洋渔业资源政府集权管理的失败，对分权管理方案的几种形式进行了阐述，并试图建立一种地方化的资源管理结构——社区资源管理公司，扩展对分权管理的研究。邓云锋（2007）、邓云锋和韩立民（2003）认为，渔业中介组织能够组织渔民进行大规模生产，实现渔业的规模效益，在政府和渔民的博弈中，可以起到协调二者的利益关系、降低交易费用的作用，具有合作性、专业性和开放性等优势，可发挥政府和企业难以起到的作用，可充当微观经济主体和政府宏观调控之间的纽带，可促进市场经济健康、有序、规范运行，有利于提高我国渔民的组织化程度、提升渔业产业国际竞争力。唐建业和黄硕琳（2006）认为，传统的渔业管理强调了政府的直接控制管理，忽视了渔区在其中的作用，随着市场经济和政府管理的发展，渔业社区管理可以作为一种解决传统渔业管理困境的合适方案。高健和刘亚娜(2007)研究渔业经济组织制度变迁对海洋渔业经济可持续发展的作用，从分析渔业经济增长的要素出发，探讨如何通过组织制度创新推动海洋捕捞渔业经济增长方式的转变，提出创新渔业经济组织制度是推动我国渔业经济增长方式转变的重要路径。

在借鉴国际经验方面。慕永通(2004a)借鉴美国太平洋渔业私有化经验指出，我国海洋捕捞业应采取的捕捞限额管理模式是基于产权的共同管理模式，整合个别可转让配额制度和共同管理机制。杨立敏(2007)、杨立敏和刘群(2007)认为，日本的成功主要是由于拥有渔业权分配权利的协同组织填补了"政府—渔民"式管理的真空地带，使得"政府—渔民合作组织—渔民"的三方博弈达到了完美均衡，渔民合作组织的参与能够降低监管成本、促使政府职能转化，提出了构建适合我国的渔民合作组织的对策建议。赵丽丽(2009)也以日本基于社区渔业管理制度作为研究对象，总结借鉴其成功经验，给出了中国实施基于社区渔业管理制度的具体路径。张晓泉(2009)借鉴国外海洋渔业资源资产产权制度的经验，尝试提出中国海洋渔业资源资产产权制度的变革模式是基于社区的渔业管理模式以及实施社区捕捞配额的集体产权制度。李晟等(2009)通过理论推演和多个国家渔业合作管理实践论证了包括渔业协会在内的渔村社区组织对渔业资源管理的作用以及渔民协会等渔村社区组织的渔业资源管理职能，同时指出了渔业协会的局限性，提出培育渔业协会、完善其资源管理职能，实行基于渔业协会等渔村社区组织的合作管理是我国加强渔业资源管理的一种制度选择。孔凡宏(2012)认为，中国的渔业协会一直是弱势的行业协会，地位低下、资源汲取能力差，利益表达与综合能力弱，发挥的作用有限。预期未来我国渔业协会与政府的关系也将类似日本、韩国的模式，向社会法团主义(corporatism)方向演化，渔业协会的数量、种类与以前相比将有大幅度增加，渔业协会受到国家控制的程度将大大削弱，将获得更多自主性，职能大大拓展，乃至具有渔业权管理的权力，届时政府的职能将转变为"调控型"，渔业协会在地位上将演变为"相对自主型"，会承担更多从政府剥离下来的职能。结合基于生态系统的渔业管理理念，慕永通和吕思言(2013)结合国外ITQs的经验，认为政府应下放更多的权力给渔民组织，与其共同管理渔业资源，尤其是对于物种保护和生境保护之类的属性，政府可与渔民组织缔约或者以股东身份参与渔民组织活动。但是如果共同管理的成本代价(包括机会成本)过大，那么建立捆绑式所有权制度是更好的选择。

在总结中国整体概况方面。郭文路和黄硕琳(2001)提出发展渔民组织，由国家渔业行政部门授予渔民组织一定的管理权限，使其协助政府部门一起参与渔业管理。宋文丽(2006)总结了中国渔业行业协会现状，认为政府职能转变过程中，一些职能要相应地还给企业或转移给市场、社会，这就需要有相应的市场、社会组织来承担，必须加快建立各种市场化的行业协会。渔业协会可降低渔民(企业)的交易成本，降低政府渔业管理成本，提高管理效率，弥补政府失灵的空缺。宋文丽(2006)建议我国政府把一些行业微观管理的职能转交给渔业行业协会，为渔业行业协会提供更广阔的发展空间，加强政策和经济扶持力度。高明和高健(2008)对渔业合作经济组织能否在渔业管理制度中发挥管理作用进行了可行性分析，认为发展渔业合作组织可以降低政府管理成本，在一定条件下具有降低交易成本方面的比较优势；可以解决“政府—渔民”的博弈，能够在一定程度上降低渔民之间由于非合作博弈带来的经济效率损失；此外，渔民合作组织可以扩大市场信息搜集范围，有利于市场信息的完整性，并通过信息的统一分析和去伪存真，辅助政府和企业优化资源配置，协助政府转变职能，从过去的微观管理者转为宏观调控政策的引导者。庞成芳和梁振林(2009)在分析中国渔业管理存在的问题、介绍社会资本理论以及分析中国渔村社会资本的基础上，提出构建渔业行业协会是重建渔村社会资本、解决中国渔业管理当前面临诸多问题的一种理性选择。高翔等(2009)探讨了我国渔业经济组织的变迁，建议发展渔业经济组织。徐连章(2010)阐述了海洋渔业资源利用的组织制度存在的理论基础，结合我国渔业经济组织发展现状，初步提出实现我国海洋渔业资源可持续利用的经济组织制度模式和运行机制。

在中国案例实证研究方面。杨正勇(2005)、杨正勇等(2006)认为，在我国这样一个渔民众多而且兼捕性很强的国家，完全依靠政府加强监督来实施制度的话，监督成本非常昂贵，而渔村社区组织在降低 ITQs 制度交易成本方面具有重要作用。以海安老坝港捕捞渔民协会为例，初步证明了渔村社区组织的存在有利于提高渔民组织化程度、节约政府的行政管理成本、帮助渔民转产转业、提高渔民福利、运用熟识信用和声誉来约束成员行为、实现行业自律，杨正勇(2005)、杨正勇等(2006)认为发展地方渔民协会是协助实现海洋捕捞渔业可持续发展有效的备选路径。谭江涛等(2018)以浙江楠溪江渔业资源从单中心治理向多中心治理的演变为案例，验证了多中心治理变革的确增强了集体行动水平，认为政府是否愿意和如何授予当地群体的自治权是实现自主治理的关键性因素，经济发展等背景变量是促进自主治理发展的重要因素。

1.1.6　小结与讨论

公地悲剧问题普遍存在，公共池塘资源的非排他性和竞争性决定了需要适当的制度安排来优化资源使用。对治理公共池塘资源主要采取政府集中控制、产权私有化和自主治理三种制度，而这三种制度本质上是资源产权在不同主体之间不同程度的分配，没有界定资源产权则是开放性进入制度，产权属国家则是采用政府集中控制制度，产权属私人则是产权私有化制度，产权属集体组织则是自主治理制度。在公共池塘资源治理实践中，三类制度都分别有大量的实践案例，各有优缺点，不同的产权制度安排会带来不同的治理效率。

渔业资源作为公共池塘资源的典型代表，实行基于权利的渔业管理制度已非常普遍。投入控制和产出控制的基于权利的渔业管理制度均得到了广泛应用，这两种制度的产权既可以属国家和私人，也可以属集体，两种制度各有优缺点，混合使用两种制度的案例越来越多。在建立基于权利的管理制度的同时，良好的立法执法和监管也是渔业管理成功的重要条件。

国内学术界在渔业资源治理制度的讨论方面，主要形成了三类观点：第一类观点，中国的渔业资源产权为国家所有，认为中国目前所处的发展阶段决定了海洋渔业治理问题需要政府规制来解决；但更多的是认为中国政府不能有效控制入渔，渔业管理制度本身的缺陷造成事实上的渔业自由准入，“公地悲剧”并未消除，并且管理成本巨大，说明中国政府集中控制的渔业资源管理制度在一定程度上是失灵的。第二类观点，认为明晰的产权是解决渔业问题的根本途径，是维护渔民权益的制度保障。认为目前国家所有的渔业资源产权流于形式，产权被稀释，在国内不具有排他性，应该确定明晰的产权制度，真正避免资源利用的自由准入状态。渔业产权存在多种形态，可以集体所有，可以个人所有，也可以混合所有，应根据实际情况选择合适的产权形态以降低交易成本，提高资源配置效率。第三类观点，强调渔业基层组织在渔业资源治理中的重要作用，应加强自主治理制度建设。提出由国家授予渔业基层组织一定管理权限，培育中国的渔业基层组织，是实现海洋捕捞渔业可持续发展的有效路径之一。

不同学者从不同学科、不同角度研究公共事物治理制度，为了促进不同学科、不同尺度的制度研究之间可以交流、理解和合作，奥斯特罗姆开发和完善了制度分析与发展框架，并在此基础上，提出社会-生态系统理论分析模型，用以分析复杂的资源系统在不同时空尺度、不同层面的制度问题，避免将制度问题简单化处理，促进不同学科知识的综合和积累，并为设计试图理解更复杂的社会-生态系统的理论原则提供了基础。渔业资源作为典型的公共池塘资源，已被公认是社会-生态系统的一个部分，其可持续性包含生态的、经济的、社会的（包括文化）和制度的（或治理）可持续性。其中，制度可持续性是核心基础。但是，在实践中，社会、经济和制度方面（即人类维度）迄今为止是被忽视了的，实践和理论都需要“整体方法”来评估渔业的生态维度、经济维度、社会维度和制度维度。目前，国外已就渔业社会-生态系统四方面维度探索建立了综合评估框架，但仍多停留在一级、二级指标体系上，不够细化，缺少量化评估手段。不过，Anderson 等（2015）提出的渔业绩效指标体系（FPIs）是一个广泛适用和灵活的渔业评估工具，包括详细的定性定量四级指标体系，在促成因子及其对生态、经济、社会产生的结果之间建立了横向联系。

近几年来，国内学者也开始关注奥斯特罗姆等关于制度分析与发展框架和社会-生态系统的相关研究成果，在渔业资源治理研究中，制度分析与发展（IAD）框架已用于分析休渔制度施行效果、渔业多中心治理案例以及渔业脆弱性等问题。国内在渔业资源可持续性评估方面做了大量研究，建立指标体系的方式主要有三种：一是从资源环境子系统建立单一指标体系；二是从经济子系统建立单一指标体系；三是从资源环境、经济和社会复合系统建立综合评价指标体系。在可持续利用评价方法的选用方面，较集中地采用主成分分析、层次分析、灰色关联等方法。但是，目前还缺少对渔业资源治理中生态、经济、社会、制度四方面维度互动关系进行研究，很少系统地研究渔业生态、经济和社会绩效的制度影响因子。同时，虽然国内现有的综合评价指标体系研究中，包括资源环境、社会、经济子系统，但是，这些指标均围绕捕捞生产环节，对渔获上岸之后的环节考虑不足，也缺乏考虑渔业生产的宏观因子和产权制度因子等多项指标。此外，目前的研究缺少同一评估指标体系下我国渔业资源治理绩效和促成因子的表现与其他国家间的国际比较研究。

综上所述，国内外学术界对渔业资源治理制度和措施开展了大量的研究，但缺少在同一评估标准下量化比较不同产权制度治理绩效的研究，也缺少系统量化分析渔业生态、经济和社会绩效的促成因子。国内学术界对我国渔业资源治理究竟适合什么样的制度有很大分歧，以往的国内研究对某一项措施政策及其成效的研究较多，全面系统剖析渔业资源治理制度的少；描述性的定性与理论分析较多，提出的治理制度改进建议具有实证量化研究的少；国际经验借鉴研究较多，结合中国具体案例的少，缺少国际比较量化分析。如果不能开展系统的、比较性的制度绩效评估分析，提出的制度改革建议可能只是基于哪种制度“好”或“坏”的天真想法（Ostrom，2005）。因此，有必要对我国渔业资源治理制度因子以及这些制度因子实施所产生的生态绩效、经济绩效和社会绩效进行系统的、比较性的评估分析，在此基础上，再探讨我国渔业资源治理制度的优缺点，找到制度改进的突破口。

1.2　本书核心命题

1.2.1　科学问题

中国南海渔业资源治理现状究竟如何，该如何改进？围绕该问题，本书结合定性与定量分析方法，解答了以下几个问题：南海渔业资源开发利用如何，对南海渔业资源的治理制度是怎样的？中国南海渔业资源治理的生态绩效、经济绩效和社会绩效及其影响因子的表现如何，处于世界的什么位置？不同产权制度渔业系统的渔业绩效是否具有显著差异，是否存在制度失灵？不同产权制度渔业系统的生态绩效、经济绩效和社会绩效之间是什么关系？显著影响渔业生态绩效、经济绩效和社会绩效的主要因子有哪些，哪些因子更重要？不同渔业资源治理制度之间是什么关系？中国南海渔业资源治理改进的方向在哪里？

1.2.2　研究内容

围绕渔业资源治理绩效及其促成因子的研究，本书以中国南海渔业为实证研究对象，梳理中国南海渔业自然物质条件和社会经济属性，按照 FPIs 指标体系设计社会调查，综合运用专家评价、问卷调查、实地考察、文献回顾、非结构式访谈等方法收集南海渔业数据，利用这些数据对中国南海渔业资源治理绩效及其促成因子进行评估，并与 FPIs 全球数据集进行国际比较分析，明晰中国南海渔业治理绩效及其促成因子的表现在国际上的位置。为了探讨中国南海渔业资源治理制度的改进对策，首先在全球尺度上，运用计量方法研究渔业生态维度、经济维度、社会维度和制度维度的互动关系，再基于互动关系的研究结论和中国南海渔业资源治理的实证评估结果，有针对性地提出对策建议。研究内容的逻辑结构如图 1.3 所示，主要研究内容如下。

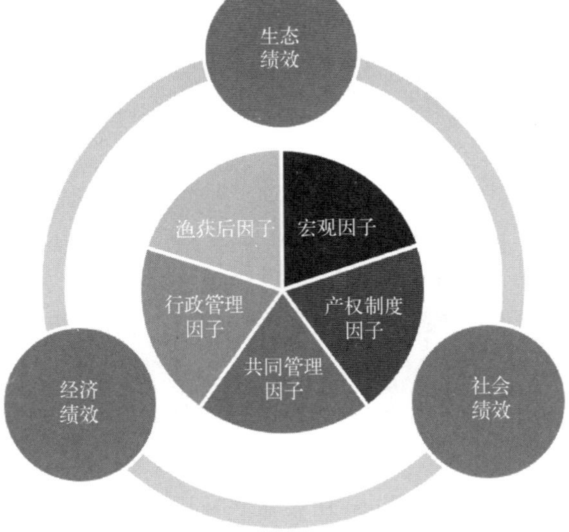

图 1.3　研究内容的逻辑结构

(1)分析南海渔业环境资源及其开发利用与治理概况。从南海海底地质与地貌、气候与水文、南海渔业资源类群与分布、南海渔业资源特征与变化趋势等方面梳理南海渔业环境资源状况；从中国南海渔业资源开发的历史与现状、基本治理制度与措施等方面分析南海渔业资源开发与治理概况。

(2)案例实证研究中国南海渔业资源治理绩效，并做国际比较研究。以中国南海渔业的典型代表海南省渔业为研究对象，应用 FPIs 指标体系量化评估中国南海渔业资源治理的生态绩效、经济绩效和社会绩效；在同一评估标准下，比较分析我国南海与其他国家和地区的渔业资源治理绩效，找到我国南海渔业绩效的定位和优劣势。

(3)案例实证研究中国南海渔业资源治理绩效的促成因子，并做国际比较研究。采用同样的方法，量化分析上述绩效的五类促成因子，包括产权制度因子、宏观因子、共同管理因子、行政管理因子和渔获后因子。在同一评估标准下，比较分析我国南海与其他国家和地区的渔业资源治理绩效促成因子，找到我国南海渔业绩效促成因子的定位和优劣势。

(4)研究渔业资源治理中生态维度、经济维度、社会维度与制度维度的互动关系。收集全球 FPIs 数据集，在全球尺度上梳理分析开放性进入(OA)、投入控制制度(AR)、产出控制制度(HR)三类渔业系统治理绩效的差异，以及生态绩效、经济绩效和社会绩效之间的关系，研究渔业绩效的主要影响因子，以及投入控制制度与产出控制制度的关系。

(5)探讨渔业资源治理制度的改进对策。基于上述对我国南海渔业资源治理绩效及其促成因子的评估结果，以及对渔业资源治理中生态维度、经济维度、社会维度和制度维度互动关系的研究，提出我国渔业资源治理制度的改进方向。

1.3　研究方法与数据

1.3.1　研究区域

本书中的南海渔业，是指发生在中国南海疆界断续线范围内的捕捞渔业，以及中国与南海周边有关国家缔结协定确定的南海渔区内的捕捞渔业。

我国南海疆界断续线内海域包括南海北部、西沙群岛、中沙群岛、东沙群岛和南沙群岛中的岛、礁、沙、滩及其海域(全国人大常委会法制工作委员会国家法室，2014)。

我国赴南海进行渔业生产的渔船基本来自广东、广西和海南三个省区。其中，海南省管辖海域最为辽阔，涵盖了我国南海疆界断续线范围内大部分海域，包括海南岛周边海域，西沙群岛、南沙群岛、中沙群岛的岛礁及其海域，面积约 $200\times10^4\ km^2$。同时，海南省管辖海域西与越南毗邻，东南和南边与菲律宾、文莱、印度尼西亚和马来西亚为邻，是中国的南大门和维护南海权益的桥头堡。另外，海南省渔业资源开发利用范围和管理活动遍及我国管辖南海海域，以及我国与越南缔结协定确定的北部湾共同管理渔区(农业农村部渔业渔政管理局等，2018)。因此，本书实证研究主要对象以中国南海渔业的核心和主要构成部分——海南省渔业为例。

海南省渔业资源开发利用的类型多样，属多物种渔业。共拥有渔船约 2.5 万艘，渔业人口 41.4 万人，其中，专业从事海洋捕捞人口 9.4 万人(农业农村部渔业渔政管理局等，2018）。海南省捕捞作业方式包括：刺网、拖网、围网、张网、钓具及其他多种小型渔具（海南省水产研究所，2013）。近年来，海南省每年赴西沙、中沙、南沙、东沙捕捞作业的渔船约 1 400 艘，其中，常年在南沙作业的渔船约 300 艘，以大型钢质渔船为主，主要来自海南省琼海市和三亚市，作业类型以灯光罩网和灯光围网为主（海南省海洋与渔业厅，2018d）。海南省近海捕捞产量 $90\times10^4\sim100\times10^4$ t，外海 $20\times10^4\sim30\times10^4$ t，其中，南沙海域捕捞产量 $2\times10^4\sim4\times10^4$ t（海南省海洋与渔业厅，2014；2015a；2016b；2017b；2018c）。

1.3.2　指标体系

本书采用安德森等（Anderson et al.，2015）提出的渔业绩效指标体系（FPIs），评估我国南海渔业资源治理绩效及其促成因子。

FPIs 对渔业绩效的评估包含生态、经济、社会三大方面一级绩效，其中：生态绩效评估渔业资源及环境健康情况，包含 1 个二级指标、8 个三级指标，见表 1.3；经济绩效衡量渔业是否有效产生市场效益，包含 6 个二级指标、29 个三级指标，见表 1.4；社会绩效衡量渔业对生计和渔区其他收益的贡献程度，包含 7 个二级指标、31 个三级指标，见表 1.5。附录 B 显示了如何使用 68 个三级指标构建渔业的生态绩效、经济绩效和社会绩效，每个三级指标的得分为 1~5，其中 5 分表示更好的绩效。

表 1.3　FPIs 生态绩效评估指标

一级指标	二级指标	三级指标
生态绩效	渔业资源与环境健康情况	过度捕捞比例
		过度捕捞程度：渔业资源状态
		渔业资源动态
		管制死亡率
		非目标渔获率
		IUU 渔获比例
		关键生境状况
		有第三方认证的上岸渔获比例

FPIs 对渔业促成因子的评估包含宏观因子、产权制度因子、共同管理因子、行政管理因子、渔获后因子五大方面一级因子，其中：宏观因子反映了被评估的国家或地区的制度环境状态，包含 4 个二级指标、10 个三级指标；产权制度因子反映对渔业资源行使的是什么类型的控制，以及可以行使多强的控制，包含 2 个二级指标、12 个三级指标；共同管理因子反映当地渔区利益相关者在渔业管理中所扮演的角色，即自主治理的参与程度，包含 3 个二级指标、7 个三级指标；行政管理因子反映管理系统从科

学和利益相关者收集信息并将其整合到决策的表现，包含 3 个二级指标、9 个三级指标；渔获后因子反映一个地区维持可持续生计可用的经济和基础设施，包含 2 个二级指标、10 个三级指标，见表 1.6。附录 C 显示了如何使用 48 个三级指标构建渔业的五方面促成因子。

表 1.4　FPIs 经济绩效评估指标

一级指标	二级指标	三级指标
经济绩效	渔获水平	上岸渔获水平
		产能过剩水平
		休渔长度
		渔获离船价格与历史高位相比
	渔获资产	资产价值与总收益之比
		总产值与历史高位相比
		资产价值与历史高点相比
		借款利率与无风险利率的比较
		资本来源(渔民)
		资产的性能
	渔业风险	年海洋捕捞渔获产值波动率
		年度上岸渔获量波动率
		年内上岸渔获波动率
		年度价格波动率
		年内价格波动率
		空间价格波动率
	渔获交易	国际贸易
		最终市场财富
		批发价格与同类产品相比
		公司出口到美国和欧盟的能力
	水产品形式	加工产量
		缩水率
		产能利用率
		生产效能提升
		最终市场使用
		离船到批发的利润率
	渔获后资产性能	借款利率与无风险利率的比较
		资本来源(加工商)
		设施的新旧程度

表 1.5　FPIs 社会绩效评估指标

一级指标	二级指标	三级指标
社会绩效	管理回报	船长/船东的收入与地区平均收入相比
		船长/船东工资与非渔业工资的比较
		船长/所有者的社会地位
		加工企业主/经理收入与地区平均收入的比较
		加工企业主/经理工资与非渔业工资的比较
		加工企业主/经理的社会地位
	劳动回报	船员收入与地区平均收入相比
		船员工资与非渔业工资的比较
		船员的社会地位
		加工工人收入与地区平均收入相比
		加工工人工资与非渔业工资的比较
		加工工人的社会地位
	健康与卫生	渔业生产安全
		船长的医疗机会
		船员的医疗机会
		加工企业主/经理的医疗机会
		加工工人的医疗机会
		公共卫生
	渔业社区服务	地区的支持业务情况
		可争议性和法律挑战
		船长/船东子女的教育机会
		船员子女的教育机会
		加工企业主/经理子女的教育机会
		加工工人子女的教育机会
	当地雇主比例	受雇担任船长属本地居民比例
		加工企业主属本地居民的比例
	当地劳工比例	受雇担任船员属本地居民比例
		加工工人属本地居民的比例
	职业生涯	船员的经验
		渔民的年龄结构
		加工工人的经验

表 1.6　FPIs 促成因子评估指标

一级指标	二级指标	三级指标
宏观因子	国家环境绩效	环境绩效指数
	外生环境因素	疾病和病原体
		自然灾害和灾难
		污染冲击及意外
		慢性污染水平(存量影响)
		慢性污染程度(消费影响)
	国家治理	治理质量
		治理的响应能力
	国家经济条件	经济自由指数
		人均国内生产总值
产权制度因子	投入控制制度	投入控制制度下的渔获比例
		捕捞权可转移性
		捕捞权安全性
		捕捞权耐久性
		捕捞权弹性
		捕捞权排他性
	产出控制制度	产出控制制度下的渔获比例
		渔获权可转移性
		渔获权安全性
		渔获权耐久性
		渔获权弹性
		渔获权排他性
共同管理因子	集体行动	渔获者加入渔业组织的比例
		渔业组织对管理和捕捞权的影响
		渔业组织对商务和市场的影响
	公众参与	利益相关者参加政府会议数量
		行业资金对管理的支持
	渔区领导力与凝聚力	渔区领导力
		渔区社会凝聚力

续表

一级指标	二级指标	三级指标
行政管理因子	管理能力	管理支出与渔获价值的比较
		执法能力
		管理权限
		补贴水平
	数据获取与使用	数据可用性
		数据分析
	管理方法	海洋保护区
		空间管理
		对捕捞死亡率的限制
渔获后因子	市场与市场制度	提供离船价格和数量信息
		买家数量
		垂直整合度
		非关税壁垒水平
	基础设施	国际海运服务
		道路质量指标
		技术应用
		推广服务
		设施/电力的可靠性
		冰块和冷藏设备的可用性

1.3.3 指标值计量方法

1.3.3.1 对三级指标单变量评分方法

当数据来源是调查问卷时，由于不同调查对象对 FPIs 三级指标的回答可能不同，或者数据包含多个子类，本书采用加权平均值作为三级指标的评估得分，即

$$I_{3i} = \sum n_{ij} x_{ij} \tag{1.1}$$

式中，x_{ij}表示三级指标 i 第 j 个选项的变量值，按照 FPIs 指标体系对 x_{ij}赋值 1~5；n_{ij}表示指标 i 选项 j 所对应的样本比例；I_{3i}表示 FPIs 三级指标 i 的值，对 I_{3i}值进行四舍五入，取 1~5 中的整数为每个三级指标值。

1.3.3.2 对二级、一级指标单变量分析

以 FPIs 三级指标得分的算术平均值计算二级指标得分，即

$$I_{2I} = \frac{\sum I_{3i}}{N} \tag{1.2}$$

式中，I_{3i}表示 FPIs 三级指标 i 的值，N 表示 FPIs 二级指标 I 中包含的三级指标数。

同样地，以 FPIs 二级指标得分的算术平均值计算一级指标得分。

FPIs 研究团队认为，当一级指标值低于 3.00 分则需要大幅度改进（Anderson et al., 2016）。

1.3.4 数据来源与代表性和可信度

1.3.4.1 数据说明

本书的数据有以下三个层面。

第一，中国南海渔业总体环境与资源、中国南海渔业资源总体开发情况的相关数据，主要体现在本书第二章。这些数据来源于国内外关于中国南海区渔业的官方统计数据和已发表文献。

第二，应用 FPIs 对中国南海渔业资源治理绩效和促成因子的各项三级指标进行评估的数据，体现在本书第三章和第四章。本书主要采用中国南海渔业的核心和主要构成部分——海南省渔业为例进行实证研究。其数据有关情况见第 1.3.4.2 节和第 1.3.4.3 节。

第三，应用计量方法进行渔业资源治理绩效和促成因子的国际比较分析，以及对渔业生态维度、经济维度、社会维度和制度维度的互动关系分析，主要体现在本书第三章和第四章中的国际比较分析部分及第五章。其数据来源于已发表文献中应用 FPIs 评估的渔业数据集及本书案例数据集。FPIs 全球数据集的样本特征见第 1.3.4.4 节。

1.3.4.2 案例研究数据来源

根据中国南海渔业实际情况、数据可得性等，本书对 FPIs 评估方法作了适当调整，使用的数据来源更加多样、更有针对性，并增强不同数据来源之间相互印证，以提高指标评估值的可信度。原 FPIs 采用专家评价法，而本书对 FPIs 指标的评价方式有三种。

（1）专家评价法。第一，根据 FPIs 的测度项，设计调查问卷，见附录二，以问卷形式调查长期从事南海渔业研究的海南省海洋与渔业科学院、中国水产科学院南海水产研究所的 15 名科研人员。对于部分存疑指标，则对科研人员进行无结构式访谈。科研人员所答题目见附录三。第二，由两位从事南海渔业研究与管理已超过 35 年和 15 年的专家对最后的指标得分进行再次把关。

（2）文献回顾法。根据现有调查统计数据、内部工作资料、已发表文献等数据，客观分析获得部分指标的得分。本研究采用大量现有调查统计数据、政府内部工作资料、已发表文献等资料，包括：中国渔业统计年鉴（2006—2018 年）、中国渔业年鉴（2010—2018 年）、海南省志——渔业志（1949—1990 年）、海南省统计年鉴（2018 年）、海南省海洋环境质量公报(2005—2018年)、海南省海洋与渔业厅渔业报表数据(1998—2017年)、海南近海渔业资源状况调查报告(2011—2016年)、海南省海洋生态环境承载力报告(2018年)、农业农村部全国水产品批发市场价格信息(2011—2018年)、海南省五市县水产品市场价格通报报表(2013—2015年)等，以及FPIs应用研究等公开发表的论文、报告等。

(3)社会调查法。第一，对不同利益相关者分别进行问卷调查与无结构式访谈。根据FPIs的测度项，设计调查问卷，见附录二，对渔业行政管理人员、执法人员、个体渔民、船长/船东、渔船船员、加工企业主/经理、加工工人、非政府组织(NGO)人员等不同利益相关者，分别设计问卷题目，针对性调查FPIs指标相关数据，以补充缺失数据，并进一步验证专家评价法和文献回顾法所获得的部分指标数据。对于行政管理和执法相关问题，则对一线行政管理人员和执法人员进行问卷调查。对于部分存疑指标，则对行政管理人员和执法人员进行无结构式访谈。行政管理人员和执法人员所答题目见附录三。对于南海渔业资源、生产、生活状况等关系渔业从业人员自身境遇的相关问题，则对渔业从业人员进行问卷调查，包括：个体渔民、船长/船东、船员、加工企业主/经理、加工工人等。对于部分存疑指标，则对渔业从业人员进行无结构式访谈。渔业从业人员所答题目见附录三。2019年1—6月，无结构式访谈了科研人员、省和市县渔业行政主管部门业务骨干、渔业执法人员、海口海关工作人员、NGO人员、加工企业协会工作人员、渔业经销商等南海渔业相关人员。第二，实地调查走访渔民和渔业生产生活环境。本研究于2017年12月至2019年6月期间，先后开展了5次实地调查和多次无结构式访谈：2017年12月，实地调查琼海潭门镇潭门渔港、渔村、水产品市场；2018年5—8月，实地调查儋州、文昌、琼海、陵水等沿海市县的渔港、渔村、水产品市场；2019年5月，实地调查东方、三亚、陵水、昌江等沿海市县的渔港。每次实地调查的同时也访谈了渔业从业人员和渔业行政管理人员。实地调查地点覆盖了海南13个沿海市县中的8个，并且包括了重点渔业市县琼海、三亚、陵水等。

1.3.4.3 案例研究样本特征与数据代表性

1)问卷调查方法

调查问卷的设计。根据FPIs的测度项，设计调查问卷，见附录二，对科研人员、渔业行政管理人员、执法人员、个体渔民、船长/船东、渔船船员、加工企业主/经理、加工工人、NGO人员等不同利益相关者，分别设计问卷题目，每类人群所答题目见附录三，针对性调查FPIs指标相关数据，以补充FPIs指标的缺失数据，并进一步相互印证专家评价法和文献回顾法所获得的部分指标数据。

采取分层抽样方法。本书按照职业类别分成9个子类群：行政管理人员、执法人员、船长/船东、个体渔民、渔船船员、水产品加工企业主/经理、加工工人、NGO人员、其他人员，从每一个子类群中随机抽取子样本进行调查。因此，相比原来单一的专家评价法，本研究可以进一步提高样本的代表性，且分层抽样法可以减少所需样本数。

调查问卷的发放。采用集中发送和随机发送相结合的方式，由被调查者自填问卷。集中发送给广泛参与南海渔业研究的科研人员，长期参与南海渔业管理的省级和各沿海市县的行政管理人员、渔业执法人员，借由省水产品加工与流通协会集中发送给加工企业主/经理及其企业加工工人。考虑到在南海外海三沙海域生产的渔船主要来自琼海潭门、三亚，为了确保一部分问卷发放到潭门和三亚的渔业从业者、执法人员和行政管理人员的手中，邀请潭门镇政府和三亚市渔业行政主管部门有关人员对问卷调查工作给予配合。为了保证参与调查的渔业从业者有来自海南省的不同地区，选择了南部三亚、东部琼海、东南陵水、西南东方、西部临高等沿海市县，通过渔业行政主管部门有关人员的配合，确保一部分问卷发放到当地渔民的手中。其他问卷则由上述参与调查的人员通过微信随机转发给南海渔业相关的参与者。

问卷数据统计方法。根据 FPIs 指标为每个问卷答案选项赋值，分数为 1~5 分，然后按照该选项的样本比例进行加权，计算出该三级指标的得分。根据 FPIs 指标体系打分原则，取 1~5 整数(Anderson et al., 2015)。因此，对该指标的加权总分进行四舍五入，取整数为该三级指标的最终分数。

2)问卷调查样本特征

采用分层抽样法，共收回科研人员问卷 15 份，其他各类渔业利益相关者子类群问卷 176 份，有效问卷共 189 份，有效问卷占比 99%。189 份样本中，各子类群样本的地理分布和职业类型比例如图 1.4 所示。从样本来源的地理分布来看，样本来自海南省 13 个沿海市县中的 12 个，其中，海口最多，占 26%，因为行政管理人员、科研人员和部分执法人员都集中在海口，三亚样本占 22%、陵水样本占 24%、琼海样本占 9%、临高样本占 8%。从职业类型来看，在有效样本中，渔业从业者占 41%、执法人员占 16%、行政管理人员占 22%、科研人员占 8%、NGO 人员占 3%、其他人员占 10%。

从科研人员的问卷结果来看，15 名专家中，有 13 名来自海南，2 名来自广东(中国水产科学院南海水产研究所)。从执法和行政管理人员的问卷结果(图 1.5)来看，70 名渔业执法人员和渔业行政管理人员覆盖了海南省 13 个沿海市县中的 10 个。其中，海口的最多，占 44.3%，因为行政管理人员和部分执法人员集中在省会城市海口，主要来自原海南省海洋与渔业厅、原海南省海洋与渔业执法总队及原海口市海洋与渔业局，三亚样本占 18.6%，陵水样本占 14.3%，琼海样本占 10.0%，东方样本占 4.3%，澄迈样本占 2.9%，临高、儋州、文昌和三沙样本分别占 1.4%。从渔业从业人员的问卷结果来看(图 1.6)来看，97 名渔业从业人员覆盖了海南省 13 个沿海市县中的 10 个。其中，来自陵水的渔业从业人员占比 34.0%，三亚的占 24.7%，临高的占 12.4%，琼海的占 10.3%，三沙和海口的占 4.1%，文昌的占 3.1%，万宁、儋州和东方的占均 2.1%，乐东的占 1.0%。

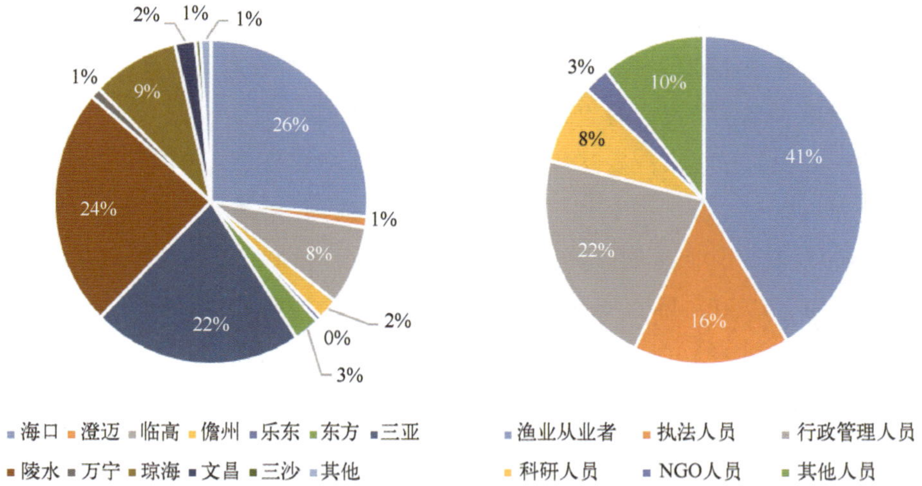

图 1.4 调查问卷样本来源

左图按来源地划分，右图按职业类型划分

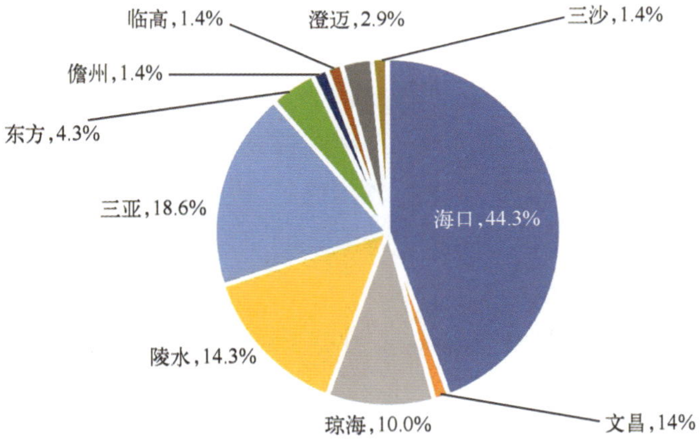

图 1.5 被调查对象（渔业执法和行政管理人员）地理分布

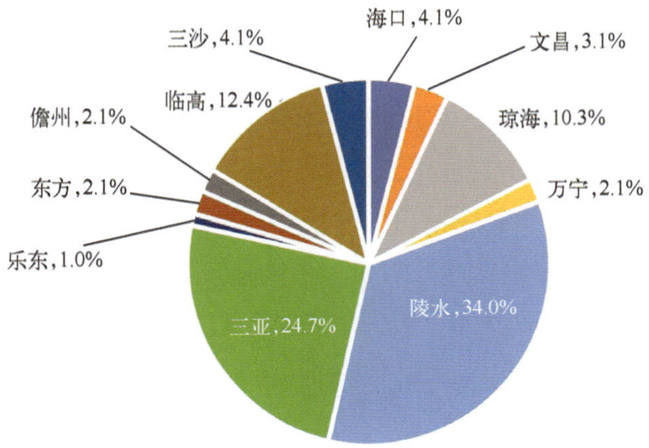

图 1.6 被调查对象（渔业从业人员）地理分布

1.3.4.4 FPIs 全球案例样本特征

本书收集整理了不同国家和地区采用 FPIs 评估的样本数据，用于国际比较分析和对渔业生态维度、经济维度、社会维度和制度维度的互动关系研究。全球 121 个 FPIs 应用案例中，42%的样本来自发达国家，58%的样本来自发展中国家；亚洲的样本占 31%、北美洲占 26%、非洲占 19%、南美洲占 6%、欧洲占 6%、大洋洲占 3%；手工渔业系统占 36%，工业渔业占 64%；47%为多物种渔业，53%为单一物种渔业；62%在近岸，31%在近海，7%在内陆；68%为鳍类鱼、21%为甲壳类、7%为双壳类、4%为其他动物（Asche et al.，2018）。

1.3.4.5 数据可信度

1）案例研究指标数据稳健性

FPIs 不是高精度测算少数指标，而是针对生态、经济、社会三方面绩效维度及 5 个方面促成因子先确定若干个最相关的二级指标，再对每个二级指标使用多个三级指标测量，而每个三级指标则使用 1～5 等级进行评分。由于 FPIs 设计的每个等级底层观测值范围之间差距明显，这样允许即使在没有精确的基础数据时也可以高可信度地对每个三级指标准确评分，保证评分质量；又因为每个二级指标包括了多个三级指标，这有助于在信息不均衡、评分人确定性或共识不一致，或对特定渔业的测度适用性不均衡等情况下，仍然可以对各二级指标进行稳健的评分（Anderson et al.，2015）。

2）案例研究指标数据总体可信度

本研究对 FPIs 三级指标按照评分标准打分，并给出每个指标得分的可信度，评价数据质量。可信度分为 A、B、C 三种。

（1）可信度 A 是指本研究非常自信对该三级指标 1～5 分的打分是正确的。非常自信是因为基于可靠数据的计算，或指标值数据来源多样且评分人熟悉该指标，或是因为给定分值的基本度量范围差别很大，使得极不可能获得另一个分值。具体来说，当本研究中三级指标的数据来源是以下情形时，可信度定级为 A：第一，数据来源同时包含专家评价法、文献资料和社会调查法的；第二，数据来源为契合 FPIs 测度方法的可靠文献资料的，如官方统计数据、已发表文献、官方政策文件。

（2）可信度 B 是指评分人认为给出的分数比其他分数更有可能，评分人非常自信地认为真正的底层观测值就在给定的分数里。具体来说，当本研究中三级指标的数据来源是以下情形时，可信度定级为 B：第一，数据来源主要依靠专家评价法和社会调查法的；第二，当缺少完全契合 FPIs 测度方法的可靠文献资料时，而采用相关的可靠文献资料替代评估的。

（3）可信度 C 是指评分人是根据可获得的最佳信息进行有根据的猜测，但对分数不太有把握。具体来说，当本研究中三级指标的数据来源是以下情形时，可信度定级为C：数据来源主要依靠社会调查法的，结合评分人有根据的猜测。

经对数据质量等级A、B、C分别赋值3.00、2.00、1.00，中国南海渔业绩效评估数据质量的总平均分为2.69分，总体质量良好，见附录二；其促成因子评估数据质量的总平均分为2.64分，总体质量良好，见附录三。

第二章 南海渔业环境资源与开发利用

2.1 南海渔业环境

2.1.1 南海海底地质与地貌

南海是西北太平洋最大的边缘海之一，海域辽阔，总面积约 350×10^4 km^2，是我国渤海、黄海和东海总面积的 2.8 倍。南海位于欧亚大陆东南缘，四周为大陆和岛屿环抱，北接我国华南大陆，以福建、广东海岸交界处与台湾南端鹅銮鼻头连线为界连接东海的台湾海峡；南至大巽他群岛的苏门答腊岛和加里曼丹岛，通过卡里马塔海峡和加斯帕海峡与爪哇岛海沟通；西起中南半岛和马来半岛，包括西北部的北部湾和西南部的泰国湾，西南以马六甲海峡、新加坡海峡与印度洋相连；东至吕宋岛、巴拉望岛、民都洛岛和台湾岛，以巴士海峡、巴林塘海峡与西太平洋连接（王颖等，2013）。南海周边国家众多，除了中国，还包括越南、菲律宾、柬埔寨、泰国、马来西亚、印度尼西亚、新加坡和文莱。

南海具有独特的沟-弧-盆构造体系，位于欧亚板块、太平洋—菲律宾板块和印度—澳大利亚板块的交汇地带，其基底构造非常复杂，经历了前新生代块体拼合、大陆增生和新生代块体碎裂、张裂、滑移、碰撞、重新组合，形成于前寒武纪、加里东、海西、印支、燕山等构造期的褶皱基底及玄武岩基底上。板块运动及深部地幔物质流动的共同作用导致南海的张裂或扩张，形成具有洋壳结构的菱形边缘海（Ren et al., 2002；李思田，2004）。太平洋板块俯冲对地幔深部的扰动，引起的张裂作用主要形成南海 NE 向构造带，以张性断裂为主；印度板块与欧亚板块碰撞楔入，产生印支地块的挤出和旋转，引起南海 NW 向的构造发育，以走滑断裂、张性断裂为主；澳大利亚板块向北汇聚并最后与岛弧带碰撞形成南海南部弧形构造带，以压性断裂为主；菲律宾板块与吕宋—台湾岛弧碰撞形成南海东部 SN 向构造带，断裂以减性、压性为主（李思田，2004；王颖等，2013）。

南海海底地貌类型丰富，包括宽广的大陆架、陡峭的大陆坡、辽阔的深海盆地，海底隆起和坳陷相间，发育有海沟、海槽，岛屿及珊瑚礁滩分布广泛。南海海底地貌总体特征是：西北高、东南低，菱形海盆的边缘分布大陆架，自海盆边缘向中心部分呈阶梯状下降，大陆架内侧分布阶梯状大陆坡，大陆坡向海盆中央延伸至南海深海平原(王颖等，2013)。

南海平均水深 1 000~1 100 m，已知最深点 5 567 m。南海海底是长轴为 NE—SW 方向的菱形盆地，属深度 4 000 m 以上的深海平原，位于西沙群岛、中沙群岛和南沙群岛之间。该盆地的西北边缘，从广东、广西沿海向东南倾斜，位于海南岛与台湾岛的连线内侧，海底平坦，水深 200 m 以内；其中，北部湾是半封闭浅海盆地，自西北向东南倾斜，地势平坦，最大水深 80 m，大部分水深 20~50 m。而从东沙群岛向南水深加大，东沙群岛、中沙群岛、西沙群岛间水深 1 000~3 500 m。该盆地的东部边缘，分布有巴拉望海槽、西吕宋海槽和马尼拉海沟，水深 4 000 m 以上。南海的西南部，海底平坦，为 200 m 以内大陆架浅海，位于湄公河口至马来西亚沙捞越一线以西。南海的中部和南部是南沙海域，地形展布复杂，包括宽广平坦的大陆架及坡陡、水深、地形相对平缓的深海盆地。大陆坡上珊瑚礁、滩分布广泛，海底有海山、岛礁、槽谷。南沙群岛是南海诸岛中岛礁最多、散布最广、位置最南的热带群岛，包括岛屿、礁、滩、暗沙、沙洲等，珊瑚礁内潟湖水深 30~90 m，潟湖周围断续连接暗沙、暗礁等，岛屿发育在环礁上。其中，曾母暗沙群和南、北康暗沙群构成我国最南端疆域。南海的大陆架属西南部最广，北部次之，西部较窄，东南部和东部岛架最窄，大陆架和岛架面积约 168.5×10^4 km^2，占南海总面积的 48.15%，其水深一般在 200~300 m，坡度小于 2‰，地形平坦(王颖等，2013)。

南海岸线曲折，中国大陆岸线长约 4 823 km，分布有多种海岸类型，包括基岩海岸、堆积海岸和生物海岸。基岩海岸岸线曲折、陡峭，有多处是天然避风良港，南海周边国家拥有港口 835 个(王颖等，2013)，其中，中国南海沿岸分布 260 多个重要渔港。在华南大陆沿岸，特别是海南岛及广西珍珠港、广东放鸡岛等地海岸的珊瑚礁发育良好，而星罗棋布的西沙群岛、中沙群岛、南沙群岛和东沙群岛本身就是珊瑚礁群体，这些珊瑚礁体可以保护海岸免受海浪冲刷，为海洋生物提供了良好的栖息环境，往往是浅海的高生产力区域；南海沿岸广泛分布的红树林根系发达，可以防风固岸，也为海洋生物创造了良好的繁殖和栖息条件，是渔业生物的索饵场和掩蔽所(麦贤杰，2007；邱永松等，2008)。

2.1.2　南海气候与水文

南海自 23.5°N 延伸至约 3°S，主要处于热带，北缘处于亚热带、南缘进入赤道热带。南海气温终年较高，最热月各海区表层水温平均在 27~28℃及以上，最冷月的南部海区表层水温在 25~26℃及以上、北部海区为 14~18℃；南海北部大陆架海区底层水温年平均值为 13.1~24.9℃，年变幅为 6.0~14.0℃，近海区水温年变幅较大，外海的年变幅较小，100 m 等深线以内海区年平均水温为 21.0~24.5℃，向外等值线分布密集并与等深线大致平行，200 m 等深线水温年平均值为 12.4~14.6℃；南海中部和南部海区大部分为深海盆地，水深多在 3 000 m 以上，底层水温很低，变化极小(邱永松等，2008；王颖等，2013)。

整个南海为海洋性季风气候，在冬季，亚洲大陆高压干冷气团扩展至海上，在地转偏向力作用下形成东北季风穿过南海，在赤道又向左偏转为南半球的西北季风；在夏季，南半球的东南信风跨越赤道向右偏转为湿润的西南季风通过南海。南海四季均可受热带气旋的侵袭，主要在 6—10 月，尤以 8—9 月最多，平均每年 30.4 个，其中，台风平均每年 12.1 个(王颖等，2013)。

南海雨量充沛，大部分海区年降水量为 1 500~2 000 mm。有珠江、湄公河、韩江、红河等河流入海，受太平洋高盐水影响，盐度为中国四大海区中相对最高，年变幅很小。表层海水盐度年平均值为 30.7~34.1，底层海水盐度年平均值 32.9~34.6(麦贤杰，2007；邱永松等，2008)。

南海的海流主要包括沿岸流、南海暖流、黑潮南海分支右侧气旋涡动流、冷涡与上升流及中部环流。海流对南海各渔场的形成和交移有重要作用，不同的海流因源地不同而携带不同的海水理化和生物性质，包括营养盐、水温、盐度、水色、透明度以及饵料的特征等，不同海流所流经的区域生息不同的海洋生物，不少经济鱼类随着海流洄游，而上升流区因其利于营养盐物质的汇集，饵料生物繁盛，其往往具有较高的生产力，渔业资源丰富。潮汛潮流也影响鱼类的生活习性，南海以全日潮为主，潮差较小，潮流也不及中国其他海区。水团的变异和交汇区分布的改变影响海洋生物的集群、分布、栖息和洄游，南海北部有沿岸水系和外海水系，沿岸水系包括珠江冲淡水、粤东沿岸水、粤西沿岸水和北部湾沿岸水，外海水系包括南海北部表层水、南海南部表层水、南海次表层变性水、南海中层水等(麦贤杰，2007；邱永松等，2008)。

2.2 南海渔业资源

2.2.1 南海渔业资源类群与分布

因为上述等方面的特性，南海造就了多样化的渔业生态系统，拥有陆架生态系、陆坡生态系、大洋生态系、珊瑚礁生态系及红树林生态系等多种类型；而南海水温跨越了热带、亚热带、温带以至寒带，也使得南海拥有这些气候带所具有的海洋生物类型。南海渔业的捕捞对象主要是陆架海域底层鱼类、中上层鱼类、近底层鱼类和珊瑚礁鱼类。南海底层、近底层大多数鱼种以地方性种群形式分散栖息于不同的局部海域，相近习性种群彼此混居，形成局部海域包含多鱼种的小群体。

南海渔业资源可分为七大类群。南海底层鱼类主要包括：栖息于水深 40 m 或 50 m

以浅沿岸海域的近岸河口类群，主要经济种类有大海鲇、鲻、棱鲅、尖吻鲈、花鲈、叫姑鱼等；分布于水深 40～200 m 大陆架海域的浅海类群，主要经济种类有蛇鲻、海鳗、眼镜鱼、金线鱼、带鱼、蓝圆鲹、军曹鱼、大眼鲷、笛鲷、方头鱼、牙鲆等；分布于大陆斜坡水深 200～1 000 m 海域的深海类群，主要经济种类有黄魟、长吻角鲨、大眼无齿鲳、长尾鳕科等。底层鱼类是底拖网主要捕捞对象。

南海近海中上层鱼类主要包括：分布于水深 40 m 或 50 m 以浅沿岸海域中上层的近岸河口类群，主要经济种类有鲱科、鳀科、沙丁鱼、鰳等；广泛分布于水深 40～200 m 大陆架海域中上层的浅海类群，主要经济种类有皱唇鲨科、真鲨科、蓝圆鲹、竹荚鱼、乌鲳、白鲳、马鲛等。该类群是围网、刺网等的主要捕捞对象，底拖网也有捕捞。

南海大洋性洄游鱼类主要包括：高度洄游的大洋性大型金枪鱼类及类似金枪鱼类，主要分布在南海的中部及南海以东、以南海域，包括黄鳍金枪鱼、大眼金枪鱼、刺鲅、平鳍旗鱼等；小型沿岸种类，主要分布于南海周边海域，南海中部也有分布，包括东方狐鲣、裸狐鲣、鲣、扁舵鲣、圆舵鲣、鲔等。

南海珊瑚礁、岩礁鱼类则种类繁多，色彩鲜艳，代表性的包括：笛鲷科、鮨科、裸颊鲷科、海鳝科、蝴蝶鱼科、鹦嘴鱼科、鲹科、隆头鱼科，主要分布于东沙群岛、西沙群岛、中沙群岛和南沙群岛的岛礁、珊瑚礁海域，以及南海北部沿岸岛礁区域。

南海头足类广泛分布在水深 1～1 000 m 海域，种类超过 74 种，常见的经济种类包括：剑枪乌贼、中国枪乌贼、太平洋柔鱼、夏威夷柔鱼、火枪乌贼、杜氏枪乌贼、环蛸、短蛸、纺锤蛸、长蛸、真蛸等。

南海经济甲壳类资源丰富、种类繁多，其中，虾类 350 种以上，对虾类至少 100 种，分布于沿岸、河口、大陆架海和大陆坡水深 200～1 000 m 海域；蟹类中，仅梭子蟹科有大约 40 种，主要经济种类是三疣梭子蟹、远海梭子蟹、锯缘青蟹，主要分布于近岸、近海、河口。

南海贝类、藻类、棘皮动物等，主要分布在潮间带及 5 m 以浅海域的底栖生境，许多是渔民采集的对象，用于食物、工业原料、工艺品、观赏、医药等，重要经济种类如近江牡蛎、泥蚶、文蛤、缢蛏、广东紫菜、长紫菜、翡翠贻贝、大珠母贝、栉江珧、大砗磲、大马蹄螺、虎斑宝贝、管角螺、紫海胆、米氏参、黑怪参、花刺参等(邱永松等，2008)。

2.2.2　南海渔业资源特征与变化趋势

南海不仅生境多样，渔业资源种类也繁多，物种多样性非常高。南海实际记录了 2 060种鱼类，远高于中国东海(727 种)和黄海(289 种)。按照每网种数计算，北部湾中南部的多样性指数最大，其后依次为大陆架外海、大陆架近海、大陆架浅海、北部湾沿岸和台湾浅滩；多样性具有季节性，以重量计算，冬季多样性指数最大，其后依次为春季、秋季和夏季(麦贤杰，2007；邱永松等，2008)。

南海渔业资源大多数是地方性小种群，外海大洋性种类较少，与东海、黄海的种群联系也少，没有明显的洄游路线，单一种类的生物量不高、较少形成一定规模的渔场鱼汛。较高的水温造就了南海鱼类具有生命周期短、性成熟早、产卵期长、分批产卵、生殖力强等特点，一般生命周期在5年左右，性成熟在1~2岁，2~3岁为繁殖旺期。其食物来源多样，食物链之间交错，食物网结构比东海、黄海复杂(邱永松等，2008)。

南海北部大陆架渔业资源的开发潜力为5.7 t/(km^2·a)(袁蔚文，2000)，西沙群岛、中沙群岛、南沙群岛岛礁海域渔业资源开发潜力为2.1 t/(km^2·a)(南海主要岛礁生物资源调查研究课题组，2004；王颖等，2013)。南海北部四季平均总生物量为302.9×10^4 t，南海中部的资源储量达130×10^4 t，南海西南部的生物量为113.6×10^4 t，南沙群岛岛礁海域鱼类年生产量不少于11×10^4 t，南沙群岛西南部陆架区原始资源量约35.5×10^4 t，北部湾海域现存资源量约16.9×10^4 t(麦贤杰，2007)。

南海渔业资源在不断发展的捕捞业作用下，种类更替加快，种类组成结构明显改变。在20世纪60年代至90年代末的30多年间，南海北部大陆架和北部湾海域的渔业资源结构变化很大，渔获个体越来越小，渔获质量越来越差，主要种类的营养级降低，渔获组成向小型化、低值化转变，优质鱼类资源枯竭，优势品种渔获率下降。南海北部陆架区渔业资源密度已下降至很低水平，浅海区的当前密度为0.2 t/km^2，仅相当于原始资源密度的1/20和最适密度的1/10，近海和外海的当前密度为0.3 t/km^2，仅相当于原始资源密度的1/7和最适密度的1/3。北部湾海域也处于严重的过度捕捞状态，其中，共同渔区处于适度利用状态(邱永松等，2008)。

2.3 中国南海渔业资源开发情况

2.3.1 中国南海渔业资源开发历史

中国南海渔业生产历史悠久，在远古时代就有渔猎活动，新石器时代已可以使用简单渔具，春秋时期已建造小船出海捕捞，夏商时期沿海捕鱼业已成为主要生产活动，秦汉时期已有对渔业活动的文字记载，自唐代起，就有海南岛渔民赴南沙群岛从事渔业生产，在南海诸岛海域捕鱼采参，至明清，远海生产尤为兴盛(麦贤杰，2007；海南省地方志办公室，2009)，渔民对南沙群岛海域和岛礁的分布、地理特征等情况不断熟悉，为岛礁取名，记录到南沙生产的航线路线、航海要素、渔获品种、岛礁名称等，渔民祖辈传抄《更路簿》，明末甚至出版了相关图书(夏章英，

2011）。

至 1938 年，仅海南岛就有渔民 4. 5 万人，渔船 4 000 余艘，捕捞生产遍及沿岸、近海和远海，年产量估计 5.7×10^4 t。此后，渔业遭到战争破坏，1949 年有渔船3 743 艘，产量下降到 2×10^4 t(海南省地方志办公室，2009)。1956 年，由于周边国家挑起主权争端，中国中断了南沙渔业生产。1985 年，伴随中国远洋渔业的起步和发展，海南渔民赴南沙海域重续中断了 30 年的传统渔业生产活动(邱永松等，2008；王颖等，2013；李向民，2014)。恢复生产初期的捕捞作业以采捕贝类、海参等珍品为主，20 世纪 90 年代以来，捕捞作业方式包括潜水采捕、刺网、延绳钓、手钓、笼捕等，作业范围几乎覆盖所有南沙群岛岛礁及海域(邱永松等，2008)。1978 年改革开放以来至 2017 年，海南省海洋捕捞产量从 6.37×10^4 t 增加到 112.33×10^4 t，增长了 16 倍多，海洋捕捞产值按不变价计算从 0. 21 亿元增加到 203. 6 亿元，增长了近千倍，供养的海洋捕捞专业劳动力从 2. 9 万人增加至 9. 4 万人，渔民人均纯收入由 265 元提高至 15 263 元，增长了 56 倍多，渔民收入逐年提高，渔民生活水平不断改善，渔业为南海区地方经济社会发展做出了重要历史贡献(农业农村部渔业渔政管理局等，2018；海南省地方志办公室，2009)。

2. 3. 2　中国南海渔业[①]资源开发现状

中国是世界第一渔业大国，2017 年，拥有机动渔船 599 331 艘、非机动渔船 346 829艘，渔业从业人员约 1 359. 4 万人，均居世界第一位(农业部渔业渔政管理局等，2018)；2017 年，中国海洋捕捞产量约为 $1\,537.3\times10^4$ t（其中约 13%来自远洋水域），占世界海洋捕捞总产量的 16. 62%；水产养殖产量约为 $4\,682.4\times10^4$ t，占世界水产养殖总产量的 58. 43%，均居世界第一位(FAO，2019a)。

2. 3. 2. 1　海洋捕捞生产要素情况

1949 年中华人民共和国成立以来，中国南海区捕捞机动渔船增加快速，1953 年仅 4 艘、总功率 595 kW，到了 1985 年，快速上升至 42 216 艘、总功率 91.14×10^4 kW；中国南海区渔船数量和功率在 2005 年达到巅峰，共 90 439 艘、总功率 504.18×10^4 kW，

---

① 关于中国南海渔业相关数据说明如下：(1)根据《中国渔业统计年鉴》按照捕捞海域分为渤海、黄海、东海和南海区，其中，南海区范围为：北以闽粤省界经东山岛南端至台湾省南端的鹅銮鼻灯塔连线与东海为界，东以巴士海峡、巴林塘海峡、菲律宾群岛与太平洋为界，南至加里曼丹岛，西临中南半岛及马来半岛。沿用该海区的用法，本书采用“中国南海区”表述中国在南海的渔业资源开发情况。(2)根据《中国渔业统计年鉴》，全国渔业统计数据均未包括香港特别行政区、澳门特别行政区和台湾省，因此，本书中国南海区相关渔业数据也未包括香港、澳门和台湾的。(3)关于中国南海捕捞生产情况，本书采用《中国渔业统计年鉴》中的南海区数据进行分析。(4)关于中国南海捕捞生产要素情况。根据《中国渔业统计年鉴》中国海洋捕捞生产要素数据以省、自治区、直辖市为单位，缺少按海区进行的划分。由于中国在南海的海洋捕捞产量绝大部分来自广东、广西和海南三省区，本书采用该三省区的统计数据分析中国南海捕捞生产要素的情况。

之后渔船数逐步减少，而总功率下降至约 380×10^4 kW 水平保持稳定，至 2017 年，中国南海区渔船共 70 622 艘，总功率 386.57×10^4 kW(图 2.1)。

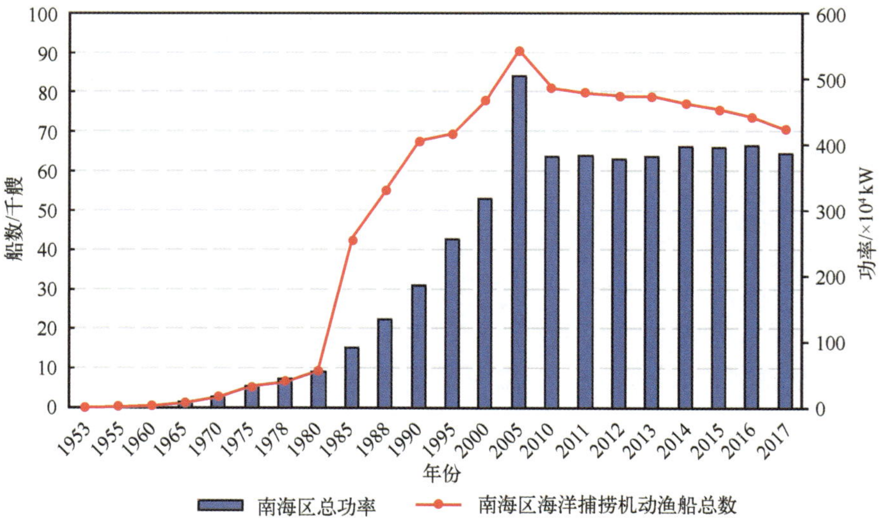

图 2.1　1953—2017 年中国南海区捕捞机动渔船数量变化趋势

数据来源：邱永松等，2008；麦贤杰，2007；农业部渔业局，2010a；2011a；2012a；2013a；农业部渔业渔政管理局，2014a；2015a；2016a；2017a；农业农村部渔业渔政管理局等，2018

目前，中国南海区捕捞作业机动渔船的作业类型主要包括拖网、刺网、围网、张网、钓具及其他杂渔业船。其中，拖网渔船、刺网渔船、围网渔船和钓具渔船数占中国南海总捕捞渔船数的 92%，占总功率的 96%。中国南海区渔船中，刺网渔船数量最多，占 65%，拖网渔船其次，占 12%，围网渔船占 8%，钓具渔船占 7%；而拖网渔船所占的功率最多，占 39%，刺网渔船其次，占 37%，张网渔船占 14%，钓具渔船占 6%。在各种作业渔船中，拖网渔船功率最大，其渔船数量仅占 12%，但功率却占 39%；而刺网渔船功率较小，其数量占 65%，功率占 37%(图 2.2)。南海渔具分布广泛的主要含 8 大类 32 种，除了上述 5 类主要渔具，还包括掩罩类、耙刺类、笼壶类、敷网类、抄网类、地拉网类、陷阱类等渔具渔法(海南省水产研究所，2013)。

当前，中国南海区中，广东省渔船最多，为 37 460 艘、总功率 188.96×10^4 kW；海南省其次，为 24 632 艘、总功率 134.80×10^4 kW；广西最少，为 8 530 艘、总功率 62.82×10^4 kW。南海区中，广东海洋捕捞专业从业人员 21.8 万人，海南 9.4 万人，广西 3.8 万人(农业农村部渔业渔政管理局等，2018)。

20 世纪 80 年代以前，渔业是集体经营，中国在南海区作业机动渔船的单船功率较高，平均 60 kW 左右；到了 80 年代，由于渔业经营私有化，私有小型渔船大量增加，

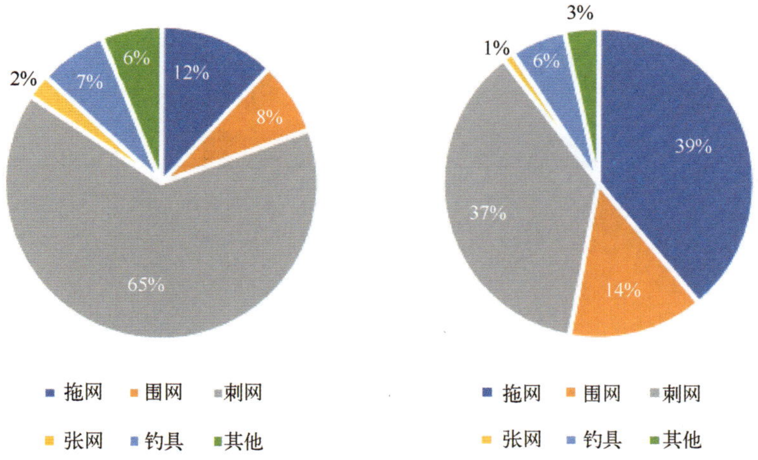

图 2.2　2017 年中国南海区各作业方式捕捞机动渔船占比

左图为渔船数，右图为渔船功率。数据来源：农业农村部渔业渔政管理局等，2018

中国在南海区作业机动渔船单船平均功率下降至 20 kW 左右；之后渔船逐步发展，单船平均功率逐步上升，目前的单船平均功率约 55 kW(图 2.3)。因为这些渔船数十年保持功率低、吨位小的状况，导致主要在浅海近岸作业，不断加剧近海渔业资源过度捕捞程度，据估计，南海北部捕捞能力已经达到最适捕捞强度的 3 倍(邱永松等，2008)。

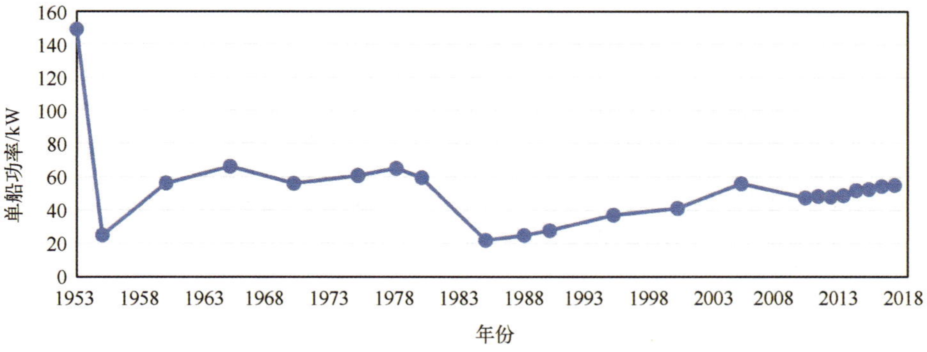

图 2.3　1953—2017 年中国南海区捕捞机动渔船单船功率变化

数据来源：邱永松等，2008；麦贤杰，2007；农业部渔业局，2010a；2011a；2012a；2013a；农业部渔业渔政管理局，2014a；2015a；2016a；2017a；农业农村部渔业渔政管理局等，2018

2.3.2.2　海洋捕捞生产情况

如图 2.4 所示，20 世纪 50 年代以来，中国在南海的渔获产量不断上升，1950 年约产 8×10^4 t，到了 60 年代平均约产 40×10^4 t，70 年代又有明显增长，达到近 80×10^4 t；在经历 80 年代初期明显下降后，1985 年又有了明显增长，达到 97×10^4 t。由于 80 年代大量增加私有小型渔船，且 1982 年开始开发近海和外海渔业资源，80 年代后期开始，中国在南海区的渔获量急剧上升，在 2015 年达到峰值，产量达 375.77×10^4 t；之后，由于国家出台多项政策，压减降低捕捞强度，以及渔业资源的衰退，中国在南海的渔获量开始逐步减少，2017 年，中国南海区的捕捞年产量约 338.31×10^4t。

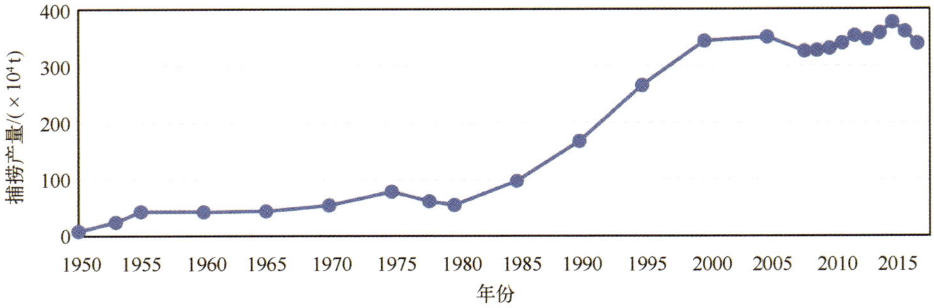

图 2.4　1950—2017 年中国南海区捕捞产量变化

数据来源：邱永松等，2008；麦贤杰，2007；农业部渔政局，2010a；2011a；2012a；2013a；农业部渔业渔政管理局，2014a；2015a；2016a；2017a；农业农村部渔业渔政管理局等，2018

当前，海洋捕捞业中，拖网、刺网、围网和钓具的捕捞产量约占总产量的 94%，其中，拖网产量最高，达 41%，刺网产量其次，占 32%，围网产量占 14%，钓具产量占 7%，张网产量仅占 1%，其他作业类型产量共占 5%。从渔获品种来看，目前中国南海渔获中，鱼类产量最高，占总渔获量的 74%，甲壳类其次，占 14%，头足类占 7%，贝类占 4%，藻类仅占 1%(图 2.5)。

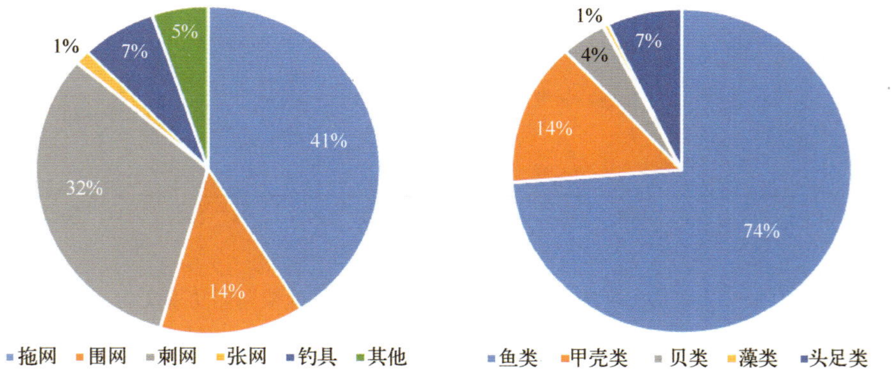

图 2.5　2017 年中国南海区捕捞产量构成

左图按渔具划分，右图按渔获种类划分。数据来源：农业农村部渔业渔政管理局等，2018

南海渔获种类具有非常高的多样性。以海南省渔获为例，其渔获组成中，经常出现且具有一定经济价值的有 100 多种，年平均渔获产量占总产量 1%以上的有 20 多种，以鱼类为主，鱼类年产量约占捕捞总产量的 85%，其中，金线鱼和带鱼产量约占 35%，其他 100 多种渔获产量共占约 65%(农业农村部渔业渔政管理局等，2018)。

2.4　中国南海渔业资源治理制度与措施

2.4.1　中国渔业资源治理基本制度

我国对渔业资源采用投入管理模式，实际实行的是投入控制制度(农业农村部，2019c)，通过限制捕捞渔船数量、渔具渔法数量和规格、作业时限、作业场所、捕捞品种等投入要素来间接调控渔业资源开发量。

我国资源总量管理制度和捕捞限额制度实际未落实。虽然《中华人民共和国渔业法》等法规文件提出了实行资源总量管理制度，但因缺少相应的措施，一直未得到有效实施(农业农村部，2019c)。2016 年出台的《全国渔业发展第十三个五年规划(2016—2020 年)》提出，2020 年全国海洋捕捞总量控制在 1 000×10^4 t(农业部，2016)；2017 年出台的《农业部关于进一步加强国内渔船管控 实施海洋渔业资源总量管理的通知》将 2020 年近海捕捞产量分到各省份(农业部，2017a)。但是，由于缺少对海洋渔业资源持续科学的评估测算，上述海洋渔业资源总量制度是按照渔业统计数据中各省份历史捕捞量数据进行分配的。又因为渔业统计数据中捕捞产量是根据产值估算的，且缺少统一的调查统计规范，其产量统计值可能被夸大估计(邱永松等，2008)。因此，这种分配方法并不科学，且通过行政手段进行管理与调控也很难持续(韩杨，2018)，鉴于缺少对渔业资源持续的数据收集、统计，地方政府所报送的年度海洋捕捞产量统计数据与实际有偏差，也存在为满足国家总量控制目标而虚报的情况(2019 年专家访谈)。可见，到目前为止，我国对产出控制制度的尝试几乎没有实际落实，实行的仍然是投入控制制度。

2.4.2　中国渔业资源治理主要法规政策

自 20 世纪 70 年代起，为了促进海洋渔业持续健康发展，中国政府陆续制定了一系列制度和措施，形成以《中华人民共和国渔业法》为基础，相关涉渔法律法规为补充的渔业法律体系，各地也出台了一系列地方性法规、规章。全国已有渔业法规和规范性文件 600 多部，海洋渔业经济活动与行政管理基本实现了有法可依(农业部渔业局，2010b)。

1979 年，国务院颁布了《中华人民共和国水产资源繁殖保护条例》，对如何保护水产资源繁殖做出了规定，包括：保护对象和采捕原则、禁渔区和禁渔期、渔具和渔法、水域环境保护、增殖水产资源等内容，也是新中国最早明确提出捕捞许可制度的法规文件。1986 年，为了加强渔业资源的保护、增殖、开发和合理利用，发展人工养殖，促进渔业生产发展，保障渔业生产者的合法权益，出台了《中华人民共和国渔业法》。1987 年，制定《中华人民共和国渔业法实施细则》，规定了捕捞许可证制度。同年，还出台了《关于近海捕捞机动渔船控制指标的意见》，提出“双控”制度①。1989 年，发布了《渔业捕捞许可证管理办法》，尔后 2002 年发布《渔业捕捞许可管理规定》取代了《渔业捕捞许可证管理办法》。自 1995 年开始，在东海、黄海、渤海海域实行全面伏季休渔制度，从 1999 年开始，南海海域也开始实施伏季休渔制度。1999 年，提出捕捞产量“零增长”目标；2002 年，进一步控制捕捞业投入规模，实施渔船报废制度和回购计划；2003 年，开始“减船转产”；2017 年，提出“资源总量控制”与“限额捕捞管理”。

此外，与渔业资源保护与开发密切相关的法律法规规章还包括：维护国家海洋权益方面的《中华人民共和国领海及毗连区法》《中华人民共和国专属经济区和大陆架法》等；管理我国与海洋邻国渔业生产的《中越北部湾渔业合作协定》等；防止海洋污染、保护水生动植物方面的《中华人民共和国环境保护法》《中华人民共和国海洋环境保护法》《中华人民共和国野生动物保护法》《中华人民共和国水生野生动物保护实施条例》《水生生物增殖放流管理规定》《水产种质资源保护区管理暂行办法》等；管理海上作业安全的《中华人民共和国海上交通安全法》《中华人民共和国渔港水域交通安全管理条例》《海南省南沙渔业生产安全管理规定》等；管理渔船渔港的《中华人民共和国渔业船舶检验条例》《中华人民共和国渔业船舶登记办法》《中华人民共和国船舶进出渔港签证办法》等。

2.4.3 中国南海渔业资源治理主要措施

中华人民共和国成立以来，逐步建立了一系列投入控制型渔业资源治理制度措施，主要包括以下几项。

2.4.3.1 捕捞许可证与渔船“双控”制度

实行海洋捕捞许可证制度。1980 年，我国正式建立渔业捕捞许可制度，从事海洋捕捞生产活动，必须经渔业主管部门批准。《渔业捕捞许可管理规定》详细规定了捕捞许可制度。到我国与有关国家缔结的协定确定的共同管理的渔区或者公海从事捕捞作业的捕捞许可证，由国务院渔业主管部门批准发放；其他作业的捕捞许可证，由县级以上地方人民政府渔业主管部门批准发放。到他国管辖海域从事捕捞作业的，应当经国务院渔业行政主管部门批准，并遵守中华人民共和国缔结的或者参加的有关条约、协定和有关国家的法律。捕捞许可证不得买卖、出租、出借和以其他形式转让，不得涂改、伪造、变造。发放捕捞许可证的累计渔船数量和功率不得超过国家下达的船网工具控制指标（全国人民代表大会常务委员会，2013）。此外，根据《南沙渔业生产管理

① “双控”是指控制渔船数量和渔船主机功率。

规定》，凡赴南沙海域及黄岩岛海域从事渔业生产必须申领“南沙专项捕捞许可证”，实行每年审核签证制(海南省人民政府，2003)。

实行海洋渔船“双控”制度。我国自 20 世纪 80 年代中期实施海洋渔船“双控”制度，1999 年，提出海洋捕捞产量“零增长”目标，各地方政府从此开始将“双控”制度与该目标结合，鼓励渔民转产转业，实施渔船报废制度和回购计划。当前南海渔业的“双控”目标是，至 2020 年，各沿海省海洋捕捞总产量要在 2015 年的基础上减少 23.6%以上，中国南海三省(区)海洋捕捞渔船总数控制在 16 202 艘、2 646 304 kW，比 2015 年基数压减 7 254 艘、431 911 kW。“双控”制度提出重点压减老旧、木质渔船，特别是双船底拖网、帆张网、三角虎网等作业类型渔船，除了淘汰旧船和更新改造外，禁止新造、进口将在我国管辖水域生产的渔船(农业部，2017a)。

2.4.3.2　休(禁)渔区和休(禁)渔期制度

实行机动渔船底拖网禁渔区线制度。1980 年，批准实施《关于划定南海区和福建省沿海机动渔船底拖网禁渔区线的意见》，1981 年，国务院又批准在机动渔船底拖网禁渔区线内海域禁止所有底拖网。当前实施的是 2017 年发布的《农业部关于进一步加强国内渔船管控　实施海洋渔业资源总量管理的通知》，该文件规定，大中型渔船不得到机动渔船底拖网禁渔区线内侧作业，不得跨海区管理界限(依据现行海区伏季休渔管理分界线)作业，因传统作业习惯到机动渔船底拖网禁渔区线内侧作业的，由所在省(区、市)渔业行政主管部门确定并报农业部备案；小型渔船应在机动渔船底拖网禁渔区线内侧作业，不得跨省(区、市)管辖水域作业。机动渔船底拖网禁渔区线内侧基本等同于自海岸线向外 12 n mile 的范围(农业部，2017a)。

实行禁渔区、禁渔期制度。《中华人民共和国渔业法》规定，禁止在禁渔区、禁渔期进行捕捞，在禁渔区或者禁渔期内禁止销售非法捕捞的渔获物。《渔业捕捞许可管理规定》规定，禁止在禁渔区、禁渔期、自然保护区从事渔业捕捞活动。1979 年实施《水产资源繁殖保护条例》以来，南海区已设立许多水产资源自然保护区，包括：①南海中上层鱼类产卵场保护区。保护区主要分布在北部湾东北部海区、珠江口、粤东、粤西外海区和台湾浅滩区，保护期为每年的 12 月至翌年 7 月间，保护对象为蓝圆鲹、日本鲭鱼、日本竹荚鱼等。②南海底层、近底层鱼类产卵场保护区。主要分布在海南岛南部海域、海南岛东岸至汕尾附近海域、北部湾海域，保护期根据保护对象来确定，保护对象主要包括：金线鱼、红鳍笛鲷、大眼鲷、脂眼鲱等。③海洋水产种质资源保护区。目前，已建立国家、省和市县级等多级水产种质资源保护区，如广东鉴江口尖紫蛤国家级水产种质资源保护区、汕尾碣石湾鲻鱼长毛对虾国家级水产种质资源保护区、西沙群岛永乐环礁海域国家级水产种质资源保护区、西沙东岛海域国家级水产种质资源保护区、北部湾二长棘鲷长毛对虾国家级水产种质资源保护区。

实行伏季休渔制度。自 1999 年起，南海实行伏季休渔制度，通过一段时间的禁渔，减小捕捞压力，保护产卵亲鱼，促进渔业资源恢复，提高鱼卵、仔鱼和稚鱼的存活率，规定在每年的 6 月 1 日 0:00 至 7 月 31 日 24:00 实行两个月的休渔，休渔期间，在12°N 以北的南海海域(包括北部湾中方一侧海域)，除了刺网、笼捕，禁止其他捕捞作业方式生产。南海伏季休渔实施了 20 年，是南海最重要的渔业资源保护措施之一。自 1999 年以来，农业部在休渔时间和休渔作业类型上先后进行了 4 次调整，2017 年以来的伏季休渔规定是：休渔时间为 5 月 1 日 12:00 起至 8 月 16 日 12:00 结束，共 3 个半月，除钓具外所有作业类型的渔船均须休渔，首次要求捕捞辅助船同步休渔(农业部，2017b)，为史上最严休渔政策。

2.4.3.3 限制渔具渔法、网目尺寸和采捕规格

限定渔具渔法和网目尺寸。《中华人民共和国渔业法》规定，禁止使用炸鱼、毒鱼、电鱼等破坏渔业资源的方法进行捕捞，禁止制造、销售、使用禁用的渔具，禁止使用小于最小网目尺寸的网具进行捕捞，捕捞的渔获物中幼鱼不得超过规定的比例。《渔业捕捞许可管理规定》规定，“渔业捕捞许可证核定的作业类型分为刺网、围网、拖网、张网、钓具、耙刺、陷阱、笼壶、地拉网、敷网、抄网、掩罩等共 12 种。核定作业类型最多不得超过两种，并应当符合渔具准用目录和技术标准，明确每种作业类型中的具体作业方式。拖网、张网不得互换且不得与其他作业类型兼作，其他作业类型不得改为拖网、张网作业。”目前，非法渔具渔法仍然屡禁不止。如 2015 年，农业部渔政局部署全国清理“绝户网”和涉渔“三无”船舶，清理出违规渔具近 26 万张(顶)(农业部渔业渔政管理局，2016b)。

限制采捕规格。2018 年出台《农业部关于实施带鱼等 15 种重要经济鱼类最小可捕标准及幼鱼比例管理规定的通告》，其中包括带鱼、银鲳、蓝圆鲹、竹荚鱼、黄鳍马面鲀等南海 13 种鱼类最小可捕标准及幼鱼比例，要求 2019 年这 13 种幼鱼重量不得超过该品种总重量的 30%，2020 年为不超过 20%，2020 年之后按照 20% 执行(农业部，2018a)。

2.4.3.4 推动南海深远海渔业资源开发政策

为了推动南海深远海渔业资源开发，中国采取了系列政策措施。一是特殊的休渔政策。持有南沙专项捕捞许可证前往 12°N 以南的南沙海域生产的渔船可全年从事渔业生产活动，不在伏季休渔之内(农业部，2018b)。二是财政补贴南海深远海渔业资源开发活动。一方面，中央和地方财政补助新建钢质和玻璃钢南沙生产骨干渔船；另一方面，以专项柴油补贴的形式对前往南沙海域从事捕捞生产的渔船给予适当财政补贴，以缓解生产成本压力(张祖兴和方仕杰，2019)。三是执法部门加大对外国渔船在中国南海非法捕捞的打击力度。如 2013 年，中国在黄岩岛附近海域驱离外国渔船 178 次、

登船 8 次；在美济礁驱逐外国渔船 27 次(张宏洲，2019)。

2.5　本章小结

南海作为西北太平洋最大的边缘海之一，海域辽阔，基底构造复杂，海底地貌类型丰富，岸线曲折多样，为渔业提供了多种栖息条件和天然良港。南海跨越热带、亚热带及赤道热带，盐度相对较高，雨量充沛，多条河流汇入，有数支海流流经，受海洋性季风气候影响和热带气旋的侵袭；同时，南海水温跨越了热带、亚热带、温带以至寒带。这些自然环境特点造就了南海具有陆架生态系、陆坡生态系、大洋生态系、珊瑚岛礁生态系等多种渔业生态系统，具有种类繁多的渔业资源，非常高的物种多样性。同时，南海鱼类生命周期短、性成熟早，渔业资源多是地方性小种群，没有明显的洄游路线，单一种类较少形成一定规模的渔场鱼汛。南海捕捞对象主要是陆架海域底层鱼类、中上层鱼类、近底层鱼类和珊瑚礁鱼类。在南海不断发展的捕捞业作用下，存在渔获个体变小、质量变差趋势。

我国在南海渔业生产的历史悠久，自唐代起，就有海南岛渔民赴南沙群岛从事渔业生产，在南海诸岛海域捕鱼采参，至明清，远海生产尤为兴盛；至 20 世纪 30 年代末，捕捞生产遍及沿岸、近海和远海。中华人民共和国成立后，我国南海捕捞机动渔船数经历了快速增长，在 2005 年达到峰值后有所减少，目前，共 7 万多艘、总功率近 400 万千瓦，其中，刺网渔船数量最多，拖网其次，但拖网渔船所占功率最大，刺网其次。广东的渔船和渔民最多，海南其次，广西最少。因为过去数十年来，南海作业单船平均功率低、吨位小，导致主要在浅海近岸作业，不断加剧近海渔业资源过度捕捞程度。20 世纪 50 年代以来，我国在南海的渔获产量不断上升，在 2015 年达到峰值，之后逐步减少，目前产量 300 多万吨，其中，拖网产量最高，刺网其次。我国在南海的渔获种类非常多样，鱼类产量最高，甲壳类其次。

我国对渔业资源管理实际实行的是投入控制制度，以《中华人民共和国渔业法》为主要基础，建立了一系列涉渔法规政策体系，对南海渔业资源治理采取的主要配套措施包括：捕捞许可证与渔船“双控”制度，休(禁)渔区和休(禁)渔期制度，限制渔具渔法、网目尺寸和采捕规格等。

第三章　中国南海渔业资源治理绩效

3.1　生态维度绩效

3.1.1　渔业资源与环境健康

3.1.1.1　过度捕捞比例

该指标衡量在管理计划中被认为过度捕捞、正在受过度捕捞影响或对种群状况不明的鱼类种群百分比。评估标准为

- 5：没有过度捕捞
- 4：1%～25%过度捕捞
- 3：26%～50%过度捕捞
- 2：51%～75%过度捕捞
- 1：76%～100%过度捕捞

评估依据：由于南海渔业产量按类群而非单物种统计，且缺乏单位捕捞努力量渔获量监测数据，张魁等(2017)采用渔业产量统计数据和简化的产量模型评估出，南海区渔业资源总可捕量为 246.9×10^4～277.8×10^4 t，其中的 11 个重要经济类群自 20 世纪 90 年代以来均遭受了不同程度的过度捕捞，目前仍处在过度捕捞状态的有 5 个类群，包括海鳗类、石斑鱼类、金线鱼类、带鱼类和鲳类，其他 6 个类群(蓝圆鲹类、沙丁鱼类、马面鲀类、鲐类、鱲类和鲷类)的最大持续产量(Maximum Sustainable Yield，MSY)与捕捞量处于相适应的状态。据此，可以估算，南海区鱼类种群过度捕捞比例为 5/11≈45.45%。该指标得 3 分。

3.1.1.2　过度捕捞程度：渔业资源状态

对产量前三位的渔业资源种类的状态进行加权平均。评估标准为

- 5：渔业资源没有过度捕捞或正在恢复
- 4：渔业资源轻度过度捕捞
- 3：渔业资源中度过度捕捞
- 2：渔业资源严重过度捕捞

- 1：渔业资源严重过度捕捞，几近崩溃

评估依据：由于南海区渔业资源种类繁多，无明显大宗经济鱼种，为了更充分体现过度捕捞程度，结合数据可得性，本书对南海区11类主要经济类群资源状态根据产量进行加权平均，如式(3.1)所示：

$$过度捕捞程度加权平均 = 过度捕捞程度 \times 产量权重 \tag{3.1}$$

南海区渔业资源中，目前仍处于过度捕捞状态的有5个类群(张魁等，2017)，其中，海鳗类和石斑鱼类严重过度捕捞，得2分；金线鱼类、带鱼类和鲳鱼类的产量在近几年开始超过MSY，属轻度过度捕捞，得4分；蓝圆鲹类、沙丁鱼类、马面鲀类、鲐类、鲷类和鲷类的MSY与2017年的捕捞量处于相适应状态，得5分。按照产量权重加权11类渔业资源过度捕捞得分，该指标总分4.05分，即南海区渔业资源轻度过度捕捞(表3.1)。

表3.1　2017年主要南海渔业资源过度捕捞程度及加权平均值

鱼类种群	MSY ($\times 10^4$ t)	可捕量 ($\times 10^4$ t)	2017年南海捕捞产量 ($\times 10^4$ t)	产量权重	过度捕捞程度	过度捕捞程度加权平均
金线鱼类	33.9	27.1~30.5	36.18	21.0%	4	0.84
带鱼类	30.2	24.2~27.2	34.71	20.1%	4	0.80
蓝圆鲹类	30.6	24.5~27.5	25.50	14.8%	5	0.74
石斑鱼类	5.0	4.0~4.5	9.37	5.4%	2	0.11
鲳鱼类	10.5	8.4~9.5	11.41	6.6%	4	0.26
海鳗类	11.8	9.4~10.6	17.04	9.9%	2	0.20
鲷类	10.4	8.3~9.4	9.37	5.4%	5	0.27
鲐鱼类	7.4	5.9~6.7	5.88	3.4%	5	0.17
沙丁鱼类	10.7	8.6~9.6	9.45	5.5%	5	0.27
马面鲀类	12.2	9.8~11.0	8.75	5.1%	5	0.25
鯻类	5.7	4.6~5.1	4.89	2.8%	5	0.14
合计	168.4	—	172.6	100.0%	—	4.05

数据来源：农业农村部渔业渔政管理局等，2018；张魁等，2017。

3.1.1.3　渔业资源动态

这一指标评估当前的捕捞强度对渔业资源状况的影响程度。该指标的得分是在上一指标得分基础上，根据渔业资源近年来是在恢复还是稳定或在衰退来加减得分。评估标准为

- +2：渔业资源在快速恢复
- +1：渔业资源在恢复
- 0：渔业资源稳定

- −1：渔业资源在衰退
- −2：渔业资源在快速衰退

评估依据：(1)根据调查结果(表 3.2)，53 份来自科研人员、行政管理人员和渔业执法人员的评价显示，28%的人员认为南海渔业资源在快速衰退，49%的人员认为南海渔业资源正有所衰退，8%的人员认为南海渔业资源保持稳定，15%的人员认为南海渔业资源有所恢复，0%的人员认为南海渔业资源快速恢复。按照 FPIs 评估标准，加权后，“渔业资源动态”指标得分为：−0.91，即渔业资源有所衰退。

表 3.2　科研人员、渔业执法和行政管理人员对南海渔业资源动态的看法

资源动态	评分标准	问卷数	问卷比例	加权得分
快速恢复	2	0	0%	0.00
有所恢复	1	8	15%	0.15
保持稳定	0	4	8%	0.00
有所衰退	−1	26	49%	−0.49
快速衰退	−2	15	28%	−0.57
合计	—	53	—	−0.91

数据来源：专家评价法，2019；海南海洋渔业发展现状调查问卷(渔业执法和行政管理人员)，2019。

(2)在鱼类的尺寸变化方面，专家评价法，以及渔业执法人员、行政管理人员和渔业从业者的调查问卷显示(表 3.3)，超过 94%的调查对象均认为，南海区捕捞产量最大的 6 种鱼类：金线鱼、带鱼、蓝圆鲹、石斑鱼、鲳鱼、海鳗的尺寸变小或基本没变，极少数调查对象认为上述鱼类的尺寸有所变大，此变化趋势印证了资源有所衰退的情况。

表 3.3　专家评价法，以及渔业执法人员、行政管理人员和渔业从业者对南海主要 6 种捕捞鱼类尺寸变化趋势的看法

鱼种	变大	基本没变	变小
金线鱼	7(4.27%)	79(48.17%)	78(47.56%)
带鱼	9(5.49%)	77(46.95%)	78(47.56%)
蓝圆鲹	6(3.66%)	81(49.39%)	77(46.95%)
石斑鱼	8(4.88%)	67(40.85%)	89(54.27%)
鲳鱼	10(6.1%)	77(46.95%)	77(46.95%)
海鳗	7(4.27%)	83(50.61%)	74(45.12%)

数据来源：专家评价法，2019；海南海洋渔业发展现状调查问卷(渔业执法人员、行政管理人员、渔业从业者)，2019。

3.1.1.4　管制死亡率

该指标为因为政府管制(如鱼类尺寸限制)导致的渔获损失。评估标准为

- 5：目标物种无管制造成的死亡
- 4：管制死亡率低于总渔获量的 5%
- 3：管制死亡率为总渔获量的 5%~25%
- 2：管制死亡率为总渔获量的 25%~50%
- 1：每捕获 100 kg，就会丢弃 50 kg 以上的渔获

评估依据：据海南省海洋与渔业监察总队统计，在 2018 年的海洋伏季休渔执法督查、开展打击电拖网专项行动、打击非法捕捞专项执法行动等各项海洋渔业执法中，各级渔政部门共没收非法渔获物 4.96 t(海南省海洋与渔业监察总队，2019)。而海南省海洋捕捞年渔获总量超过百万吨，因此，管制死亡率非常低，该指标得 4 分。

3.1.1.5　非目标渔获率

该指标为非目标渔获物占总渔获量的百分比。评估标准为

- 5：几乎没有非目标渔获
- 4：不到 5%的渔获物是非目标物种
- 3：5%~25%的渔获物是非目标物种
- 2：25%~50%的渔获物是非目标物种
- 1：每捕获 100 kg，超过 50 kg 是非目标鱼种

评估依据：对各类渔民的调查显示，63%的渔民几乎没有非目标捕获，全部渔获物可以利用；25%的渔民丢弃的渔获物不到 5%；10%的渔民丢弃的渔获物大概占 5%~25%；仅 2%的渔民丢弃的渔获物超过 25%。这与科研人员、行政管理和渔业执法人员的看法相当一致(图 3.1)。海南省非目标渔获率加权后得 4.47 分(表 3.4)，因此该指标得 4 分，丢弃的渔获物不到 5%。

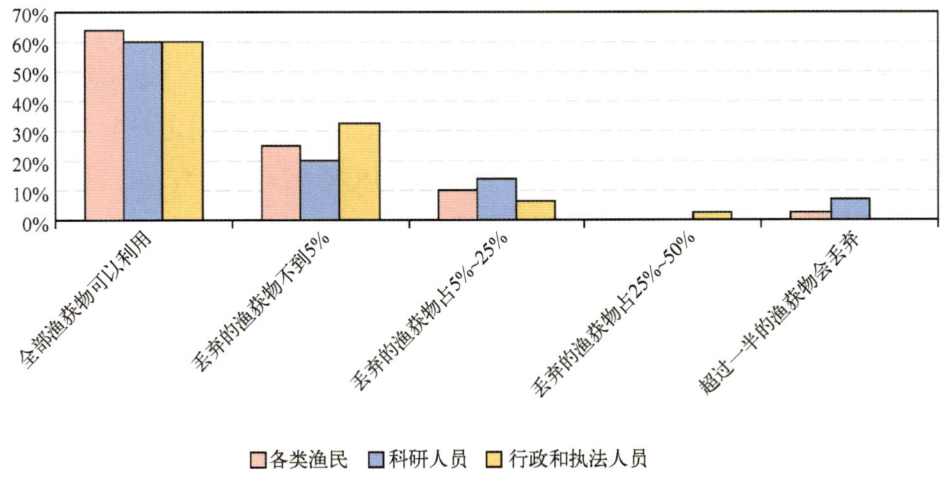

图 3.1　渔业执法人员、科研人员和行政人员对海南省非目标渔获率看法的比较

表 3.4 海南省非目标渔获率分布情况

非目标渔获率	赋值	样本数	样本比例	加权
全部渔获物可以利用	5	72	63%	3.08
丢弃的渔获物不到 5%	4	32	25%	1.09
丢弃的渔获物占 5%~25%	3	10	10%	0.26
丢弃的渔获物占 25%~50%	2	1	1%	0.02
超过一半的渔获物会丢弃	1	2	1%	0.02
合计		117	100%	4.47

数据来源：专家评价法，2019；海南海洋渔业发展现状调查问卷(渔业执法、行政管理人员、渔业从业者)，2019。

3.1.1.6 IUU 渔获比例

该指标为非法的、未报告的和未受规制的(IUU)渔获物比例。评估标准为

- 5：实际上没有 IUU 捕捞
- 4：只有不到 5%的渔获量是 IUU
- 3：5%~25%的渔获量是 IUU
- 2：25%~50%的渔获量是 IUU
- 1：每捕获 100 kg，IUU 就超过 50 kg

评估依据：(1)2018 年 8 月 1 日起正式实施的《农业部关于实施带鱼等 15 种重要经济鱼类最小可捕标准及幼鱼比例管理规定的通告》对南海 15 种鱼类最小可捕标准做了规定，指出在 2018 年、2019 年和 2020 年，在单航次渔获物中，这些品种中达不到最小可捕标准的幼鱼重量分别不得超过该品种总重量的 50%、30%和 20%(农业部，2018a)。《海南省海洋小型渔船船网工具控制指标研究报告》显示，海南拖网捕获的幼鱼渔获量超过了总渔获量的一半，近海张网、陷阱网捕捞渔获中幼鱼的比例达 80%(海南省海洋与渔业厅，2017c)。(2)2010—2011 年海南岛上岸渔获调查研究也显示，超过 40%的上岸渔获为低值幼鱼(童玉和等，2012)。(3)海南省目前仍存在约 4 000 艘的“三无”非法渔船，存在不按机动渔船禁渔区线规定作业和违法在休渔期捕捞的行为，以及未报告的休闲渔业渔获(2019 年专家访谈)，这些都将进一步增加 IUU 渔获量。

因此，海南省 IUU 渔获比例已超过 50%，该指标得 1 分。

3.1.1.7 关键生境状况

关键生境是指在鱼类生命周期中起重要作用的生境。生境的损害以面积计算，包括所有来源的损害，如捕捞损害、污染和开发活动。评估标准为

- 5：关键栖息地是健康的，不受威胁
- 4：退化或功能失调的比例低于 25%

- 3：25%~75%被降级或功能失调
- 2：超过 75%的关键栖息地遭到破坏
- 1：几乎所有重要的栖息地都受到了破坏或功能失调

评估依据：根据 2005 年和 2017 年《海南省海洋环境质量公报》(海南省海洋与渔业厅，2006；2018a)对海南省重要渔业生境中珊瑚礁和海草床生境的调查结果显示，2005 年海南岛东南沿岸海域和西沙、中沙、南沙海域的珊瑚礁系统和海草床生态系统处于健康状态，生物多样性丰富。本书以 2005 年监测结果为参照基准(表 3.5)。

表 3.5　2005 年和 2017 年海南省监测点珊瑚礁和海草床覆盖度变化值

	珊瑚礁覆盖度		
	2005 年	2017 年	变化值
鹿回头海域	12.8%	25.0%	12.2%
大小东海海域	30.8%	5.0%	-25.8%
西瑁洲	20.9%	15.0%	-5.9%
亚龙湾	35.7%	22.5%	-13.2%
蜈支洲	41.9%	24.5%	-17.4%
长圮港	7.5%	4.0%	-3.5%
永兴岛	76.3%	2.0%	-74.3%
西沙洲	64.7%	5.5%	-59.2%
赵述岛	53.8%	4.0%	-49.8%
北岛	63.5%	4.0%	-59.5%
平均值	40.8%	11.2%	-29.6%
平均变化率	-72.7%		
	海草床覆盖度		
	2005 年	2017 年	变化值
高隆湾	45.7%	27.5%	-18.2%
龙湾港	74.9%	21.5%	-53.4%
新村港	65.5%	27.5%	-38.0%
黎安港	57.8%	32.0%	-25.8%
长圮港	54.6%	10.0%	-44.6%
平均值	59.7%	23.7%	-36.0%
平均变化率	-60.3%		

数据来源：海南省海洋与渔业厅，2006；2018。

但 2017 年的调查结果显示，这些海域的珊瑚礁和海草床覆盖度几乎全部大幅度降低，平均降幅分别是 72.7%和 60.3%。由此推测，海南省渔业关键生境 25%~75%被降级或功能失调，该指标得 3 分。

3.1.1.8　有第三方认证的上岸渔获比例

该指标为公认第三方认证的生态可持续的上岸捕捞渔获比例(数量)，如海洋管理委员会(MSC)的认证。评估标准为

- 5：76%~100%的上岸渔获是经过认证的
- 4：51%~75%的上岸渔获是经过认证的
- 3：26%~50%的上岸渔获是经过认证的
- 2：1%~25%的上岸渔获是经过认证的
- 1：没有上岸渔获有第三方认证

评估依据：根据原海南省海洋与渔业厅内部资料，以及对行政管理人员和专家访谈情况，海南省没有上岸捕捞渔获经过第三方生态可持续认证，得 1 分。

3.1.2　生态绩效表现

评估结果显示，中国南海渔业生态绩效整体得分 2.88(表 3.6)。

如表 3.6 和图 3.2 所示，中国南海渔业生态绩效的三级绩效指标中，表现最弱的是 IUU 渔获比例(1 分)和有第三方认证的上岸渔获比例(1 分)，说明中国南海渔业渔获中的 IUU 渔获比例已超过一半，其上岸捕捞渔获中不存在关于生态可持续性的第三方认证；在过度捕捞比例(3 分)、渔业资源动态(3 分)、关键生境状况(3 分)三方面表现一般，即中国南海渔业资源过度捕捞的鱼类种群比例约为一半，且目前处于衰退状态，渔业资源关键生境中约六七成被降级或功能失调；在渔业资源状态(4 分)、管制死亡率(4 分)、非目标渔获率(4 分)三方面表现良好，说明中国南海渔业资源总体上处在轻度过度捕捞状态，渔获中不到 5%的渔获因为政府管制而受损，各种上岸渔获基本全部得到利用，丢弃渔获比例不超过 5%。

表 3.6　中国南海渔业生态绩效评估结果

一级指标	一级指标得分	二级指标	二级指标得分	三级指标	三级指标得分	三级指标数据质量
生态绩效	2.88	渔业资源与环境健康情况	2.88	过度捕捞比例	3	A
				过度捕捞程度：渔业资源状态	4	A
				渔业资源动态	3	B
				管制死亡率	4	A
				非目标渔获率	4	A
				IUU 渔获比例	1	A
				关键生境状况	3	B
				有第三方认证的上岸渔获比例	1	A

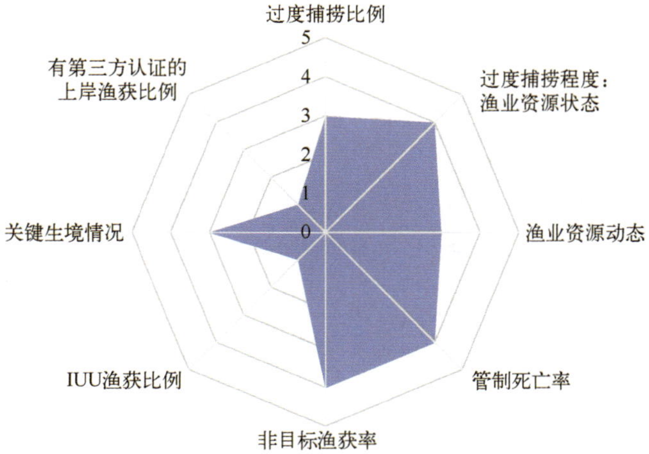

图 3.2　中国南海渔业生态绩效评估结果

3.2　经济维度绩效

3.2.1　渔获水平

3.2.1.1　上岸渔获水平

该指标为过去 3 年(以 2018 年为基数)平均捕捞产量与 MSY 的关系。对于缺乏 MSY 可靠数据的渔业，评分可基于识别管理目标中关于决定上岸多少渔获的信息。评估标准为

- 5：渔获小于 MSY 以增加利润
- 4：渔获大约在 MSY 水平
- 3：减少捕捞产量以促进资源恢复
- 2：渔获限制了渔业资源的恢复
- 1：渔获导致过度捕捞(资源低于 MSY 并持续衰退)

评估依据：(1)首先确定 MSY 与近 3 年南海平均渔获量之间的关系。本书根据南海区 11 类主要渔业资源的 MSY 估值(张魁等，2017)，比较 MSY 值与中国南海区 2015—2017 年 11 类主要渔业资源的平均渔获量之间的关系(表 3.7)。严重过度捕捞的，赋值-2；轻度过度捕捞的，赋值-1；渔获量低于 MSY 的，赋值+1。将这些赋值根据 11 类渔获产量的比重加权求和，得-0.42，因此，总体上是轻度过度捕捞，渔获量稍大于 MSY 水平。

表 3.7　中国南海近 3 年 11 类主要渔业资源平均渔获量与 MSY 的关系

鱼类种群	MSY（×10⁴ t）	2017 年南海捕捞产量（×10⁴ t）	2016 年南海捕捞产量（×10⁴ t）	2015 年南海捕捞产量（×10⁴ t）	2015—2017 年南海捕捞平均产量（×10⁴ t）	3 年平均产量的权重	3 年平均渔获量与 MSY 的关系赋值	3 年平均渔获量与 MSY 关系的加权值
金线鱼类	33.9	36.18	42.63	38.69	39.17	21.48%	−1	−0.21
带鱼类	30.2	34.71	36.04	35.52	35.42	19.43%	−1	−0.19
蓝圆鲹和竹荚鱼	30.6	25.5	26.38	26.71	26.20	14.37%	1	0.14
石斑鱼类	5.0	9.37	10.47	9.47	9.77	5.36%	−2	−0.11
鲳鱼类	10.5	11.41	12.16	12.68	12.08	6.63%	−1	−0.07
海鳗类	11.8	17.04	20.16	19.32	18.84	10.33%	−2	−0.21
鲷类	10.4	9.37	10.35	10.45	10.06	5.52%	1	0.06
鲐鱼类	7.4	5.88	6.26	6.17	6.10	3.35%	1	0.03
沙丁鱼类	10.7	9.45	10.51	10.35	10.10	5.54%	1	0.06
马面鲀类	12.2	8.75	9.67	9.55	9.32	5.11%	1	0.05
鳓类	5.7	4.89	5.39	5.45	5.24	2.88%	1	0.03
合计	168.4	172.55	190.02	184.36	182.31	100.00%		−0.42

数据来源：农业部渔业渔政管理局，2016a；2017a；农业农村部渔业渔政管理局等，2018；张魁等，2017。

（2）识别管理目标中关于上岸渔获的信息。中国已出台多项措施来减少渔获产量，《中华人民共和国渔业法》第二十二条提出“国家根据捕捞量低于渔业资源增长量的原则，确定渔业资源的总可捕捞量，实行捕捞限额制度”；2017 年出台的《农业部关于进一步加强国内渔船管控 实施海洋渔业资源总量管理的通知》确定了“十三五”期间渔船压减量化指标、海洋捕捞总产量控制目标指标，到 2020 年，各沿海省海洋捕捞总产量要在 2015 年的基础上减少 23.6%以上（农业部，2017a）。南海三省及其市县各级政府已开始贯彻落实。

综上所述，可以推断南海上岸渔获水平处在“减少捕捞产量以促进资源恢复”。该指标得 3 分。

3.2.1.2　产能过剩水平

该指标为获得最大可持续产量所需的捕捞天数除以实际可以捕捞的天数。评估标准为

- 5：在需要天数的 5%以内；没有产能过剩的证据
- 4：90%～95%
- 3：75%～90%
- 2：50%～75%

- 1：少于所需天数的 50%；产能过剩给渔业带来了沉重的成本

评估依据：《农业部关于进一步加强国内渔船管控 实施海洋渔业资源总量管理的通知》指出，我国海洋捕捞能力远超渔业资源可承受能力。据中国水产科学院南海研究所数据，目前，海南省的海洋捕捞强度已超过最适捕捞强度的 2～3 倍，捕捞产能严重过剩(海南省海洋与渔业厅，2018d)。即获得最大持续产量所需的捕捞天数/实际可以捕捞的天数=33%～50%。该指标得 1 分。

3.2.1.3　休渔长度

该指标为可以捕捞的天数占比。评估标准为

- 5：几乎没有休渔
- 4：90%～99%
- 3：50%～90%
- 2：10%～50%
- 1：少于 10%

评估依据：目前，南海休渔时间为 5 月 1 日 12:00 起至 8 月 16 日 12:00 结束(农业部，2017b)，共 3 个半月，因此，可捕捞天数为 8 个半月，8.5/12=0.71=71%，南海全年可捕捞时间是 71%。该指标得 3 分。

3.2.1.4　渔获离船价格与历史高位相比

该指标是指当前的离船价格与过去 10 年 3 个最高的年度出港价格的平均值之比。如通货膨胀严重，按本地消费物价指数调整。评估标准为

- 5：95%以上
- 4：85%～95%
- 3：70%～85%
- 2：50%～70%
- 1：低于 50%

评估依据：2019 年 1—2 月，海南省海水产品平均离船价格为 49.25 元/kg；2010—2019 年，海南省海水产品平均离船价格最高的 3 个是：53.98 元/kg、46.60 元/kg、43.13 元/kg，平均值是 48 元/kg；49.25/48=103%(表 3.8)。近 10 年物价指数较稳定(表 3.9)，故无须调整。因此，该指标得 5 分。

表 3.8　2010—2019 年海南省海水产品年度平均离船价格比较

年份	海南省海水产品年度平均离船价格(元/kg)
2010	19.72
2011	31.02
2012	41.92

续表

年份	海南省海水产品年度平均离船价格(元/kg)
2013	42.56
2014	42.75
2015	40.31
2016	43.13
2017	46.60
2018	53.98
2019	49.25
历史最高 3 个数之和	144
历史最高 3 个数平均值	48
比率	103%

数据来源：全国水产品批发市场信息采集系统，2018。

表 3.9　全国和海南省近 10 年居民消费价格指数(上年=100)

地区	2017 年	2016 年	2015 年	2014 年	2013 年	2012 年	2011 年	2010 年	2009 年
海南省	102.8	102.8	101.0	102.4	102.8	103.2	106.1	104.8	99.3
全国	101.6	102.0	101.4	102.0	102.6	102.6	105.4	103.3	99.3

数据来源：中华人民共和国国家统计局，2017。

3.2.2　渔获资产

3.2.2.1　资产价值与总收益之比

该指标为衡量通过准入资格(如船舶、配额、许可证)积累渔业财富的程度。过去 5 年中，进入捕捞业时所需要的平均初始成本(如船舶、许可证投入)与同一时期同样规模的捕捞生产年平均毛利之比。如果船舶或配额不受监管限制，通常得 1 分。评估标准为

- 5：10 或以上
- 4：7.5~10
- 3：5~7.5
- 2：2.5~5
- 1：低于 2.5

评估依据：中国的捕捞渔业需要办理捕捞许可等准入手续。因 2015 年以来，国家限制新增海洋捕捞渔船，因此，难以调查近 5 年内进入捕捞业的数据，本书以问卷调查的实际年份数据为准。问卷调查显示(表 3.10)，随机抽样渔民的捕捞资产价值与年平均毛利之比的均值为 1.43，2000 年以来的均值为 1.57，均小于 2.5。该指标得 1 分。

表 3. 10 海南省的渔船投资与年平均毛利情况

渔船投资(万元)	每年毛利(万元)	从事渔业捕捞时间(年份)	资产价值与总收益之比
3	4	2015	0. 75
3	6	2012	0. 50
35	50	2010	0. 70
25	27	2010	0. 93
10	10	2007	1. 00
20	2	2005	10. 00
22	60	2005	0. 37
10	5	2005	2. 00
65	100	2004	0. 65
100	100	2001	1. 00
30	80	2000	0. 38
20	10	2000	2. 00
5	5	2000	1. 00
20	10	2000	2. 00
10	15	2000	0. 67
3	4	1999	0. 75
6	5	1999	1. 20
3	3	1998	1. 00
3	4	1998	0. 75
300	50	1997	6. 00
1	3	1996	0. 40
5	6	1996	0. 83
5	9	1996	0. 59
2	5	1995	0. 40
16	6	1994	2. 67
15	10	1994	1. 50
15	18	1991	0. 83
3	5	1991	0. 56
5	2	1990	2. 50
100	200	1988	0. 50
1	8	1988	0. 13
1	0	1985	5. 00
150	130	1983	1. 15
3	3	1983	1. 07
2	10	1982	0. 20
2	10	1982	0. 20
70	100	1982	0. 70
1	5	1973	0. 20
220	160	1966	1. 38

续表

渔船投资(万元)	每年毛利(万元)	从事渔业捕捞时间(年份)	资产价值与总收益之比
200	100	1962	2.00
350	160	1974	2.19
平均值 45	37		1.43

数据来源：海南海洋渔业发展现状调查问卷(渔民)，2019。

3.2.2.2 总产值与历史高位相比

该指标是指当前海洋捕捞总产值(以当地货币计算)与过去10年最高的3个海洋捕捞总产值平均数的比率。如通货膨胀严重，按本地消费物价指数调整。评估标准为

- 5：95%以上
- 4：85%~95%
- 3：70%~85%
- 2：50%~70%
- 1：低于50%

评估依据：根据中国渔业统计年鉴2009—2018年数据分析，该比率为111.3%(表3.11)。因通货膨胀不严重(表3.9)，不做调整。因此，该指标得5分。

表3.11 2009—2018年海南省海洋捕捞总产值与历史高位比较

年份	总产值(万元)
2009	793 487
2010	853 500
2011	987 060
2012	1 131 212
2013	1 316 414
2014	1 527 335
2015	1 720 304
2016	1 800 198
2017	1 965 992
2018	2 035 927
历史最高3个数平均值	1 828 831
比率	111.3%

数据来源：中国渔业统计年鉴2009—2018年。

3.2.2.3 资产价值与历史高位相比

该指标为资产价值与历史高位相比是指资产(许可证、配额、船舶等)的现值与过去10年中的3个最高资产价值的平均值之比。如通货膨胀严重，按本地消费价格指数

调整。评估标准为

- 5：95%以上
- 4：85%~95%
- 3：70%~85%
- 2：50%~70%
- 1：低于 50%

评估依据：(1)根据对渔业行政人员、科研人员和渔船造船厂负责人员的访谈，均表示渔船类型多样，配置差异很大，价值差异很大，难以将渔船现值与过去 10 年中的 3 个最高资产价值的平均值进行比较(2019 年专家访谈)。(2)对渔民的问卷调查结果也说明了这种情况(表 3. 12)。

表 3. 12　20 世纪 90 年代与 2000 年以来海南省小型渔船资产价值变化与 CPI 值

渔船投资(万元)	投资时间(年份)	渔船大小	作业方式	平均价值(万元)	年度 CPI	CPI 平均值
3	2015	小	围网		615. 2	
3	2012	小	围网		579. 7	
25	2010	小	围网		536. 1	
10	2007	小	围网		493. 6	
10	2005	小	围网钓具		464	
20	2005	小	钓具	13	464	486. 6
22	2005	小	围网钓具		464	
20	2000	小	钓具		434	
5	2000	小	围网		434	
20	2000	小	围网		434	
10	2000	小	围网		434	
3	1999	小	围网		432. 2	
6	1999	小	围网钓具		432. 2	
3	1998	小	刺网		438. 4	
3	1998	小	刺网		438. 4	
1	1996	小	张网		429. 9	
5	1996	小	围网		429. 9	
5	1996	小	围网	6	429. 9	366. 9
2	1995	小	围网		396. 9	
16	1994	小	其他		339	
15	1994	小	围网		339	
15	1991	小	围网		223. 8	
3	1991	小	围网		223. 8	
5	1990	小	围网		216. 4	

数据来源：海南海洋渔业发展现状调查问卷(渔民)，2019；中华人民共和国国家统计局，2017。

根据渔船主的问卷反馈，本书以2000年后的小型渔船平均价值与20世纪90年代小型渔船平均价值做比较，估计资产价值的变化。据表3.12，两个时间段的平均价值分别为13万元和6万元。以1978年CPI为基准值100，从20世纪90年代到2000年后的CPI平均变化为：从366.9变为486.6(中华人民共和国国家统计局，2019)。以1978年价格为基准，则2000年后和20世纪90年代的两个平均价值转化为2.67万元和1.64万元。因此，两个时间段的价值之比为：2.67/1.64=1.628=162.8%，该指标得5分。

3.2.2.4 借款利率与无风险利率的比较(渔民)

该指标为过去的3年中，该行业对渔民的贷款利率与无风险利率的平均比值。如果企业能够进入国际信贷市场，那么国际无风险利率可用美国10年期国债做比较；如果未进入国际信贷市场，则使用本地无风险利率。评估标准为

- 5：小于1.75
- 4：小于2.5
- 3：小于4
- 2：小于7
- 1：大于7

评估依据：本书采用5年期国债收益率作为无风险利率基准，2014年7月至2019年7月，5年期中债国债即期收益率日数据的平均值为3.3%(2019年获取于Wind资讯金融终端)。调查问卷显示，有贷款的渔船的利率平均值为年利率12.9%。因此，贷款利率与无风险利率的平均比值为12.9/3.3=3.9，该指标得3分。

3.2.2.5 资本来源(渔民)

渔民根据最常使用的贷方或投资者类别进行打分。评估标准为

- 5：银行提供的无担保商业贷款，或风险资本提供的无担保商业贷款
- 4：银行提供的有担保业务贷款，或公开发行股票的有担保业务贷款；或来自水产行业其他方面的投资
- 3：以个人(非商业)资产担保的银行贷款；或来自水产行业其他方面的担保贷款；政府补贴的私人贷款，或政府运营的贷款项目，或国际援助机构
- 2：家庭亲友借贷款，或社区贷款，或渔业行业协会贷款；或小额贷款；或来自水产行业其他方面的贷款，但显著降低了利润
- 1：高利贷，或无资金可用；或来自水产行业其他方面的剥削关系

评估依据：对渔民的问卷调查显示(表3.13)，个体渔民和船东/船老大的造船资金来源主要是亲友借贷款，占71%；其次是“以个人(非商业)资产担保的银行贷款；或来自水产行业其他方面的担保贷款；政府补贴的私人贷款，或政府运营的贷款项目”，占11%。综上所述，加权后，造船资金来源的得分是2.37。

表 3.13 海南省渔船资金来源类型分布

渔船资金来源	赋值	样本比例	加权
银行提供的无担保商业贷款，或风险资本提供的无担保商业贷款	5	5%	0.26
银行提供的有担保业务贷款，或公开发行股票的有担保业务贷款；或来自水产行业其他方面的投资	4	8%	0.32
以个人(非商业)资产担保的银行贷款；或来自水产行业其他方面的担保贷款；政府补贴的私人贷款，或政府运营的贷款项目，或国际援助机构	3	11%	0.32
家庭亲友借贷款，或社区贷款，或渔业行业协会贷款；或小额贷款；或来自水产行业其他方面的贷款，但显著降低了利润	2	71%	1.42
高利贷，或无资金可用；或来自水产行业其他方面的剥削关系	1	5%	0.05
合计		100%	2.37

数据来源：海南海洋渔业发展现状调查问卷(渔民)，2019。

3.2.2.6 资产的性能

该指标评估关键持久的捕捞资产(如渔业船舶)的维护状况。评估标准为

- 5：资产(渔船、渔具)是新的
- 4：资产(渔船、渔具)较老，但维护良好
- 3：资产(渔船、渔具)维持适度良好
- 2：资产(渔船、渔具)维持差
- 1：对整个渔业的适航性或安全性严重担忧

评估依据：海南省渔船的80%左右是小型渔船，渔船老、旧、小，捕捞和通信设备设施较落后，抗风能力较弱，得分2；海南省20%左右属大中型渔船，维护较好，设备较为先进，得4分；因此，该指标总得分为：$2\times0.8+4\times0.2=2.4$ 分(海南省海洋与渔业厅，2018d；农业农村部渔业渔政管理局等，2018)。

3.2.3 渔业风险

3.2.3.1 年海洋捕捞渔获产值波动率

年海洋捕捞渔获产值波动率是指年海洋捕捞渔业产值一阶差分的标准差与过去10年海洋捕捞渔业总产值平均值的比值。评估标准为

- 5：小于0.15
- 4：0.15~0.22
- 3：0.22~0.40
- 2：0.40~1
- 1：大于1

评估依据：根据2008—2018年海南省海洋捕捞渔业产值数据，计算得出其年海洋捕捞渔获产值波动率为0.075(表3.14)，得5分。

表3.14　2008—2018年海南省年海洋捕捞渔获产值波动率

统计年度	海洋捕捞渔获产值(万元)	总产值一阶差分
2008	956 275	
2009	793 487	-162 788
2010	853 500	60 013
2011	987 060	133 560
2012	1 131 212	144 152
2013	1 316 414	185 202
2014	1 527 335	210 921
2015	1 720 304	192 969
2016	1 800 198	79 894
2017	1 965 992	165 794
2018	2 035 927	69 935
标准差	—	103 412
均值	—	1 371 609
波动率	—	0.075

数据来源：中国渔业统计年鉴2008—2018年。

3.2.3.2　年度上岸渔获量波动率

年度上岸渔获量波动率指每年总上岸渔获量一阶差分的标准差与过去10年总上岸渔获量平均值的比值。评估标准为

- 5：小于0.15
- 4：0.15~0.22
- 3：0.22~0.40
- 2：0.40~1
- 1：大于1

评估依据：根据近2008—2018年海南省海洋捕捞渔获量数据，计算得出其年海洋捕捞年度上岸渔获量波动率为0.097(表3.15)，得5分。

表3.15　2008—2018年海南省年海洋捕捞上岸渔获波动率

统计年度	上岸渔获量(t)	上岸渔获一阶差分
2008	907 114	—
2009	938 789	31 675
2010	961 122	22 333

续表

统计年度	上岸渔获量(t)	上岸渔获一阶差分
2011	994 715	33 593
2012	1 050 300	55 585
2013	1 109 325	59 025
2014	1 121 263	11 938
2015	1 220 091	98 828
2016	1 360 725	140 634
2017	1 407 482	46 757
2018	1 127 331	-280 151
标准差	—	107 104
均值	—	1 108 932
波动率	—	0. 097

数据来源：中国渔业统计年鉴 2008—2018 年。

3. 2. 3. 3　年内上岸渔获波动率

该指标为 3 年每周/每月总上岸渔获量一阶差分的标准差与总上岸渔获量平均值的比值。评估标准为

- 5：小于 0. 15
- 4：0. 15~0. 22
- 3：0. 22~0. 40
- 2：0. 40~1
- 1：大于 1

评估依据：以文昌市清澜渔港、琼海市潭门渔港、陵水县新村渔港、三亚市三亚渔港、东方市八所渔港和儋州市白马井渔港作为渔情监测点，海南省海洋与渔业科学院调查统计了各监测点每日的主要上岸渔获种类和数量。

根据 2015—2017 年的上岸渔获调查数据(海南省海洋与渔业厅，2018c)分析，海南省年内上岸渔获波动率为 0. 50(表 3. 16)。因此，该指标得 2 分。

表 3. 16　2015—2017 年海南省上岸渔获年内波动率

时间	主要监测渔港上岸渔获(t)
2015 年 1 月	8 971. 02
2015 年 2 月	5 785. 65
2015 年 3 月	13 051. 93
2015 年 4 月	10 943. 43
2015 年 5 月	6 528. 50

续表

时间	主要监测渔港上岸渔获(t)
2015 年 6 月	1 424. 80
2015 年 7 月	1 636. 70
2015 年 8 月	11 175. 30
2015 年 9 月	10 120. 07
2015 年 10 月	7 831. 42
2015 年 11 月	7 519. 50
2015 年 12 月	6 575. 26
2016 年 1 月	4 838. 30
2016 年 2 月	2 658. 09
2016 年 3 月	9 008. 02
2016 年 4 月	10 382. 13
2016 年 5 月	7 122. 00
2016 年 6 月	2 351. 25
2016 年 7 月	1 798. 45
2016 年 8 月	12 247. 20
2016 年 9 月	10 956. 99
2016 年 10 月	9 845. 00
2016 年 11 月	8 303. 50
2016 年 12 月	9 133. 43
2017 年 1 月	6 299. 72
2017 年 2 月	5 532. 78
2017 年 3 月	13 450. 13
2017 年 4 月	11 241. 73
2017 年 5 月	1 125. 88
2017 年 6 月	760. 38
2017 年 7 月	1 023. 63
2017 年 8 月	5 854. 30
2017 年 9 月	10 614. 63
2017 年 10 月	7 869. 63
2017 年 11 月	8 198. 38
2017 年 12 月	7 768. 34
标准差	3 643. 60
均值	7 220. 76
波动率	0. 50

数据来源：根据《海南渔情监测与渔业资源评估》调查数据集（海南省海洋与渔业厅，2018e）整理。

3.2.3.4　年度价格波动率

该指标为过去 10 年年度渔获价格一阶差分的标准差与渔获价格平均值之比。评估标准为

- 5：小于 0.13
- 4：0.13～0.20
- 3：0.20～0.30
- 2：0.30～0.85
- 1：大于 0.85

评估依据：根据 2008—2018 年海南省海洋捕捞渔获量和产值数据，计算得出其年海洋捕捞渔获年度价格波动率为 0.126(表 3.17)，得 5 分。

表 3.17　2008—2018 年海南省年海洋捕捞上岸渔获年度价格波动率

统计年度	渔获平均单价(万元/t)	一阶差分
2008	1.05	
2009	0.85	-0.21
2010	0.89	0.04
2011	0.99	0.10
2012	1.08	0.08
2013	1.19	0.11
2014	1.36	0.18
2015	1.41	0.05
2016	1.32	-0.09
2017	1.40	0.07
2018	1.81	0.41
标准差	—	0.153
平均值	—	1.213
波动率	—	0.126

数据来源：中国渔业统计年鉴 2008—2018 年。

3.2.3.5　年内价格波动率

年内价格波动率指过去 3 年每月平均离船价格的标准差与平均离船价格的比率。评估标准为

- 5：小于 0.13
- 4：0.13～0.20
- 3：0.20～0.30
- 2：0.30～0.85

• 1：大于 0.85

评估依据：根据中国渔业政务网全国水产品批发市场价格采集系统中海南省 2016—2018 年海洋渔获每月平均价格数据，分析可得波动率为 0.106(表 3.18)。因此，该指标得 5 分。

表 3.18 2016—2018 年海南省年内海洋捕捞渔获价格波动率

时间	海洋渔获平均价格(元/kg)
2016 年 1 月	39.22
2016 年 2 月	50.39
2016 年 3 月	43.34
2016 年 4 月	42.23
2016 年 5 月	42.63
2016 年 6 月	44.19
2016 年 7 月	45.21
2016 年 8 月	42.55
2016 年 9 月	40.16
2016 年 10 月	42.66
2016 年 11 月	41.55
2016 年 12 月	42.54
2017 年 1 月	49.03
2017 年 2 月	48.06
2017 年 3 月	42.85
2017 年 4 月	45.03
2017 年 5 月	47.72
2017 年 6 月	47.83
2017 年 7 月	48.66
2017 年 8 月	49.08
2017 年 9 月	42.82
2017 年 10 月	46.63
2017 年 11 月	45.87
2017 年 12 月	46.87
2018 年 1 月	52.15
2018 年 2 月	63.43
2018 年 3 月	55.14
2018 年 4 月	49.00
2018 年 5 月	50.62
2018 年 6 月	54.16

续表

时间	海洋渔获平均价格(元/kg)
2018年7月	55.69
2018年8月	53.91
2018年9月	48.36
2018年10月	51.11
2018年11月	51.00
2018年12月	51.01
标准差	5
平均值	47.58
波动率	0.106

数据来源：中国渔业政务网，2019。

3.2.3.6　空间价格波动率

该指标为过去3年内，跨区域的年平均离船价格标准差与出港价格平均值之比①。评估标准为

- 5：小于0.13
- 4：0.13~0.20
- 3：0.20~0.30
- 2：0.30~0.85
- 1：大于0.85

评估依据：采用2013—2015年每个月海南省海口市、三亚市、儋州市、文昌市、陵水县5个沿海市县的7种主要捕捞渔获(包括带鱼、金线鱼、蓝圆鲹、石斑鱼、马鲛鱼、红友鱼、墨鱼)的市场价格数据(表3.19)，求其3年平均波动率为0.142(表3.20)，本指标得4分。

表3.19　2013—2015年海南省5个沿海市县水产品总平均价格

区域	年份	总平均价格(元/kg)
海口	2013	51.47
海口	2014	42.05
海口	2015	43.73
三亚	2013	37.88
三亚	2014	41.01
三亚	2015	43.96

① 区域，可以是行政区域，也可以是根据渔业资源划定的区域，根据实际需要来确定。

续表

区域	年份	总平均价格(元/kg)
儋州	2013	53. 37
儋州	2014	51. 67
儋州	2015	46. 80
文昌	2013	53. 83
文昌	2014	52. 00
文昌	2015	52. 57
陵水	2013	55. 96
陵水	2014	62. 80
陵水	2015	62. 25

数据来源：海南省海洋与渔业厅，2015b。

表 3. 20　2013—2015 年海南省水产品空间价格波动率

年份	2015	2014	2013
标准差	6. 965	7. 933	6. 471
均值	49. 861	49. 905	50. 501
波动率	0. 140	0. 159	0. 128
平均波动率	0. 142	—	—

3. 2. 4　渔获交易

3. 2. 4. 1　国际贸易

该指标为渔获出口到价值较高的国际市场所获价值的百分比，即出口值/渔业总产值。评估标准为

- 5：90%～100%出口
- 4：60%～90%出口
- 3：30%～60%出口
- 2：2%～30%出口
- 1：几乎没有出口

评估依据：根据《2017 海南省渔业统计年报》中的海洋捕捞品种和水产养殖品种名录，选取海口海关 2017 年海南省水产品出口数据中的海洋捕捞水产品相关数据，计算得出，2017 年海南省海洋捕捞水产品出口总额为 15 984. 87 万美元(海南省海洋与渔业厅，2018c；海口海关，2017)；而 2017 年全省海洋捕捞渔业总产值 2 035 926. 94 万元(农业农村部渔业渔政管理局等，2018)按 2017 年平均汇率 6. 751 8(中华人民共和国

人力资源和社会保障部，2018）换算是 301 538.40 万美元。因此，出口比例为：15 984.87/301 538.40＝0.053＝5.3%。该指标得 2 分。

3.2.4.2　最终市场财富

该指标为海洋捕捞初级水产品出口国家的人均国内生产总值。如果涉及多个国家，按出口数量赋权重，选择出口量最多的 5 个国家。评估标准为

- 5：大于 3.5 万美元
- 4：2.5 万美元以上
- 3：大于 12 500 美元
- 2：大于 5 000 美元
- 1：少于 5 000 美元

评估依据：根据海口海关 2017 年海南省水产品出口数据（海口海关，2017），出口量前五位的国家依次是美国、墨西哥、以色列、马来西亚、菲律宾，比重达总量的 66.81%，按照出口量权重加权计算五国人均 GDP（世界银行，2019），得出海南省海洋捕捞水产品主要出口国人均 GDP 为 38 137.27 美元（表 3.21）。该指标得 5 分。

表 3.21　海南省海洋捕捞渔获最终市场人均 GDP 及加权

产终国	出口数量（kg）	占总出口量比例	在五国中所占比例	人均 GDP（美元）	水产品消费国人均 GDP 加权
美国	49 672 249	34.02%	50.92%	59 531.66	30 311.70
墨西哥	18 327 485	12.55%	18.79%	8 910.33	1 673.96
以色列	11 926 291	8.17%	12.23%	40 270.25	4 923.09
马来西亚	9 645 118	6.61%	9.89%	9 951.54	983.89
菲律宾	7 984 310	5.47%	8.17%	2 988.95	244.63
合计	97 555 453	66.81%	100.00%	—	38 137.27

数据来源：海口海关，2017；世界银行，2019。

3.2.4.3　批发价格与同类产品相比

该指标为水产品平均批发价格与同类产品的全球平均价格之比。对于国际贸易水产品则比较出口价格。评估标准为

- 5：全球平均水平的两倍以上
- 4：全球平均水平的 120%～200%
- 3：在全球平均水平的 20%以内
- 2：占全球平均水平的 50%～80%
- 1：不到全球平均水平的一半

评估依据：全球平均价格以 2017 年 FAO 统计数据为准。综合考虑数据可得性和准

确性，本指标选择比较 FAO 统计的水产品类中与 2017 年海南省出口水产品相重叠的品类。经比较分析，FAO 统计的水产品类中与海南省出口品类重叠的包括：鲭鱼/鲐类/鲅鱼类/马鲛鱼类、墨鱼/鱿鱼/乌贼、虾类。根据海南省 2017 年主要出口水产品产值产量数据计算每个品类平均出口价格，比较海南省出口平均价格与全球同类产品平均价格，并根据每种水产品产值权重，计算加权后比率，最终值为 1.41，即 141%（表 3.22）。该指标得 4 分。

表 3.22　海南省出口水产品与全球同类水产品出口平均价格比较及加权

出口品类	出口值（美元）	出口值权重	海南省出口平均单价（美元/kg）	国际平均价格（美元/kg）	比率	加权后比率
鲭鱼/鲐类/鲅鱼类/马鲛鱼类	29 038 565	42.08%	3.10	1.63	1.90	0.80
墨鱼/鱿鱼/乌贼	21 756 731	31.53%	7.91	5.77	1.37	0.43
虾类	18 208 652	26.39%	8.04	11.47	0.70	0.18
合计	69 003 948	100%				1.41

数据来源：FAO，2017；海口海关，2017。

3.2.4.4　公司出口到美国和欧盟的能力

该指标为符合美国或欧盟健康及标签标准的鱼类出口百分比。评估标准为

- 5：超过 90%
- 4：50%~90%
- 3：少于 50%
- 2：少量
- 1：在美国或欧盟被禁止，或遵守美国/欧盟标准的成本令人望而却步

评估依据：2017 年，海南省出口到美国和欧盟的水产品总量 61 911.511 t（海口海关，2017），海南省水产品总产量 1 807 899 t（农业农村部渔业渔政管理局等，2018），故符合美国或欧盟健康及标签标准的水产品出口比例至少是 61 911.511/1 807 899 = 3.42%，可以推断仅少量产品符合美国/欧盟标准。该指标得 2 分。

3.2.5　水产品形式

3.2.5.1　加工产量

该指标为实际加工产量（kg/lb①）与技术上可达到的最大加工产量之比。评估标准为

- 5：在可行边界
- 4：在可行边界的 5%以内

① 1 lb = 0.453 592 kg。

- 3：在可行边界的 10%以内
- 2：在可行边界的 25%以内
- 1：低于最高产量的 75%

评估依据：海南省 2017 年水产品加工总量为 484 518 t，水产品加工能力为 453 263 t/a(农业农村部渔业渔政管理局等，2018)，故加工量略微超过加工能力。该指标得 5 分。

3.2.5.2 缩水率

该指标为因搬运、损坏或偷窃而损失的水产品重量的百分比估计值。评估标准为

- 5：少于 5%
- 4：5%~10%
- 3：10%~25%
- 2：25%~50%
- 1：超过 50%

评估依据：对渔业从业者的问卷调查显示(表 3.23)，63%的渔民和水产品加工商(工人)认为，因搬运、损坏或偷窃而损失的水产品重量少于 5%，22%的人认为损失水产品重量占 5%~10%，加权后，该指标得 4.36 分。因此，综合缩水率为 4 分水平，即 5%~10%。

表 3.23 海南省水产品缩水率分布情况

缩水率	占比	赋值	加权
少于 5%	63%	5	3.15
5%~10%	22%	4	0.88
10%~25%	5%	3	0.16
25%~50%	7%	2	0.14
超过 50%	3%	1	0.03
合计	100%		4.36

数据来源：海南海洋渔业发展现状调查问卷(渔业从业者)，2019。

3.2.5.3 产能利用率

产能利用率指按照每日 100%产能计算，每年开放加工生产的天数。通常不包括法定节假日或每周休息日。评估标准为

- 5：几乎全年
- 4：75%~95%的天数
- 3：50%~75%的天数
- 2：20%~50%的天数

- 1：少于 20%的天数

评估依据：问卷调查水产品加工商(工人)显示(表 3. 24)，58. 82%的产能利用率为 182～272 天，即 50%～75%；其次是 17. 65%的产能利用率为 20%～50%，几乎全年和少于 20%的均是 11. 76%。加权后，该指标得 2. 82 分，因此，估算总的产能利用率为 50%～75%。

表 3. 24　海南省水产品加工企业产能利用率分布情况

产能利用率	占比	赋值	加权
几乎全年	12%	5	0. 59
75%～95%的天数	0%	4	0. 00
50%～75%的天数	59%	3	1. 76
20%～50%的天数	18%	2	0. 35
少于 20%的天数	11%	1	0. 12
合计	100%	—	2. 82

数据来源：海南海洋渔业发展现状调查问卷(加工商/经理，加工工人)，2019。

3. 2. 5. 4　生产效能提升

该指标是指渔获产品中经认证的、有品牌的、增值的、分装的或活鲜的水产品所占的比例。评估标准为

- 5：75%～100%的上岸渔获生产效能有所提升
- 4：50%～75%的上岸渔获生产效能有所提升
- 3：25%～50%的上岸渔获生产效能有所提升
- 2：1%～25%的上岸渔获生产效能有所提升
- 1：没有提升

评估依据：(1)估算海南省海洋捕捞水产品中经认证的、有品牌的水产品比例。参照指标“公司出口到美国和欧盟的能力”，符合美国或欧盟健康及认证标准的水产品出口比例约为 3. 42%。海南省水产企业品牌影响力和知名度小，目前品牌化流通的海洋捕捞水产品占比非常低(海南省海洋与渔业厅，2018d)。

(2)估算海南省海洋捕捞水产品中增值的水产品(主要指加工品)比例。2017 年，海南省海水产品总量为 1 448 853 t，其中，海洋捕捞产量占比 77. 81%；用于加工的海水产品总量为 213 416 t(农业农村部渔业渔政管理局等，2018)，按照 77. 81%比例，估算其中的海洋捕捞水产品加工总量为 166 056 t，因此，推算海洋捕捞水产品加工量占海洋捕捞总产量的 14. 73%(表 3. 25)。

表 3.25　海南省海洋捕捞水产品中增值的水产品(加工品)比例

	海水产品产量(t)	占比	用于加工的海水产品(t)	海水产品加工量加权(t)	海洋捕捞水产品加工量占海洋捕捞总产量比例
海洋捕捞	1 127 331	77.81%	213 416	166 056	14.73%
海水养殖	321 522	22.19%		47 360	—
合计	1 448 853	100%	—	—	—

数据来源：农业农村部渔业渔政管理局等，2018。

(3)估算海南省海洋捕捞水产品中新鲜的、活的、分装的水产品比例。一是来自海上交易的高值水产品。据实地调查，在海南岛近岸海域捕捞的、品种和品相具有高价值的渔货海产品有些不在海南省渔港上岸，直接在海上交易，并最终在香港、澳门、广东、福建、浙江、上海等目标市场港口上岸销售，渔货价格较高。例如，据对儋州白马井渔民的访谈，北部湾渔场采用钓业作业方式的渔船渔货大部分在海上交易，主要品种包括但不限于带鱼、金线鱼、马头鱼、石斑鱼等。根据临高市和儋州市等地渔业行政主管部门相关负责人和交易市场相关负责人按经验估算，海上交易量占比为10%~15%。《海南近海渔业资源评估报告》(海南省海洋与渔业科学院，2018)也指出，海南岛上岸交易渔货约占总渔获量的90%。因此，推算此部分提升生产效能的渔获比例为10%~15%。二是来自上岸的高值水产品。据实地调查，海南省上岸渔获中大量用于当地餐饮或家庭新鲜或活鲜食用，特别是经济价值较高的鱼类。海南岛上岸渔获中，经济渔获占比不到25%(童玉和等，2012)。据此可估算，海南省海洋捕捞总量约22%(25%×90%)的经济渔获可能会得到分拣和高值利用。

(4)上述渔获水产品中经认证的、有品牌的、新鲜的、分装的、活的或增值的水产品所占的比例总和为3.42%+17.43%+(10%~15%)+22%=52.85%~57.85%。但应注意的是，上述各类渔获可能有交叉、重复计算，如某些加工水产品同时也是出口水产品。

因此，总体上，估算生产效能提升比例为50%左右，估算该指标得3分。

3.2.5.5　最终市场使用

该指标显示产量前三位的渔获最终市场用途情况。如果供应市场的产品形式多样，则对每种形式评分，并按产值确定权重。评估标准为

- 5：优质的人类消费(优质的品质和产品)
- 4：高价值的人类消费
- 3：中等价值的人类消费
- 2：低价值的人类消费
- 1：鱼粉/动物饲料/饵料或非消耗性

评估依据：根据2012—2018年的中国渔业统计年鉴数据，海南省海洋捕捞年平均

产量最高的三类渔获是金线鱼类、带鱼类和海鳗类(表 3. 26)。根据实地调研，此三类渔获主要利用方式为活鲜品或冰鲜品，也有少量的冰冻品(如带鱼)和粗加工干品(如海鳗)，用于人们直接食用。2011—2018 年，此三类渔获的平均市场批发价格分别为：33. 67 元/kg、32. 42 元/kg 和 23. 54 元/kg，三类渔获批发价格基本一直低于全国海水鱼类总平均批发价格和全国各类水产品(含海水和淡水水产鲜品和加工品)总平均批发价格(中国渔业政务网，2019)(图 3. 3)。因此，与全国总体水平相比，海南省产量前三位的渔获最终市场主要用于较低价值的人类消费，推算该指标得 2 分。

表 3. 26　海南省 2011—2017 年海洋捕捞产量最高的三类渔获平均产量　　单位：t

	2011 年	2012 年	2013 年	2014 年	2015 年	2016 年	2017 年	年平均产量
金线鱼类	190 195	197 300	198 557	272 825	261 938	301 597	240 871	237 611. 9
带鱼类	144 656	146 172	146 754	161 375	166 144	175 258	159 308	157 095. 3
海鳗类	87 949	88 263	89 147	89 095	92 995	96 718	82 992	89 594. 14

数据来源：中国渔业统计年鉴，2012—2018 年。

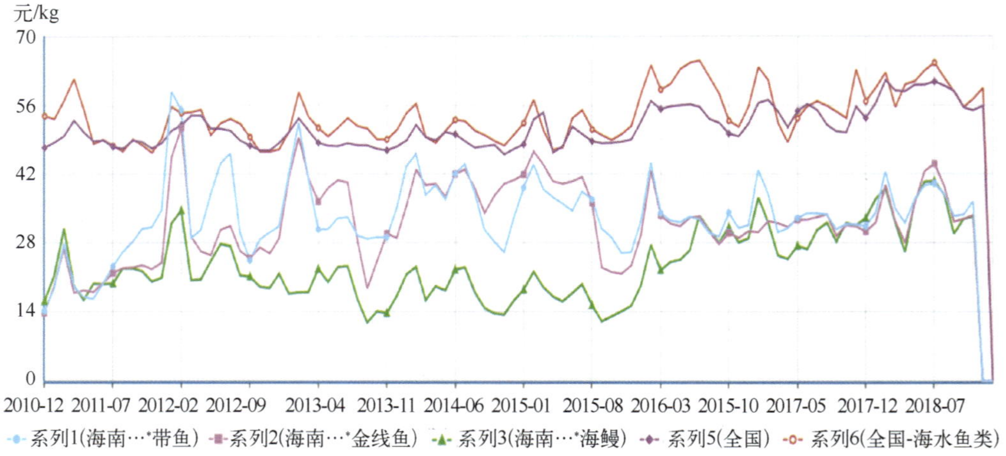

图 3. 3　2011—2018 年海南省带鱼类、金线鱼类和海鳗类市场平均价格与全国海水鱼类、全国水产品总平均价格的比较

数据来源：中国渔业政务网，2019

3. 2. 5. 6　离船到批发的利润率

该指标衡量加工和营销对水产品价值的提升程度，从未经加工的离船水产品到加工后的批发产品所增加的价值。计算方法为：(某渔获加工后批发价格-该渔获离船价格)/该渔获离船价格。评估标准为

- 5：价值增长 200%以上
- 4：价值增长 100%~200%
- 3：价值增长 50%~100%

- 2：价值增长 10%～50%
- 1：价值增长不足 10%

评估依据：对水产品加工商/经理和加工工人的问卷调查显示(表 3. 27)，44%的调查对象认为离船到批发的利润率为 1～2 倍，增长不足 10%的有 28%，增长 10%～50%的有 17%，增长 50%～100%的有 5%，增长两倍以上的有 6%，加权平均后海南省渔获离船到批发的利润率得 2. 83 分。

表 3. 27　海南省捕捞水产品从离船到批发的利润率分布情况

离船到批发的利润率	赋值	样本比例	加权
价值增长不足 10%	1	27. 8%	0. 28
价值增长 10%～50%	2	16. 6%	0. 33
价值增长 50%～100%	3	5. 6%	0. 17
价值增长 1～2 倍	4	44. 4%	1. 78
价值增长两倍以上	5	5. 6%	0. 28
合计		100%	2. 83

数据来源：海南海洋渔业发展现状调查问卷(加工商/经理，加工工人)，2019。

3. 2. 6　渔获后资产性能

3. 2. 6. 1　借款利率与无风险利率的比较(加工商)

该指标为在过去的 3 年中，该行业对加工商的贷款利率与无风险利率的平均比值。如果企业能够进入国际信贷市场，那么国际无风险利率可用美国 10 年期国债做比较；如果未进入国际信贷市场，则使用本地无风险利率。评估标准为

- 5：小于 1. 75
- 4：小于 2. 5
- 3：小于 4
- 2：小于 7
- 1：大于 7

评估依据：本书采用国内政策性金融债作为无风险利率基准，2014 年 7 月至 2019 年 7 月，5 年期中债国债即期收益率日数据的平均值为 3. 3%(Wind 资讯金融终端，2019)。为数不多的调查问卷显示，有贷款的加工商的利率平均值为年利率的 6. 8%。因此，贷款利率与无风险利率的平均比值为 6. 8/3. 3＝2. 1，该指标得 4 分。

3. 2. 6. 2　资本来源(加工商)

根据在加工商最常使用的贷方或投资者类别打分。评估标准为

- 5：银行提供的无担保商业贷款，或风险资本提供的无担保商业贷款

- 4：银行提供的有担保业务贷款，或公开发行股票的有担保业务贷款；或来自水产行业其他方面的投资
- 3：以个人（非商业）资产担保的银行贷款；或来自水产行业其他方面的担保贷款；政府补贴的私人贷款，或政府运营的贷款项目，或国际援助机构
- 2：家庭亲友借贷款，或社区贷款，或渔业行业协会贷款；或小额贷款；或来自水产行业其他方面的贷款，但显著降低了利润
- 1：高利贷，或无资金可用；或来自水产行业其他方面的剥削关系

评估依据：问卷调查显示，水产品加工商一致选择"银行提供的有担保业务贷款"，该指标得4分。

3.2.6.3 设施的新旧程度

该指标为关键耐用的加工资本（如厂房、集料加工船）的平均使用年限。评估标准为

- 5：设施设备很新，不到预期寿命的1/4，建筑物年龄不到7年
- 4：设施设备较新，不到预期寿命的1/2，建筑物年龄在7~15年
- 3：设施设备较旧，不到预期寿命的3/4，建筑物年龄在16~20年
- 2：设施设备很旧，达到预期寿命的最后1/4，建筑物年龄在21~25年
- 1：设施设备已超过预期寿命，建筑物超过25年

评估依据：问卷调查显示，82%的加工商的设施设备较新，不到预期寿命的1/2，建筑物年龄在7~15年；18%的加工商的设施设备很新，不到预期寿命的1/4，建筑物年龄不到7年。因此，估算该指标得4分。

3.2.7 经济绩效表现

评估结果显示，中国南海渔业经济绩效整体得3.49分（表3.28），其经济绩效整体表现较好。

如表3.28、图3.4和图3.5所示，在经济绩效的6个二级绩效维度中，表现最好的是渔业风险维度（4.33分），表明中国南海渔业渔获价值总体保持稳定，在时间和空间上的波动总体较小；表现其次的是渔获后资产性能维度（4.00分），表明中国南海渔业水产品加工业资产性能良好，资本来源和风险稳定，加工业相关设施较新；在渔获交易维度（3.25分）和水产品形式维度（3.33分）表现较好，表明中国南海的水产品在进入可以产生更大潜在利润的市场的能力较好；表现相对最差的是渔获水平维度（3.00分）和渔获资产维度（3.00分），表明中国南海渔业在捕捞生产环节的经济表现整体一般，总可捕量、最大可持续产量等渔业经济目标的确定水平一般，捕捞强度过大，给渔业带来沉重的成本，并且在渔船等主要资产的性能、价值、资本筹措来源、借款利

率等方面表现较差。

表 3.28　中国南海渔业经济绩效评估结果

一级指标	一级指标得分	二级指标	二级指标得分	三级指标	三级指标得分	三级指标数据质量
经济绩效	3.49	渔获水平	3.00	上岸渔获水平	3	A
				产能过剩水平	1	A
				休渔长度	3	A
				渔获离船价格与历史高位相比	5	A
		渔获资产	3.00	资产价值与总收益之比	1	B
				总产值与历史高位相比	5	A
				资产价值与历史高位相比	5	C
				借款利率与无风险利率的比较(渔民)	3	C
				资本来源(渔民)	2	A
				资产的性能	2	A
		渔业风险	4.33	年海洋捕捞渔获产值波动率	5	A
				年度上岸渔获量波动率	5	A
				年内上岸渔获波动率	2	A
				年度价格波动率	5	A
				年内价格波动率	5	A
				空间价格波动率	4	B
		渔获交易	3.25	国际贸易	2	A
				最终市场财富	5	A
				批发价格与同类产品相比	4	B
				公司出口到美国和欧盟的能力	2	A
		水产品形式	3.33	加工产量	5	A
				缩水率	4	A
				产能利用率	3	A
				生产效能提升	3	B
				最终市场使用	2	A
				离船到批发的利润率	3	B
		渔获后资产性能	4.00	借款利率与无风险利率的比较(加工商)	4	C
				资本来源(加工商)	4	B
				设施的新旧程度	4	B

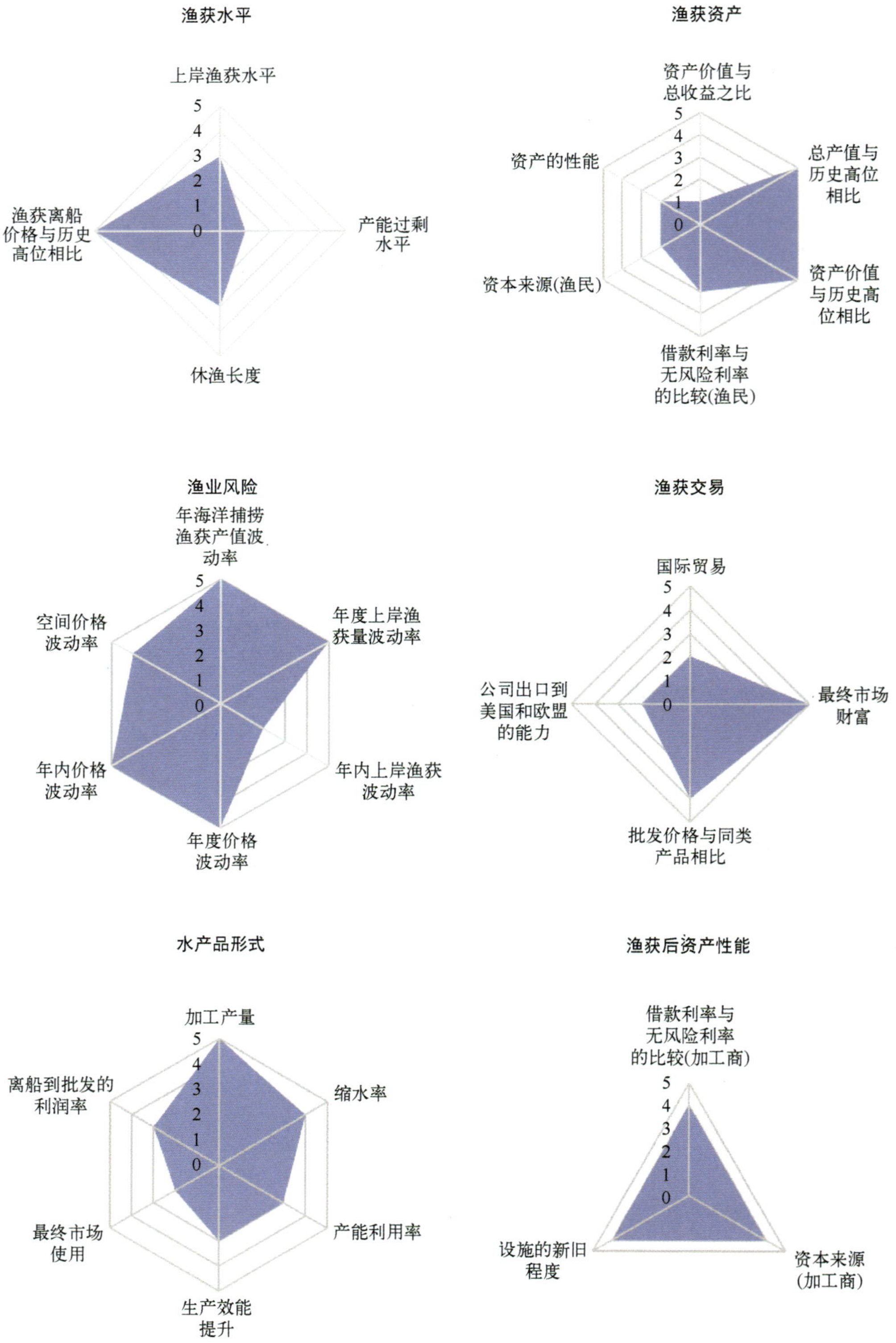

图 3.4　中国南海渔业经济绩效各二级指标评估结果

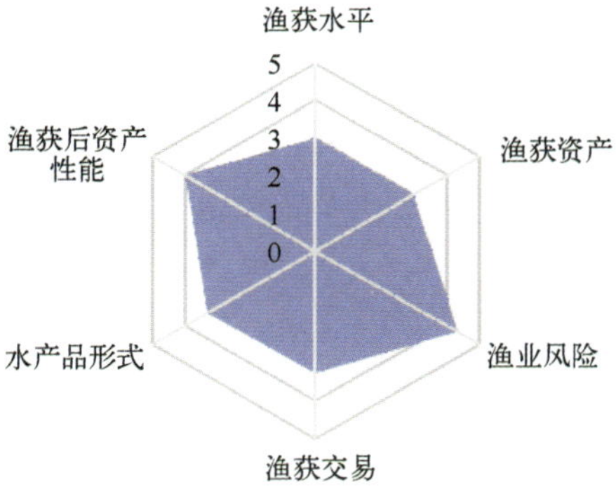

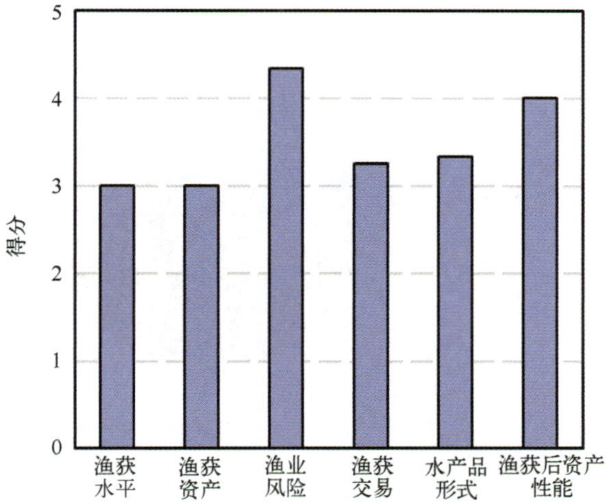

图 3.5　中国南海渔业经济绩效综合评估结果

在中国南海渔业经济绩效三级绩效指标中，表现最弱的是产能过剩水平(1 分)、资产价值与总收益相比(1 分)，表明中国南海渔业捕捞强度严重过剩，进入捕捞业时所需的平均初始成本与同一时期同样规模的捕捞生产年平均毛利之比小于 2；得分很低的还有资本来源(渔民)(2 分)、资产的性能(2 分)、年内上岸渔获波动率(2 分)、国际贸易(2 分)、公司出口到美国和欧盟的能力(2 分)；其他三级指标均得 3 分或以上。

3.3　社会维度绩效

3.3.1　管理回报

3.3.1.1　船长/船东的收入与地区平均收入相比

该指标为每个船长/船东的年总收入(指所有来源的收入，不只是捕捞收入)与地区平均收入的比率。评估标准为

- 5：高于地区平均水平的 50%以上
- 4：高于地区平均水平的 10%~50%
- 3：高于地区平均水平的 10%以内
- 2：处于地区平均水平的 50%~90%
- 1：不到地区平均水平的一半

评估依据：海南省 2017 年全省城乡居民人均可支配收入为 22 553 元(海南省统计局等，2018)。根据对船长/船东的问卷调查(图 3.6)，33%的船长/船东年均收入在 3.5 万~6.8 万元，19%的超过 7.5 万元，29%的超过 10 万元。因此，超过 81%的船长/

船东年均收入高于地区平均水平的 50%以上。该指标得 5 分。

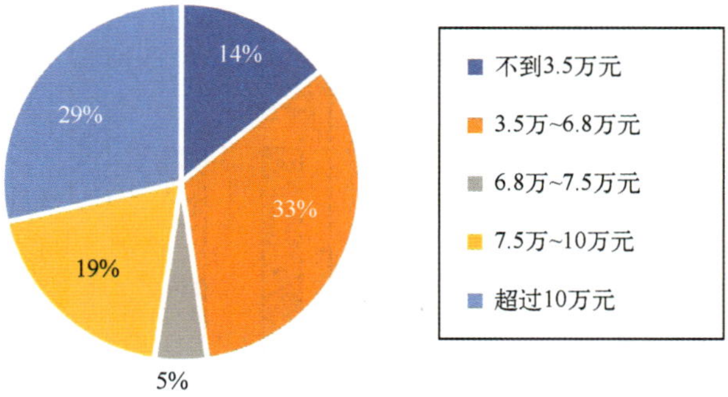

图 3.6　海南省渔船船长/船东年均收入分布

3.3.1.2　船长/船东工资与非渔业工资的比较

该指标为船长/船东平均日薪与他们可选的其他职业的平均日薪之比。本指标用于衡量参与渔业的平均个人机会成本。评估标准为

- 5：比其他可选工作的工资高出 50%以上
- 4：比其他可选工作的工资高出 10%～50%
- 3：比其他可选工作的工资高出 10%以内
- 2：是其他可选工作的工资的 50%～90%
- 1：不到其他可选工作的工资的一半

评估依据：对船长/船东的问卷调查中(图 3.7)，81%的船长/船东表示无其他合适的工作可做。因此，推测参与渔业的个人机会成本非常低，甚至是零，渔业收入“比其他可选工作的工资高出 50%以上”。该指标得 5 分。

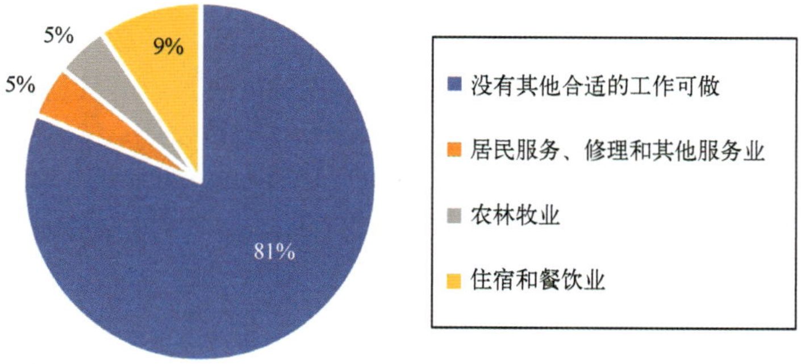

图 3.7　海南省渔船船长/船东可选职业类型分布

3.3.1.3　船长/船东的社会地位

该指标衡量的是船长/船东在其大部分时间居住的社区内的社会地位。评估标准为

- 5：社区最受尊敬的人群，类似官员、宗教领袖、医生、律师等专业人士
- 4：与管理人员和白领相当
- 3：与熟练技术工人相当
- 2：相当于技术不熟练的蓝领或服务人员
- 1：最不受尊重的人

评估依据：对船长/船东的问卷调查显示(表 3. 29)，7. 96%的调查对象认为船长/船东的社会地位是社区最受尊敬的人群，46. 9%的调查对象认为船长/船东的社会地位与管理人员和白领相当，28. 32%的调查对象认为船长/船东的社会地位与熟练技术工人相当，11. 5%的调查对象认为船长/船东的社会地位相当于技术不熟练的蓝领或服务人员。综上所述，船长/船东的社会地位整体上加权得 3. 41 分(表 3. 29)，属于“与熟练技术工人相当”。

表 3. 29　海南省渔船船长/船东的社会地位分布情况

社会地位	样本比例	赋值	加权
社区最受尊敬的人群	7. 96%	5	0. 40
与管理人员和白领相当	46. 90%	4	1. 88
与熟练技术工人相当	28. 32%	3	0. 85
相当于技术不熟练的蓝领或服务人员	11. 50%	2	0. 23
最不受尊重的人	5. 32%	1	0. 05
合计	100%	—	3. 41

数据来源：海南海洋渔业发展现状调查问卷(船长/船东)，2019；专家评价法，2019。

3. 3. 1. 4　加工企业主/经理收入与地区平均收入的比较

该指标为每个加工企业主/经理的年总收入(所有来源的收入，不只是渔业捕捞)与地区平均收入的比值。如果贸易商/中间商是供应链的重要组成部分，那么这一指标可以包括他们积累的财富。评估标准为

- 5：高于地区平均水平的 50%以上
- 4：高于地区平均水平的 10%～50%
- 3：高于地区平均水平的 10%以内
- 2：处于地区平均水平的 50%～90%
- 1：不到地区平均水平的一半

评估依据：海南省 2017 年全省城乡居民人均可支配收入为 22 553 元(海南省统计局等，2018)。根据对加工企业主/经理的问卷调查结果，75%的加工企业主/经理年均收入超过 10 万元，其他的也超过 7. 5 万元。因此，加工企业主/经理的年均收入高于地区平均水平的 50%以上。该指标得 5 分。

3.3.1.5　加工企业主/经理工资与非渔业工资的比较

该指标为加工企业主/经理的平均日薪与他们可选的其他职业平均日薪之比。本指标用于衡量参与渔业的平均个人机会成本。评估标准为

- 5：比其他可选工作的工资高出50%以上
- 4：比其他可选工作的工资高出10%~50%
- 3：比其他可选工作的工资高出10%以内
- 2：是其他可选工作的工资的50%~90%
- 1：不到其他可选工作的工资的一半

评估依据：根据对加工企业主/经理的问卷调查，约一半的加工企业主/经理表示无其他合适的工作可做，另一半加工企业主/经理表示可以从事批发和零售业。根据海南省统计年鉴(海南省统计局等，2018)，批发和零售业的年均收入为5.84万元。而从事渔业加工的年均收入超过7.5万元。因此，推测参与渔业的个人机会成本要么非常低，要么比其他可选工作的工资高出约50%，此指标得5分。

3.3.1.6　加工企业主/经理的社会地位

该指标衡量的是加工企业主/经理在其大部分时间居住的社区内的社会地位。评估标准为

- 5：社区最受尊敬的人群，类似官员、宗教领袖、医生、律师等专业人士
- 4：与管理人员和白领相当
- 3：与熟练技术工人相当
- 2：相当于技术不熟练的蓝领或服务人员
- 1：最不受尊重的人

评估依据：对加工企业主/经理的问卷调查显示，25.66%的调查对象认为加工企业主/经理的社会地位是社区最受尊敬的人群，59.29%的调查对象认为加工企业主/经理的社会地位与管理人员和白领相当，8.85%的调查对象认为加工企业主/经理的社会地位相当于熟练技术工人。综上所述，估计加工企业主/经理的社会地位整体上加权得4.03分(表3.30)，属于“与管理人员和白领相当”。

表3.30　海南省水产品加工企业主/经理的社会地位分布情况

社会地位	样本比例	赋值	加权
社区最受尊敬的人群	25.66%	5	1.28
与管理人员和白领相当	59.29%	4	2.37
与熟练技术工人相当	8.85%	3	0.27
相当于技术不熟练的蓝领或服务人员	4.42%	2	0.09
最不受尊重的人	1.78%	1	0.02
合计	100%	—	4.03

数据来源：海南海洋渔业发展现状调查问卷(加工企业主/经理)，2019；专家评价法，2019。

3.3.2　劳动回报

3.3.2.1　船员收入与地区平均收入相比

该指标为船员人均年总收入(所有来源的收入，不只是渔业捕捞)与地区平均收入之比。船员是指依赖他人进入渔业资源捕捞的人员。评估标准为

- 5：高于地区平均水平的50%以上
- 4：高于地区平均水平的10%~50%
- 3：高于地区平均水平的10%以内
- 2：处于地区平均水平的50%~90%
- 1：不到地区平均水平的一半

评估依据：海南省2017年全省城乡居民人均可支配收入为22 553元(海南省统计局等，2018)。对船员的问卷调查结果显示(图3.8)，15%的船员年均收入超过10万元，32%的船员平均收入为3.5万~6.8万元，超过3.5万元的占68%，低于3.5万元的占32%。因此，推算船员的年均收入在3.5万元以上，即高于地区平均水平的50%以上，该指标得5分。

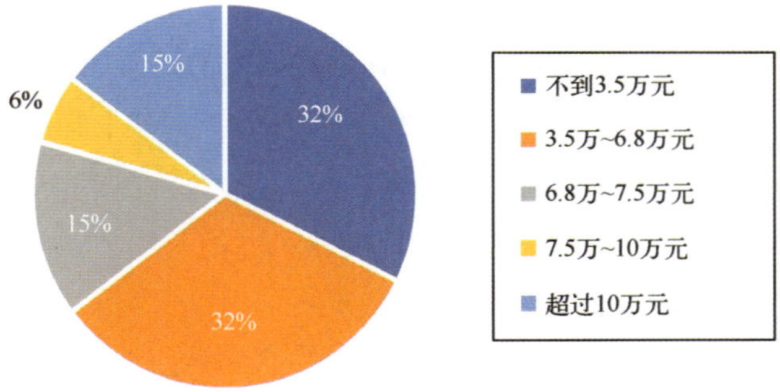

图3.8　海南省渔船船员收入分布

3.3.2.2　船员工资与非渔业工资的比较

该指标为船员的平均日薪与他们可选的其他职业的平均日薪之比。本指标用于衡量参与渔业的平均个人机会成本。评估标准为

- 5：比其他可选工作的工资高出50%以上
- 4：比其他可选工作的工资高出10%~50%
- 3：比其他可选工作的工资高出10%以内
- 2：是其他可选工作的工资的50%~90%
- 1：不到其他可选工作的工资的一半

评估依据：2017年，海南省农林牧业的平均工资为34 665元，住宿和餐饮业的平均工资为46 769元，批发和零售业的平均工资为58 403元，居民服务、修理和其他服

务业的平均工资为36 522 元(海南省统计局等，2018)。而对船员的问卷调查结果显示(图 3.9)，船员的年均收入超过 35 000 元，67%的船员表示无其他合适的工作可做，9%的船员表示可从事农林牧业，6%的船员可从事住宿和餐饮业及批发和零售业。因此，可以推测船员参与渔业的个人机会成本非常低，甚至是零。渔业收入比其他可选工作的工资高出 50%以上。该指标得 5 分。

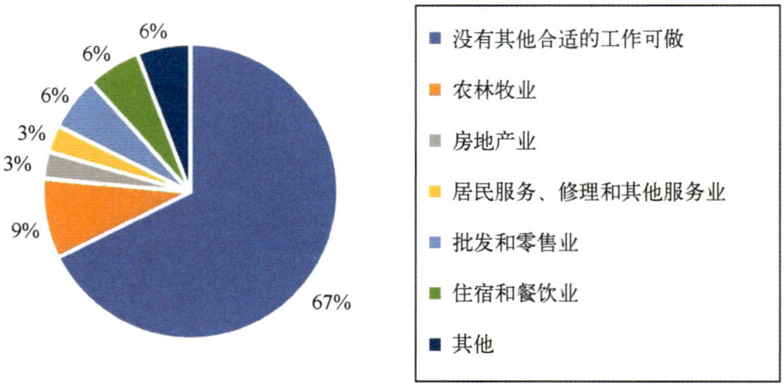

图 3.9　海南省渔船船员可选职业类型分布

3.3.2.3　船员的社会地位

该指标衡量的是船员在其大部分时间居住的社区内的社会地位。评估标准为

- 5：社区最受尊敬的人群，类似官员、宗教领袖、医生、律师等专业人士
- 4：与管理人员和白领相当
- 3：与熟练技术工人相当
- 2：相当于技术不熟练的蓝领或服务人员
- 1：最不受尊重的人

评估依据：对船员的问卷调查显示，53.98%的调查对象认为船员的社会地位相当于熟练的技术工人，23.91%的调查对象认为船员的社会地位与技术不熟练的蓝领相当，20.35%的调查对象认为船员最不受尊重。综上所述，船员的社会地位整体上加权得 2.38 分(表 3.31)，属于“相当于技术不熟练的蓝领或服务人员”。

表 3.31　海南省渔船船员的社会地位分布情况

社会地位	比例	赋值	加权
社区最受尊敬的人群	0.88%	5	0.04
与管理人员和白领相当	0.88%	4	0.04
与熟练技术工人相当	53.98%	3	1.62
相当于技术不熟练的蓝领或服务人员	23.91%	2	0.48
最不受尊重的人	20.35%	1	0.20
合计	100%	—	2.38

数据来源：海南海洋渔业发展现状调查问卷(船员)，2019；专家评价法，2019。

3.3.2.4　加工工人收入与地区平均收入相比

该指标为加工工人年均总收入(所有来源的收入，不只是渔业捕捞)与地区平均收入之比。评估标准为

- 5：高于地区平均水平的50%以上
- 4：高于地区平均水平的10%~50%
- 3：高于地区平均水平的10%以内
- 2：处于地区平均水平的50%~90%
- 1：不到地区平均水平的一半

评估依据：海南省2017年全省城乡居民人均可支配收入为22 553元(海南省统计局等，2018)。对加工工人的问卷调查结果显示(图3.10)，29%的加工工人年均收入超过10万元，21%的加工工人年均收入为6.8万~7.5万元，超过3.5万元的占93%，超过6.8万元的有50%。因此，加工工人的年均收入高于地区平均水平的50%以上。该指标得5分。

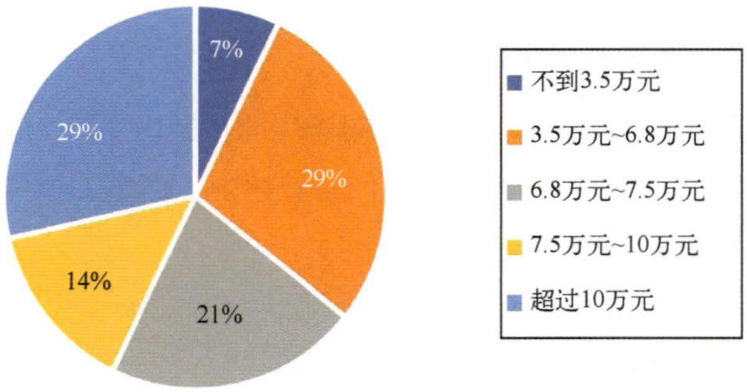

图3.10　海南省水产品加工工人收入分布

3.3.2.5　加工工人工资与非渔业工资的比较

该指标为加工工人的平均日薪与他们可选的其他职业的平均日薪之比。本指标用于衡量参与渔业的平均个人机会成本。评估标准为

- 5：比其他可选工作的工资高出50%以上
- 4：比其他可选工作的工资高出10%~50%
- 3：比其他可选工作的工资高出10%以内
- 2：是其他可选工作的工资的50%~90%
- 1：不到其他可选工作的工资的一半

评估依据：2017年，海南省农林牧业的平均工资为34 665元，住宿和餐饮业平均工资为46 769元，批发和零售业的平均工资为58 403元，居民服务、修理和其他服务业的平均工资为36 522元(海南省统计局等，2018)。对加工工人的问卷调查显示，57%

的加工工人表示可从事农林牧业及居民服务、修理和其他服务业，29%的加工工人可从事住宿和餐饮业及批发和零售业。因此，可以推测加工工人参与渔业的个人机会成本约为4.2万元(表3.32)。而对加工工人的问卷调查显示，加工工人的年均收入超过3.5万元的共占93%，超过6.8万元的有50%(图3.10)，即加工工人的渔业收入中位数在6.8万元。因此，推测渔业收入比其他可选工作的工资高出50%以上。该指标得5分。

表3.32　海南省水产品加工工人可选职业及其平均工资　单位：元

工作选择	样本比例	平均工资	加权平均
农林牧业	43%	34 665	14 906
居民服务、修理和其他服务业	14%	36 522	5 113
批发和零售业	22%	58 403	12 849
住宿和餐饮业	7%	46 769	3 274
其他	14%	44 090	6 173
合计	100%	—	42 314

数据来源：海南省统计局等，2018；海南海洋渔业发展现状调查问卷(加工工人)，2019。其中，“其他”工资以上述几类工作的工资平均值计算。

3.3.2.6　加工工人的社会地位

该指标衡量的是加工工人在其大部分时间居住的社区内的社会地位。评估标准为

- 5：社区最受尊敬的人群，类似官员、宗教领袖、医生、律师等专业人士
- 4：与管理人员和白领相当
- 3：与熟练技术工人相当
- 2：相当于技术不熟练的蓝领或服务人员
- 1：最不受尊重的人

评估依据：对加工工人的问卷调查显示，47.79%的调查对象认为加工工人的社会地位相当于熟练技术工人，36.28%的调查对象认为加工工人的社会地位与技术不熟练的蓝领或服务人员相当，7.96%的调查对象认为加工工人最不受尊重。综上所述，加工工人的社会地位整体上加权得2.59分(表3.33)，属于“与熟练技术工人相当”。

表3.33　海南省水产品加工工人的社会地位分布情况

社会地位	比例	赋值	加权
社区最受尊敬的人群	3.54%	5	0.18
与管理人员和白领相当	4.43%	4	0.18
与熟练技术工人相当	47.79%	3	1.43
相当于技术不熟练的蓝领或服务人员	36.28%	2	0.73
最不受尊重的人	7.96%	1	0.08
合计	100%	—	2.59

数据来源：海南海洋渔业发展现状调查问卷(加工工人)，2019；专家评价法，2019。

3.3.3　健康与卫生

3.3.3.1　渔业生产安全

该指标为每个捕捞季，海洋捕捞从业者在工作中死亡的人数。每年只算一个捕捞季，但如果短于一年，则按实际长度计算。评估标准为

- 5：每千人死亡少于 0.1 人
- 4：每千人死亡少于 0.5 人
- 3：每千人死亡小于 1 人
- 2：每千人死亡小于 5 人
- 1：每千人死亡 5 人以上

评估依据：2013—2017 年，每年海南省渔业造成的人员损失平均为 0.04/千人（表 3.34）（农业农村部渔业渔政管理局等，2018）。因此，该指标得 5 分。

表 3.34　海南省近 5 年渔业灾情造成的人员损失

年份	死亡人数（人）	捕捞专业从业者人数（千人）	死亡人数（千人）
2017	5	94.05	0.05
2016	3	90.78	0.03
2015	0	106.44	0.00
2014	0	108.23	0.00
2013	12	109.35	0.11
平均值	4	101.77	0.04

数据来源：中国渔业统计年鉴 2014—2018。

3.3.3.2　船长/船东的医疗机会

评估是基于船长/船东可获得的和可负担得起的医疗保障的质量。评估标准为

- 5：国际领先的治疗
- 4：正规医生提供的创伤、手术和药物等治疗
- 3：护士或医生提供的紧急和常规药物治疗
- 2：基本和简单的药物治疗是可行的
- 1：无法获得医疗或药物治疗

评估依据：对船长/船东的问卷调查显示，29%的船长/船东可以获得正规医生提供的创伤、手术和药物等治疗，14%的船长/船东可以获得护士或医生提供的紧急和常规药物治疗，33%的船长/船东可以获得基本和简单的药物治疗，19%的船长/船东无法获得医疗或药物治疗。综上所述，船长/船东的医疗机会整体上加权得 2.67 分（表 3.35），属于“护士或医生提供的紧急和常规药物治疗”。

表 3.35　海南省渔船船长/船东的医疗机会分布情况

医疗机会	赋值	样本比例	加权
国际领先的治疗	5	4.8%	0.24
正规医生提供的创伤、手术和药物等治疗	4	28.6%	1.14
护士或医生提供紧急和常规药物治疗	3	14.3%	0.43
基本和简单的药物治疗是可行的	2	33.3%	0.67
无法获得医疗或药物治疗	1	19.0%	0.19
合计	—	100.0%	2.67

数据来源：海南海洋渔业发展现状调查问卷(船长/船东)，2019。

3.3.3.3　船员的医疗机会

评估是基于船员可获得的和可负担得起的医疗保障的质量。评估标准为

- 5：国际领先的治疗
- 4：正规医生提供的创伤、手术和药物等治疗
- 3：护士或医生提供的紧急和常规药物治疗
- 2：基本和简单的药物治疗是可行的
- 1：无法获得医疗或药物治疗

评估依据：对船员的问卷调查显示，8.8%的船员可以获得正规医生提供的创伤、手术和药物等治疗，14.7%的船员可以获得护士或医生提供的紧急和常规药物治疗，58.9%的船员可以获得基本和简单的药物治疗，14.7%的船员无法获得医疗或药物治疗。综上所述，船员的医疗机会整体上加权得2.26分(表3.36)，属于“基本和简单的药物治疗是可行的”。

表 3.36　海南省渔船船员的医疗机会分布情况

医疗机会	赋值	样本比例	加权
国际领先的治疗	5	2.9%	0.15
正规医生提供的创伤、手术和药物等治疗	4	8.8%	0.35
护士或医生提供的紧急和常规药物治疗	3	14.7%	0.44
基本和简单的药物治疗是可行的	2	58.9%	1.18
无法获得医疗或药物治疗	1	14.7%	0.15
合计	—	100%	2.26

数据来源：海南海洋渔业发展现状调查问卷(船员)，2019。

3.3.3.4　加工企业主/经理的医疗机会

评估是基于加工企业主/经理可获得的和可负担得起的医疗保障的质量。评估标准为

- 5：国际领先的治疗
- 4：正规医生提供的创伤、手术和药物等治疗
- 3：护士或医生提供的紧急和常规药物治疗

- 2：基本和简单的药物治疗是可行的
- 1：无法获得医疗或药物治疗

评估依据：对加工企业主/经理的问卷调查显示，60%的加工企业主/经理可以获得正规医生提供的创伤、手术和药物等治疗，20%的加工企业主/经理可以获得护士或医生提供的紧急和常规药物治疗，20%的加工企业主/经理可以获得基本和简单的药物治疗。综上所述，加工企业主/经理的医疗机会整体上加权得3.65分(表3.37)，属于“正规医生提供的创伤、手术和药物等治疗”。

表3.37 海南省水产品加工企业主/经理的医疗机会分布情况

医疗机会	赋值	样本比例	加权
国际领先的治疗	5	0.0%	0.00
正规医生提供的创伤、手术和药物等治疗	4	60.0%	2.40
护士或医生提供的紧急和常规药物治疗	3	20.0%	0.75
基本和简单的药物治疗是可行的	2	20.0%	0.50
无法获得医疗或药物治疗	1	0.0%	0.00
合计	—	100.0%	3.65

数据来源：海南海洋渔业发展现状调查问卷(加工企业主/经理)，2019。

3.3.3.5 加工工人的医疗机会

评估是基于加工工人可获得的和可负担得起的医疗保障的质量。评估标准为

- 5：国际领先的治疗
- 4：正规医生提供的创伤、手术和药物等治疗
- 3：护士或医生提供的紧急和常规药物治疗
- 2：基本和简单的药物治疗是可行的
- 1：无法获得医疗或药物治疗

评估依据：对加工工人的问卷调查显示，57.1%的加工工人可以获得正规医生提供的创伤、手术和药物等治疗，14.3%的加工工人可以获得护士或医生提供的紧急和常规药物治疗，28.6%的加工工人可以获得基本和简单的药物治疗。综上所述，加工工人的医疗机会整体上加权得3.29分(表3.38)，属于“护士或医生提供的紧急和常规药物治疗”。

表3.38 海南省水产品加工工人的医疗机会分布情况

医疗机会	赋值	样本比例	加权
国际领先的治疗	5	0.0%	0.00
正规医生提供的创伤、手术和药物等治疗	4	57.1%	2.29
护士或医生提供的紧急和常规药物治疗	3	14.3%	0.43
基本和简单的药物治疗是可行的	2	28.6%	0.57
无法获得医疗或药物治疗	1	0.0%	0.00
合计	—	100.0%	3.29

数据来源：海南海洋渔业发展现状调查问卷(加工工人)，2019。

3.3.3.6 公共卫生

该指标评估渔获上岸区和加工区的卫生条件。这一指标是根据全球标准而不是当地标准来评分的。评估标准为

- 5：渔港和加工区域的卫生非常好
- 4：渔港和加工区域的卫生得到了基本治理
- 3：人类废弃物得到了充分处理，但渔获废物带来了卫生问题
- 2：有适当的排水排污处理，但鱼或渔民、加工工人暴露在未经处理的污水中
- 1：渔港和加工区域没有排水排污设施，没有干净的厕所

评估依据：对渔港和加工区域的卫生的问卷调查显示，15.2%的调查对象认为渔港和加工区域的卫生非常好，28.8%的调查对象认为渔港和加工区域的卫生得到了基本治理，16.2%的调查对象认为人类废弃物得到了充分处理，但渔获废物带来了卫生问题，23.6%的调查对象认为有适当的排水排污处理，但鱼或渔民、加工工人暴露在未经处理的污水中，16.2%的调查对象认为渔港和加工区域没有排水排污设施，没有干净的厕所。综上所述，海南省渔获上岸区和加工区域的卫生条件整体上加权得 3.03 分(表 3.39)，属于“人类废弃物得到了充分处理，但渔获废物带来了卫生问题”。

表 3.39 海南省渔港和水产品加工区域公共卫生状况分布情况

公共卫生状况	赋值	样本比例	加权
渔港和加工区域的卫生非常好	5	15.2%	0.76
渔港和加工区域的卫生得到了基本治理	4	28.8%	1.15
人类废弃物得到了充分处理，但渔获废物带来了卫生问题	3	16.2%	0.49
有适当的排水排污处理，但鱼或渔民、加工工人暴露在未经处理的污水中	2	23.6%	0.47
渔港和加工区域没有排水排污设施，没有干净的厕所	1	16.2%	0.16
合计	—	100.0%	3.03

数据来源：海南海洋渔业发展现状调查问卷，2019；专家评价法，2019。

3.3.4 渔区社会服务

3.3.4.1 地区的支持业务情况

支持业务是那些提供关键投入(如食物、冰、捕捞装备、船只维修)或渔获后功能(如经纪、物流)的业务。评估标准为

- 5：各种类型的支持业务丰富
- 4：某些类型的支持受限或不可用
- 3：大多数类型的支持受限或不可用
- 2：仅有少量的投入支持
- 1：相关业务支持在本地不可用

评估依据：对支持业务的问卷调查显示，36%的调查对象认为各种类型的支持业务

丰富，26%的调查对象认为某些类型的支持受限或不可用，14%的调查对象认为大多数类型的支持受限或不可用，18%的调查对象认为仅有少量的投入支持，6%的调查对象认为相关业务支持在本地不可用。综上所述，海南地区的支持业务情况整体上加权得3.69分(表3.40)，属于“某些类型的支持受限或不可用”。

表3.40　海南省各地区的渔业支持业务情况分布

地区的支持业务情况	赋值	样本比例	加权
各种类型的支持业务丰富	5	36%	1.81
某些类型的支持受限或不可用	4	26%	1.05
大多数类型的支持受限或不可用	3	14%	0.42
仅有少量的投入支持	2	18%	0.36
相关业务支持在本地不可用	1	6%	0.06
合计	—	100%	3.69

数据来源：海南海洋渔业发展现状调查问卷，2019；专家评价法，2019。

3.3.4.2　可争议性和法律挑战

此指标衡量渔业从业者的政治活动在多大程度上限制了渔业管理能力。评估标准为

- 5：没有针对渔业管理制度的重大法律挑战、民事诉讼或抗议
- 4：有较小的法律挑战，使制度执行放缓
- 3：法律挑战、民事诉讼或抗议阻碍了某些管理措施
- 2：法律挑战、民事诉讼或抗议导致管理体系主要要素的暂停
- 1：法律挑战、民事诉讼或抗议导致关键管理改革和监管认证的暂停或禁止实施

评估依据：问卷调查显示，37.78%的调查对象认为没有针对渔业管理制度的重大法律挑战、民事诉讼或抗议，27.78%的调查对象认为有较小的法律挑战使制度执行放缓，21.10%的调查对象认为法律挑战、民事诉讼或抗议阻碍了某些管理措施，6.67%的调查对象认为法律挑战、民事诉讼或抗议导致管理体系主要要素的暂停，还有6.67%的调查对象认为法律挑战、民事诉讼或抗议导致关键管理改革和监管认证的暂停或禁止实施。综上所述，海南地区的可争议性和法律挑战情况整体上加权得3.83分(表3.41)，属于“有较小的法律挑战使得制度执行放缓”。

表3.41　海南省渔业管理的可争议性和法律挑战情况分布

可争议性和法律挑战	赋值	样本比例	加权
没有针对渔业管理制度的重大法律挑战、民事诉讼或抗议	5	37.78%	1.89
有较小的法律挑战，使制度执行放缓	4	27.78%	1.11
法律挑战、民事诉讼或抗议阻碍了某些管理措施	3	21.10%	0.63
法律挑战、民事诉讼或抗议导致管理体系主要要素的暂停	2	6.67%	0.13
法律挑战、民事诉讼或抗议导致关键管理改革和监管认证的暂停或禁止实施	1	6.67%	0.07
合计	—	100%	3.83

数据来源：海南海洋渔业发展现状调查问卷，2019；专家评价法，2019。

3.3.4.3 船长/船东子女的教育机会

衡量标准是船长/船东子女家庭所能接受的(可获得的和可负担得起的)给子女的最高水平的教育。不以现任船长/船东的实际教育程度为基础。评估标准为

- 5：可接受高等教育
- 4：可接受高中教育或高级技术培训
- 3：可接受初中水平的教育或简单的技术培训
- 2：具备基本的读写和算术能力
- 1：无法接受正规教育

评估依据：对船长/船东的问卷调查显示，42.86%的船长/船东认为他们的子女可接受高等教育，23.81%的船长/船东认为他们的子女可接受高中教育或高级技术培训，14.29%的船长/船东认为他们的子女可接受初中水平的教育或简单的技术培训，共约20%的船长/船东子女可具备基本的读写和算术能力或无法接受正规教育。综上所述，船长/船东子女的教育机会整体上加权得3.81分(表3.42)，属于“可接受高中教育或高级技术培训”。

表3.42 海南省渔船船长/船东子女的教育机会分布情况

教育机会	赋值	样本比例	加权
可接受高等教育	5	42.86%	2.14
可接受高中教育或高级技术培训	4	23.81%	0.95
可接受初中水平的教育或简单的技术培训	3	14.29%	0.43
具备基本的读写和算术能力	2	9.52%	0.19
无法接受正规教育	1	9.52%	0.10
合计	—	100%	3.81

数据来源：海南海洋渔业发展现状调查问卷(船长/船东)，2019。

3.3.4.4 船员子女的教育机会

衡量标准是船员家庭所能接受的(可获得的和可负担得起的)给子女的最高水平的教育。不以现任船员的实际教育程度为基础。评估标准为

- 5：可接受高等教育
- 4：可接受高中教育或高级技术培训
- 3：可接受初中水平的教育或简单的技术培训
- 2：具备基本的读写和算术能力
- 1：无法接受正规教育

评估依据：对船员的问卷调查显示，35%的船员认为他们的子女可接受高等教育，

32%的船员认为他们的子女可接受高中教育或高级技术培训，24%的船员认为他们的子女可接受初中水平的教育或简单的技术培训，共9%的船员子女可具备基本的读写和算术能力或无法接受正规教育。综上所述，船员子女的教育机会整体上加权得3.88分（表3.43），属于“可接受高中教育或高级技术培训”。

表3.43 海南省渔船船员子女的教育机会分布情况

教育机会	赋值	变量频率	加权
可接受高等教育	5	35%	1.76
可接受高中教育或高级技术培训	4	32%	1.29
可接受初中水平的教育或简单的技术培训	3	24%	0.71
具备基本的读写和算术能力	2	3%	0.06
无法接受正规教育	1	6%	0.06
合计	—	100%	3.88

数据来源：海南海洋渔业发展现状调查问卷（船员），2019。

3.3.4.5 加工企业主/经理子女的教育机会

衡量标准是加工企业主/经理家庭所能接受的（可获得的和负担得起的）给子女的最高水平的教育。不以现任加工企业主/经理的实际教育程度为基础。评估标准为

- 5：可接受高等教育
- 4：可接受高中教育或高级技术培训
- 3：可接受初中水平的教育或简单的技术培训
- 2：具备基本的读写和算术能力
- 1：无法接受正规教育

评估依据：对加工企业主/经理的问卷调查显示，所有的加工企业主/经理均认为他们的子女可接受高等教育。因此，该指标整体得5分。

3.3.4.6 加工工人子女的教育机会

衡量标准是加工工人家庭所能接受的（可获得的和负担得起的）给子女的最高水平的教育。不以现任加工工人的实际教育程度为基础。评估标准为

- 5：可接受高等教育
- 4：可接受高中教育或高级技术培训
- 3：可接受初中水平的教育或简单的技术培训
- 2：具备基本的读写和算术能力
- 1：无法接受正规教育

评估依据：对加工工人的问卷调查显示，80%的加工工人认为他们的子女可接受高等教育，13%的加工工人认为他们的子女可接受高中教育或高级技术培训，7%的加工

工人认为他们的子女可具备基本的读写和算术能力。综上所述，加工工人子女的教育机会整体上加权得 4.67 分(表 3.44)，属于“可接受高等教育”。

表 3.44　海南省水产品加工工人子女的教育机会分布情况

教育机会	赋值	样本比例	加权
可接受高等教育	5	80%	4.00
可接受高中教育或高级技术培训	4	13%	0.53
可接受初中水平的教育或简单的技术培训	3	0%	0.00
具备基本的读写和算术能力	2	7%	0.13
无法接受正规教育	1	0%	0.00
合计	—	100%	4.67

数据来源：海南海洋渔业发展现状调查问卷(加工工人)，2019。

3.3.5　当地雇主比例

3.3.5.1　船长/船东属本地居民比例

该指标为船长/船东是本地居民的比例。“本地”是指来自当地渔业社区，并将其收入用于当地渔业社区。评估标准为

- 5：95%~100%本地人
- 4：70%~95%本地人
- 3：35%~70%本地人
- 2：5%~35%本地人
- 1：几乎没有本地人

评估依据：对船长/船东的问卷调查显示，在接受调查的对象中，100%的船长/船东长期居住在海南。该指标得 5 分。

3.3.5.2　加工企业主属本地居民的比例

该指标为加工企业主是本地居民的比例。“本地”是指来自当地渔业社区，并将其收入用于当地渔业社区。评估标准为

- 5：95%~100%本地人
- 4：70%~95%本地人
- 3：35%~70%本地人
- 2：5%~35%本地人
- 1：几乎没有本地人

评估依据：对加工企业主的问卷调查显示，在接受调查的对象中，100%的加工企业主长期居住在海南。该指标得 5 分。

3.3.6　当地劳工比例

3.3.6.1　船员属本地居民比例

该指标为船员是本地居民的比例。“本地”是指来自当地渔业社区，并将其收入用于当地渔业社区。评估标准为

- 5：95%~100%本地人
- 4：70%~95%本地人
- 3：35%~70%本地人
- 2：5%~35%本地人
- 1：几乎没有本地人

评估依据：对船员的问卷调查显示，在接受调查的对象中，97.1%的船员长期居住在海南。该指标得 5 分。

3.3.6.2　加工工人属本地居民比例

该指标为加工工人是本地居民的比例。“本地”是指来自当地渔业社区，并将其收入用于当地渔业社区。评估标准为

- 5：95%~100%本地人
- 4：70%~95%本地人
- 3：35%~70%本地人
- 2：5%~35%本地人
- 1：几乎没有本地人

评估依据：对加工工人的问卷调查显示，在接受调查的对象中，89.9%的加工工人长期居住在海南。该指标得 4 分。

3.3.7　渔业职业生涯

3.3.7.1　船员的经验

该指标为指船员的平均工作年限。评估标准为

- 5：10 年以上(熟练的职业团队)
- 4：5~10 年
- 3：3~5 年
- 2：1~3 年
- 1：0 年工作经验(主要是每季新员工)

评估依据：对船员的问卷调查显示，船员的平均工作年限为 23.13 年。该指标得 5 分。

3.3.7.2 渔民的年龄结构

该指标为船长和船员的年龄范围。评估标准为

- 5：各年龄段人数均匀
- 4：稍微偏向年轻人或老年人
- 3：倾向于年轻人或老年人
- 2：几乎完全年轻或年长，但处于工作年龄(18~60 岁)
- 1：主要是比工作年龄(18~60 岁)小或大的

评估依据：问卷调查显示(图 3.11)，30~40 岁的渔民占比 42%，60 岁以上渔民占比 9%，其他各年龄段渔民均占比 15%左右。因此，渔民在各年龄段人数稍微有偏向。该指标得 4 分。

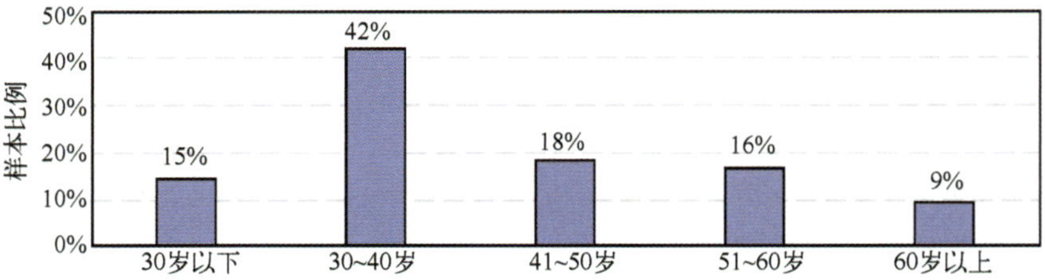

图 3.11 从事南海渔业生产渔民的年龄结构

3.3.7.3 加工工人的经验

该指标为指加工工人的平均工作年限。评估标准为

- 5：10 年以上(熟练的职业团队)
- 4：5~10 年
- 3：3~5 年
- 2：1~3 年
- 1：0 年工作经验(主要是每季新员工)

评估依据：对加工工人的问卷调查显示，加工工人的平均工作年限为 10.6 年。该指标得 5 分。

3.3.8 社会绩效表现

评估结果显示，中国南海渔业社会绩效整体得 4.36 分(表 3.45)，其社会绩效整体表现优良。

如表 3.45、图 3.12 和图 3.13 所示，在社会绩效的 7 个二级绩效维度中，得分最高的为当地雇主比例维度(5.00 分)，说明海南省渔业几乎全部由本地居民担任船长或

表 3.45　中国南海渔业社会绩效评估结果

一级指标	一级指标得分	二级指标	二级指标得分	三级指标	三级指标得分	三级指标数据质量
社会绩效	4. 36	管理回报	4. 50	船长/船东的收入与地区平均收入相比	5	A
				船长/船东工资与非渔业工资的比较	5	A
				船长/船东的社会地位	3	A
				加工企业主/经理收入与地区平均收入的比较	5	A
				加工企业主/经理工资与非渔业工资的比较	5	A
				加工企业主/经理的社会地位	4	A
		劳动回报	4. 17	船员收入与地区平均收入相比	5	A
				船员工资与非渔业工资的比较	5	A
				船员的社会地位	2	A
				加工工人收入与地区平均收入相比	5	A
				加工工人工资与非渔业工资的比较	5	A
				加工工人的社会地位	3	A
		健康与卫生	3. 33	渔业生产安全	5	A
				船长/船东的医疗机会	3	A
				船员的医疗机会	2	A
				加工企业主/经理的医疗机会	4	B
				加工工人的医疗机会	3	A
				公共卫生	3	A
		渔业社区服务	4. 33	地区的支持业务情况	4	A
				可争议性和法律挑战	4	A
				船长/船东子女的教育机会	4	A
				船员子女的教育机会	4	A
				加工企业主/经理子女的教育机会	5	A
				加工工人子女的教育机会	5	A
		当地雇主比例	5. 00	船长/船东属本地居民比例	5	A
				加工企业主属本地居民比例	5	B
		当地劳工比例	4. 50	船员属本地居民比例	5	A
				加工工人属本地居民比例	4	A
		渔业职业生涯	4. 67	船员的经验	5	A
				渔民的年龄结构	4	B
				加工工人的经验	5	A

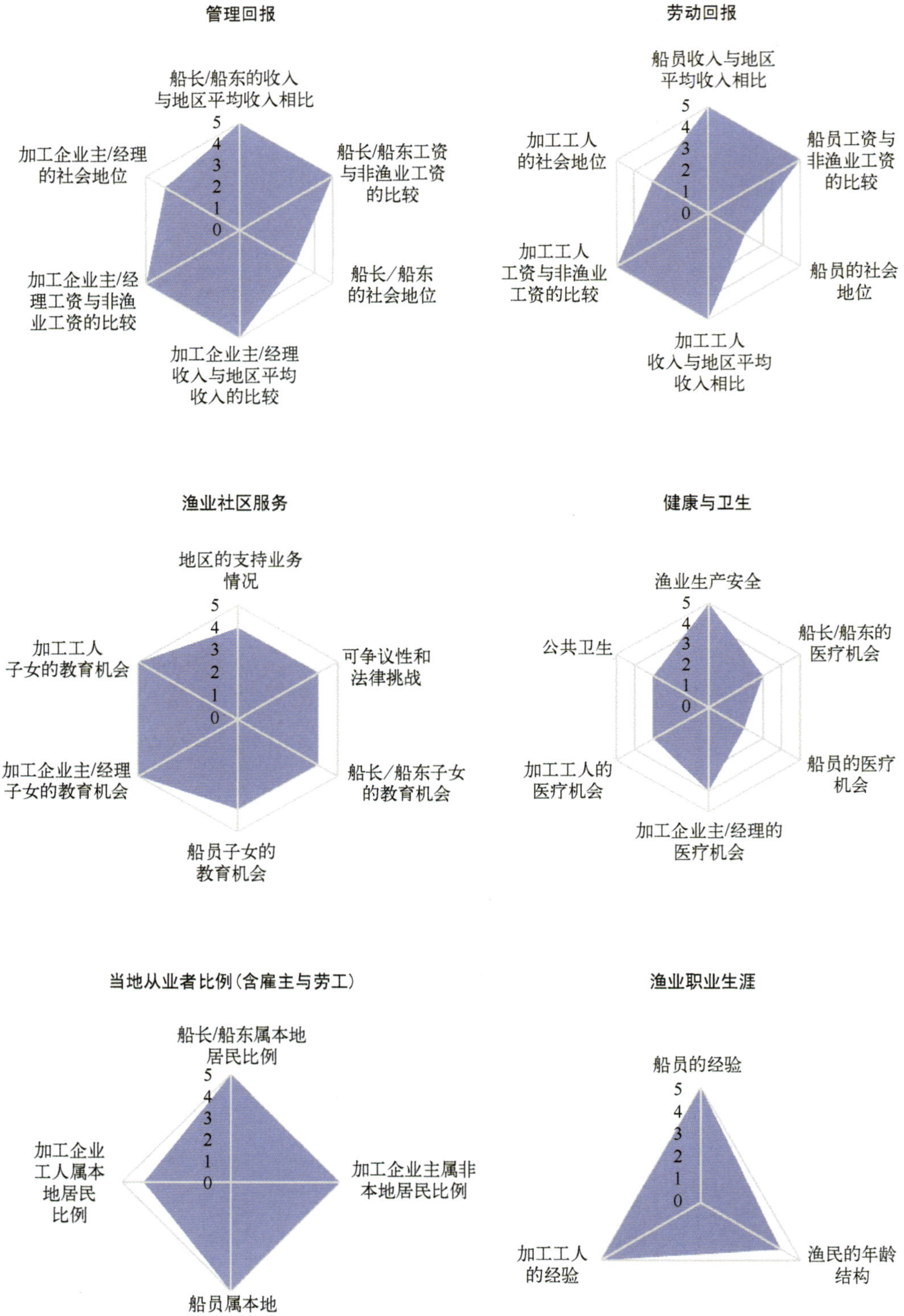

图 3.12　中国南海渔业社会绩效各二级指标评估结果

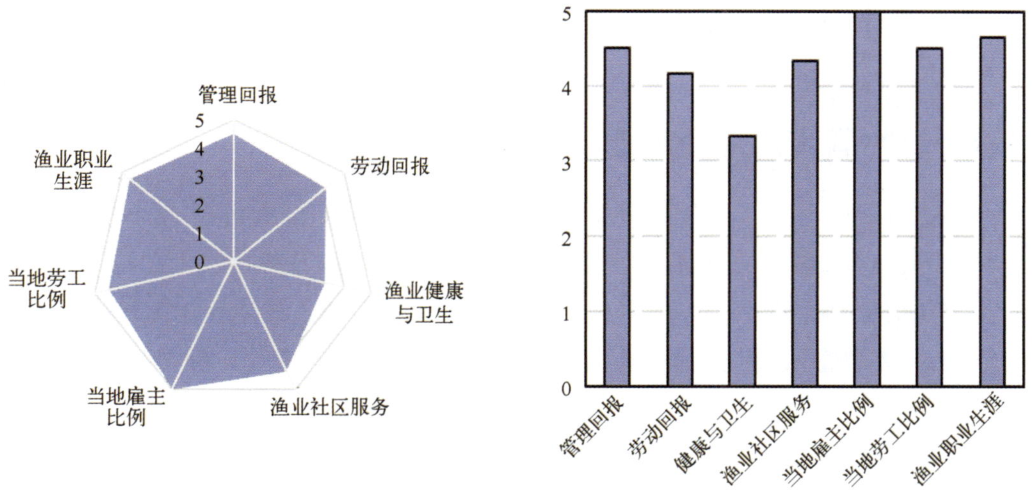

图 3.13　中国南海渔业社会绩效综合评估结果

加工企业主；表现其次的为渔业职业生涯维度(4.67 分)，表明中国南海渔业从业者平均具有 10 年以上的工作经验；表现相对最差的为健康与卫生维度(3.33 分)，表明中国南海渔业从业者整体的医疗机会相对欠佳，其渔获上岸区和加工区域公共卫生一般；在管理回报维度(4.50 分)、劳动回报维度(4.17 分)、渔业社区服务维度(4.33 分)、当地劳工比例维度(4.50 分)均表现优良。这说明中国南海渔业对于其从业者而言，可以为他们提供高于地区平均水平 50%的收入，为加工企业主/经理提供相当于白领、为船长/船东和加工工人提供相当于熟练技术工人的社会地位；同时，渔业从业者具有良好的社区服务，可获取大多数渔业生产相关的支持业务，船长/船东和船员可以为其子女提供高中以上教育，而加工企业主/经理和加工工人可为其子女提供高等教育，渔业从业者很少挑战渔业管理相关法规制度，政治争议较小；此外，绝大多数的渔业从业者为本地居民，而渔业几乎是船长/船东和船员的唯一就业机会。

在中国南海渔业社会绩效三级绩效指标中，表现最弱的是船员的医疗机会(2 分)、船员的社会地位(2 分)；得分较低的还有船长/船东的社会地位(3 分)、加工工人的社会地位(3 分)、船长/船东的医疗机会(3 分)、加工工人的医疗机会(3 分)，以及公共卫生(3 分)等三级指标。这说明中国南海渔业从业者群体中，渔船船员的社会地位和医疗机会最差，其社会地位相当于技术不熟练的蓝领或服务人员，可获得基本和简单的药物治疗；其次是加工工人和船长/船东的社会地位和医疗机会较差，相当于熟练技术工人，可获得护士或医生提供的紧急和常规药物治疗。其他三级指标均表现优良，得 4 分或 5 分。

3.4 中国南海渔业资源治理综合绩效及国际比较分析

3.4.1 中国南海渔业资源治理综合绩效

评估结果显示，中国南海渔业绩效整体得 3.88 分(表 3.46)，表现良好。如表 3.46、图 3.14 和图 3.15 所示，中国南海渔业的 14 个二级绩效中，生态绩效下的渔业资源与环境健康情况(2.88 分)表现最差；经济绩效下的二级绩效指标均达到或超过 3.00 分，表现较好，其中，渔获(3.00 分)和渔获资产(3.00 分)绩效得分相对较低，而风险(4.33 分)和渔获后资产性能(4.00)表现良好，其他二级指标表现一般；社会绩效下的二级指标中除了健康与卫生(3.33 分)表现一般，其他 6 个二级绩效指标均达到 4.00 分以上，表现优良。

表 3.46 中国南海渔业绩效综合评估结果

一级绩效	二级绩效	二级绩效评估结果	一级绩效评估结果	生态经济社会绩效总平均
生态绩效	渔业资源与环境健康情况	2.88	2.88	3.88
经济绩效	渔获水平	3.00	3.49	
	渔获资产	3.00		
	渔业风险	4.33		
	渔获交易	3.25		
	水产品形式	3.33		
	渔获后资产性能	4.00		
社会绩效	管理回报	4.50	4.36	
	劳动回报	4.17		
	健康与卫生	3.33		
	渔业社区服务	4.33		
	当地雇主比例	5.00		
	当地劳工比例	4.50		
	渔业职业生涯	4.67		

在一级绩效的 3 个维度中，表现最好的是社会绩效(4.36 分)，反映了中国南海渔业对其渔区内的生计及其他利益的贡献度很高。具体来说，按照当地标准计算，中国南海渔业为其从业的所有者、管理人员和工人带来了在工资收入、社会地位、工作机会等方面良好的社会收益，并且反映了相对于其他职业，渔业对于当地渔区的高度重要性。表现较好的是经济绩效(3.49 分)，反映了中国南海渔业较高效地产生了市场效

益。南海渔获价值稳定，渔获后资产性能良好，具有提升水产品潜在利润的物质和市场基础，但同时，渔业在一段时间内实现其潜在财富的程度一般，存在捕捞能力严重过剩、捕捞量超过最大可持续产量等问题，给南海渔业带来沉重成本，并且渔船的性能、价值、资本筹措来源、借款利率等方面表现较差。表现较弱的是生态绩效(2.88 分)，反映了南海渔业资源与环境健康状况不佳，其中，IUU 渔获比例已超过一半，捕捞渔获缺少生态可持续性认证，渔业资源轻度过度捕捞，并且目前处于衰退状态，渔业资源关键生境中约六七成被降级或功能失调，但同时，南海渔获中因政府管制而受损的渔获不到 5%，各种上岸渔获基本全部得到利用，平均非目标渔获率低于 5%。

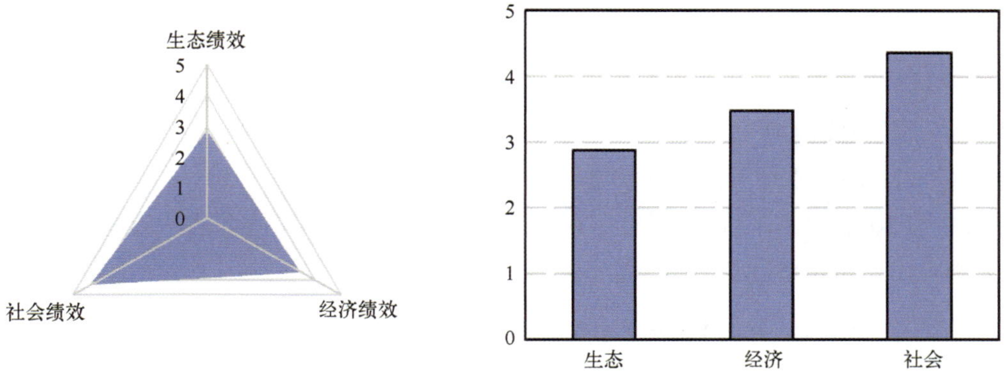

图 3.14　中国南海渔业一级绩效评估结果

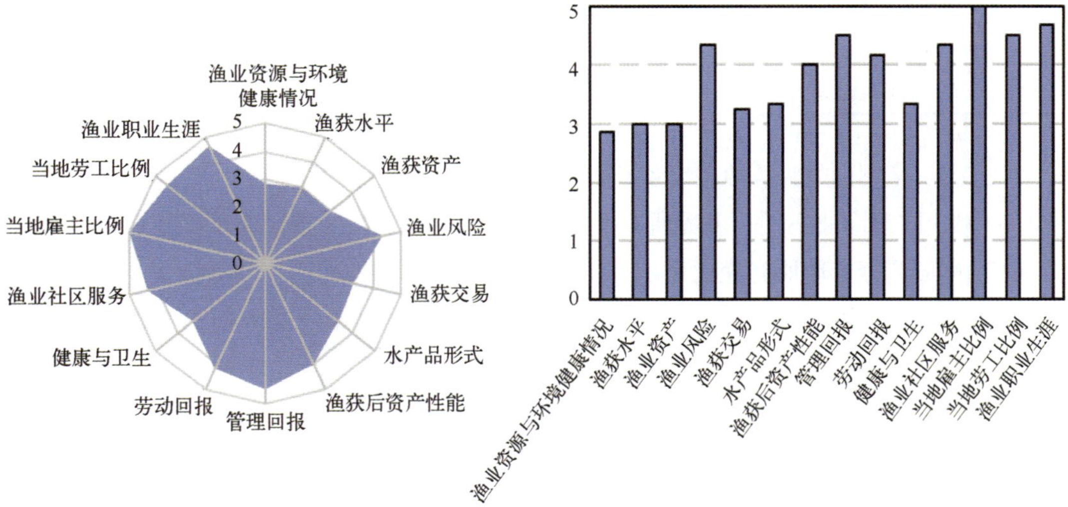

图 3.15　中国南海渔业二级绩效评估结果

3.4.2 中国南海渔业资源治理绩效国际比较分析

3.4.2.1 不同发展程度渔业案例之间绩效比较分析

与不同国际平均水平相比，中国南海渔业绩效在社会绩效方面表现突出，经济绩效表现较好，但生态绩效方面表现较差。

表 3.47 和图 3.16 是不同发展程度渔业案例间渔业一级绩效的比较，包括：中国南海渔业案例、发展中国家渔业案例、世界所有渔业案例、全球 AR 投入控制制度渔业系统总绩效排名前 10 案例、全球所有渔业系统中总绩效排名前 10 案例的平均一级绩效。由表 3.47 和图 3.16 可知，在生态绩效方面，与上述四类渔业案例平均水平相比，中国南海渔业生态绩效(2.88 分)处于最低水平，表现较差，落后于发展中国家平均水平(3.05 分)和世界平均水平(3.41 分)，大幅度落后于全球 AR 渔业系统前 10 平均水平(4.06 分)以及全球所有渔业系统中前 10 平均水平(4.55 分)。在经济绩效方面，中国南海渔业经济绩效(3.49 分)表现较好，超过了发展中国家平均水平(3.13 分)和世界平均水平(3.38 分)，落后于全球 AR 渔业系统前 10 平均水平(3.80 分)以及全球所有渔业系统中前 10 平均水平(4.06 分)。在社会绩效方面，中国南海渔业社会绩效(4.36 分)表现突出，明显超过了上述四类渔业案例平均水平。

表 3.47 中国南海渔业与不同发展程度渔业案例的一级绩效平均值

	生态绩效	经济绩效	社会绩效
中国南海渔业	2.88	3.49	4.36
发展中国家平均	3.05	3.13	3.75
世界平均	3.41	3.38	3.83
全球 AR 渔业系统前 10 平均	4.06	3.80	4.09
全球所有渔业系统前 10 平均	4.55	4.06	4.09

图 3.17 是不同发展程度渔业案例间渔业二级绩效的比较，包括：中国南海渔业案例、发展中国家渔业案例、世界所有渔业案例、全球 AR 投入控制制度渔业系统总绩效排名前 10 案例、全球所有渔业系统中总绩效排名前 10 案例的平均一级绩效。对于二级绩效，由图 3.17 可知，中国南海渔业在渔业资源与环境健康情况方面仍然是处于最低水平。经济绩效方面，中国南海渔业在渔业风险、渔获后资产性能两个二级绩效指标表现非常好，超过了所有其他四类渔业案例平均水平；在渔获资产、渔获交易两个二级绩效指标表现较好，超过了发展中国家平均水平，略低于世界平均水平，但大幅度低于全球 AR 渔业系统前 10 平均水平以及全球所有渔业系统中前 10 平均水平；而渔获水平、水产品形式两个二级绩效是中国南海渔业的短板，其中，渔获水平绩效处于最低水平，明显低于上述四类渔业案例平均水平，而水产品形式绩效则略低于发展中国

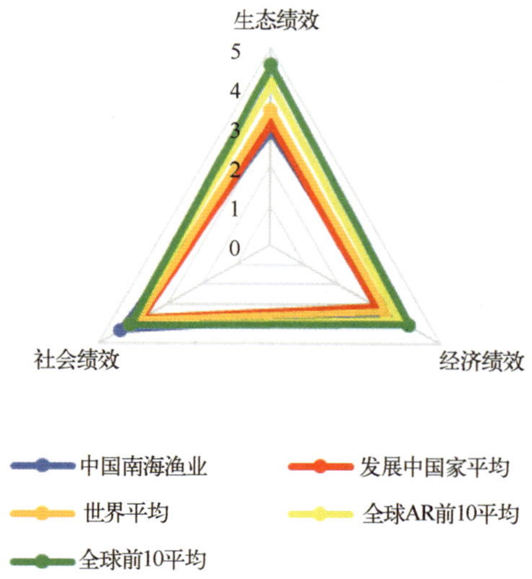

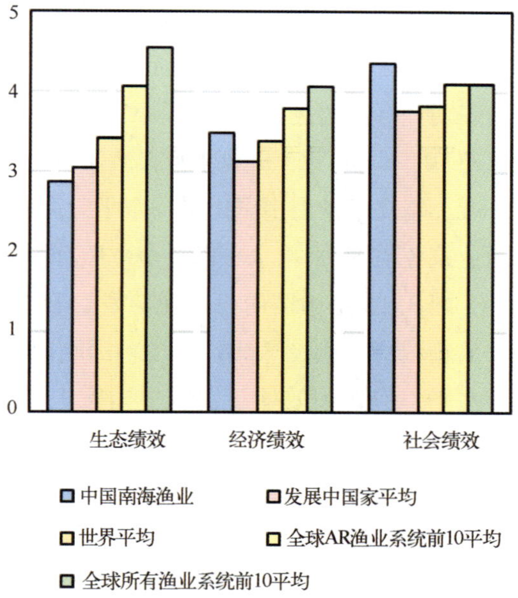

图 3. 16　中国南海渔业与不同发展程度渔业案例的一级绩效平均水平

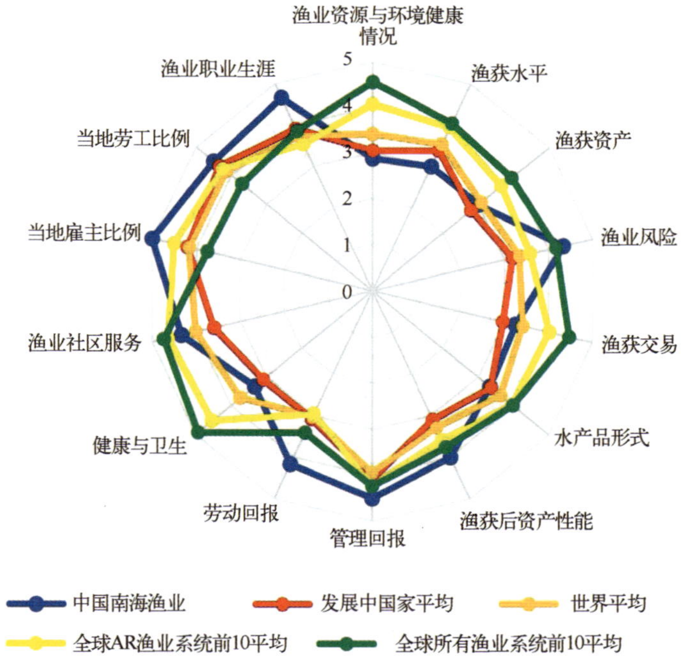

图 3. 17　中国南海渔业与不同发展程度渔业案例的二级绩效平均水平

家平均水平，但明显低于其他三类渔业案例平均水平。社会绩效方面，中国南海渔业在管理回报、劳动回报、当地雇主比例、当地劳工比例、渔业职业生涯等 5 个二级绩效指标表现非常好，超过了所有其他四类渔业案例平均水平；在渔业社区服务绩效方面表现良好，超过了发展中国家平均水平和世界平均水平，但略落后于全球 AR 渔业系统前 10 平均水平以及全球所有渔业系统中前 10 平均水平；在健康与卫生绩效方面表现一般，略高于发展中国家平均水平，但明显落后于世界平均水平，大幅度低于全球 AR 渔业系统前 10 平均水平以及全球所有渔业系统中前 10 平均水平。

图 3. 18 是中国南海渔业与发达和发展中国家在生态、经济和社会三方面绩效比较的箱线图。由图 3. 18 可知，中国南海渔业的生态绩效处于发展中国家案例的中下游水平；经济绩效处于发展中国家上游水平；社会绩效处于发展中国家和发达国家的上游水平。

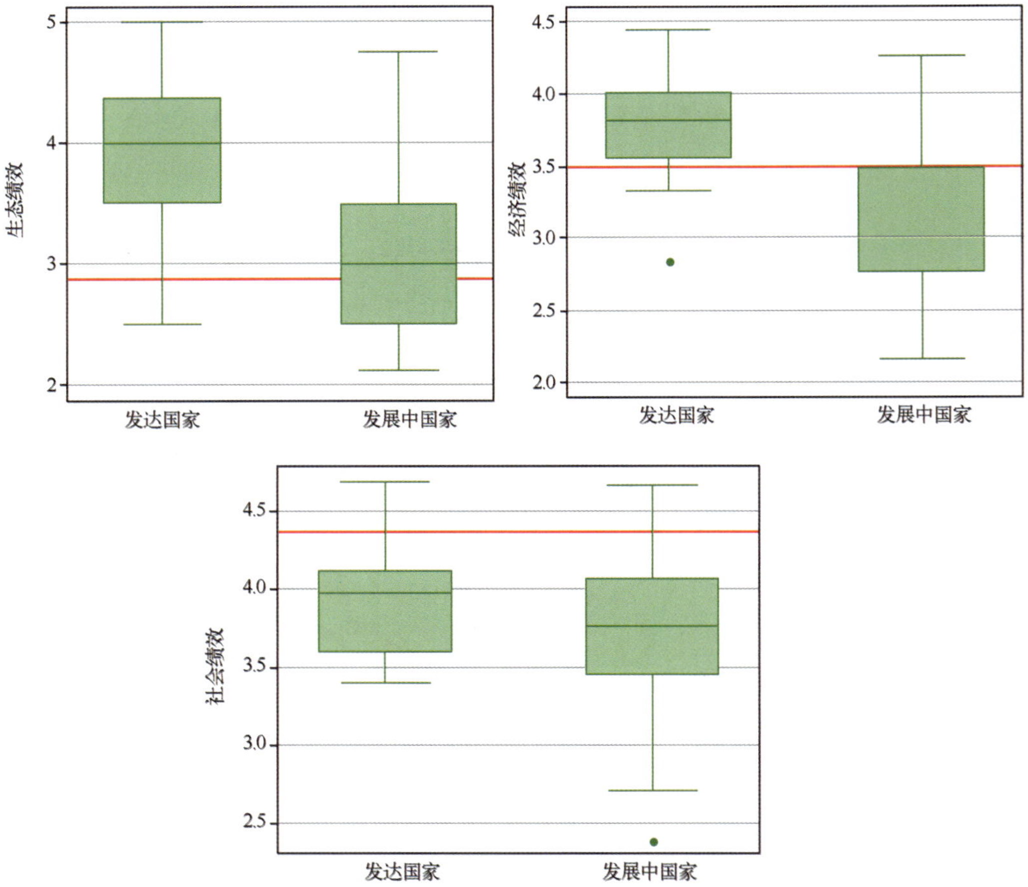

图 3. 18　中国南海渔业与发达国家和发展中国家的一级绩效比较箱线图

3.4.2.2　不同产权制度渔业系统之间绩效比较分析

与不同产权制度渔业系统的平均水平相比，中国南海渔业绩效在社会绩效方面表现突出，经济绩效表现良好，但生态绩效方面表现较差。

表3.48和图3.19是不同产权制度渔业系统间一级绩效平均水平的比较，包括：中国南海渔业案例、OA开放性进入渔业系统、AR投入控制制度渔业系统、HR产出控制制度渔业系统的平均一级绩效。由表3.48和图3.19可知，在生态绩效方面，与上述三类渔业系统的平均水平相比，中国南海渔业生态绩效(2.88分)处于最低水平，表现较差，落后于OA开放性进入渔业系统(3.02分)、AR投入控制制度渔业系统(3.34分)、HR产出控制制度渔业系统(3.85分)。在经济绩效方面，中国南海渔业经济绩效(3.49分)表现较好，超过了OA开放性进入渔业系统(3.24分)、AR投入控制制度渔业系统(3.32分)，但落后于HR产出控制制度渔业系统(3.61分)。在社会绩效方面，中国南海渔业社会绩效(4.36分)表现突出，明显超过了上述三类渔业系统的平均水平。

表3.48　中国南海渔业与不同产权制度渔业系统一级绩效的平均值

	生态绩效	经济绩效	社会绩效
中国南海渔业	2.88	3.49	4.36
OA渔业系统平均值	3.02	3.24	3.84
AR渔业系统平均值	3.34	3.32	3.80
HR渔业系统平均值	3.85	3.61	3.85

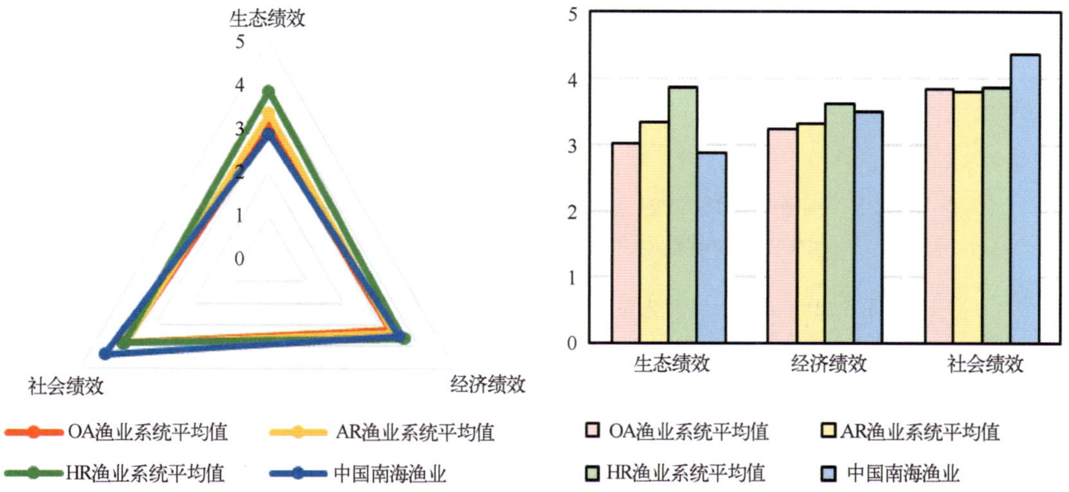

图3.19　中国南海渔业与不同产权制度渔业系统的一级绩效平均值

图 3.20 是不同产权制度渔业系统间二级绩效平均水平的比较，包括：中国南海渔业案例、OA 开放性进入渔业系统、AR 投入控制制度渔业系统、HR 产出控制制度渔业系统的平均二级绩效。对于二级绩效，由图 3.20 可知，生态绩效方面，中国南海渔业在渔业资源与环境健康情况方面仍然是处于最低水平。经济绩效方面，中国南海渔业在渔业风险、渔获后资产性能两个二级绩效指标表现非常好，超过了 OA、AR 和 HR 三类渔业系统的平均水平；渔获资产绩效表现一般，超过了 OA 开放性进入渔业系统的平均水平，但略低于 AR 投入控制制度渔业系统的平均水平，且明显低于 HR 产出控制制度渔业系统的平均水平；而渔获水平、渔获交易、水产品形式 3 个二级绩效是中国南海渔业的短板，均低于 OA、AR 和 HR 三类渔业系统的平均水平。社会绩效方面，中国南海渔业在管理回报、劳动回报、渔业社区服务、当地雇主比例、当地劳工比例、渔业职业生涯 6 个二级绩效指标表现非常好，超过了 OA、AR 和 HR 三类渔业系统的平均水平；在健康与卫生绩效方面表现一般，略高于 OA 开放性进入渔业系统的平均水平，但明显落后于 AR 和 HR 渔业系统的平均水平。

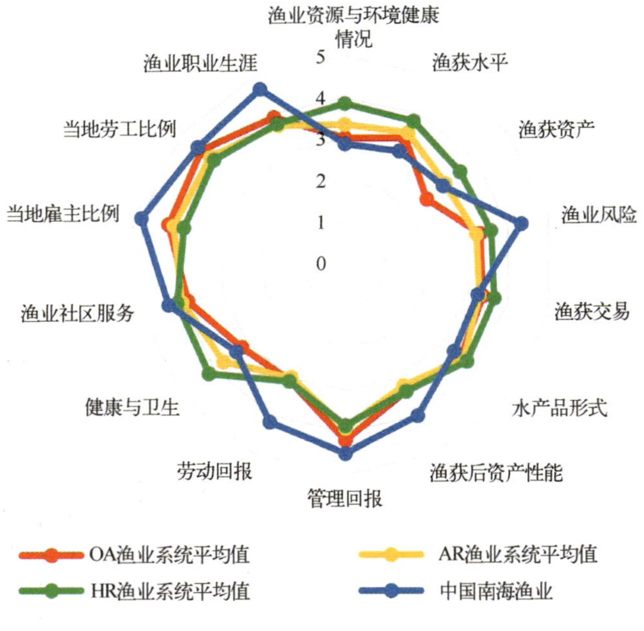

图 3.20　中国南海渔业与不同产权制度渔业系统的二级绩效平均值

图 3.21 是中国南海渔业与不同产权制度渔业系统在生态、经济和社会三方面绩效比较的箱线图。由图 3.21 可知，中国南海渔业的生态绩效处于 OA 渔业系统和 AR 渔业系统的中下游水平；经济绩效处于 OA 渔业系统和 AR 渔业系统的中上游水平，但处于 HR 渔业系统的中下游水平；社会绩效处于三种渔业系统中的上游水平。

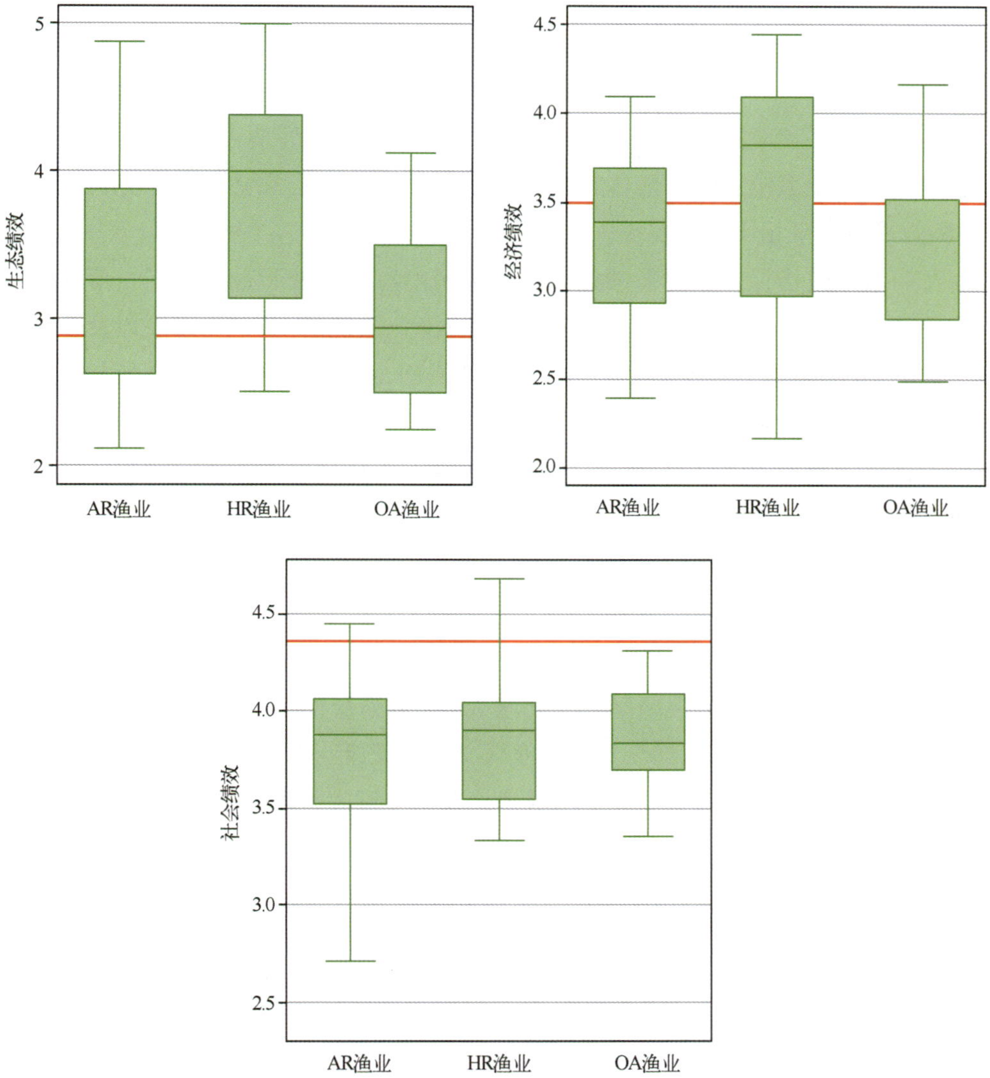

图 3.21　中国南海渔业与不同产权制度渔业系统的一级绩效比较箱线图

3.5　本章小结

本章应用 FPIs 指标体系系统评估了中国南海渔业资源治理绩效的绩效表现及其国际比较情况。

第一，评估了生态绩效 1 方面二级绩效的 8 个三级绩效指标；第二，评估了经济绩效 6 方面二级绩效的 29 个三级绩效指标；第三，评估了社会绩效 7 方面二级绩效的 31 个三级绩效指标。评估结果显示：中国南海渔业绩效整体得 3.88 分，表现良好。一级绩效的 3 个维度中，社会绩效(4.36 分)表现最好，反映了中国南海渔业对其渔区内的生计及其他利益的贡献度很高；经济绩效(3.49 分)表现较好，反映了中国南海渔业较高效地产生了市场效益；生态绩效(2.88 分)表现最差，反映了南海渔业资源与环境健康状况不佳。

经与不同发展程度渔业案例(发展中国家渔业案例、世界所有渔业案例、全球 AR 投入控制制度渔业系统总绩效排名前 10 案例、全球所有渔业系统中总绩效排名前 10 案例)的绩效平均水平相比较，发现：

对于一级绩效指标，在生态绩效方面，中国南海渔业处于最低水平，落后于发展中国家平均水平和世界平均水平，且与全球 AR 渔业系统前 10 平均水平以及全球所有渔业系统前 10 平均水平差距幅度大；经济绩效方面，中国南海渔业表现较好，超过了发展中国家平均水平和世界平均水平，但落后于全球 AR 渔业系统前 10 平均水平以及全球所有渔业系统前 10 平均水平；社会绩效方面，中国南海渔业表现突出，明显超过了上述四类渔业案例的平均水平。

对于二级绩效指标，中国南海渔业在渔业风险、渔获后资产性能、管理回报、劳动回报、当地雇主比例、当地劳工比例、渔业职业生涯 7 个方面表现非常好，超过了上述四类渔业案例平均水平；在渔业社区服务绩效方面表现良好，超过了发展中国家平均水平和世界平均水平，但略落后于全球 AR 渔业系统前 10 平均水平以及全球所有渔业系统前 10 平均水平；在渔获资产、渔获交易、健康与卫生方面表现较好，超过了发展中国家平均水平，但低于世界平均水平；在渔业资源与环境健康情况、渔获水平、水产品形式 3 个方面表现较差，均处于最低水平，比发展中国家平均水平更低。

经与不同产权制度渔业系统(OA 开放性进入渔业系统、AR 投入控制制度渔业系统、HR 产出控制制度渔业系统)的绩效平均水平相比较，发现：

对于一级绩效指标，在生态绩效方面，中国南海渔业低于此三类渔业系统的平均水平；经济绩效方面，中国南海渔业表现较好，超过了 OA 开放性进入渔业系统、AR 投入控制制度渔业系统的平均水平，但落后于 HR 产出控制制度渔业系统的平均水平；社会绩效方面，中国南海渔业表现突出，明显超过了此三类渔业系统的平均水平。

对于二级绩效指标，中国南海渔业在渔业风险、渔获后资产性能、管理回报、劳动回报、渔业社区服务、当地雇主比例、当地劳工比例、渔业职业生涯等 8 个二级指标表现非常好，超过了 OA、AR 和 HR 三类渔业系统的平均水平；在渔获资产、健康与卫生两个二级指标表现一般，超过了 OA 开放性进入渔业系统的平均水平，但低于 AR 投入控制制度渔业系统和 HR 产出控制制度渔业系统的平均水平；而渔业资源与环境健康情况、渔获水平、渔获交易、水产品形式 4 个二级绩效是中国南海渔业的短板，均低于 OA、AR 和 HR 三类渔业系统的平均水平。

第四章　中国南海渔业资源治理绩效的影响因子

4.1　宏观因子

4.1.1　国家环境绩效

国家环境绩效(Environmental Performance Indicator，EPI)，由耶鲁大学和哥伦比亚大学等联合提出，考虑的因素包括疾病、水质、空气污染、生物多样性、自然资源和气候变化。评估标准为

- 5：69~100
- 4：62~69
- 3：56~62
- 2：47~56
- 1：1~47

评估依据：根据对全球各国 EPI 的评估①，中国 2018 年得分是 50.74 (Yale University，2018)。因此，该指标得 2 分。

4.1.2　外生环境因素

4.1.2.1　疾病和病原体

该指标评估上岸的捕捞渔获物受疾病、病原体、有毒藻类或类似因素(如龙虾壳病、赤潮)影响的程度。评估标准为

- 5：渔获价值不受疾病影响
- 4：渔获价值降低 10%以下
- 3：渔获价值降低 10%~30%
- 2：渔获价值降低 30%以上
- 1：渔获价值几乎完全被消灭

① EPI 每 2 年出一次报告，2020 年数据无法获取，从 2022 年数据看，近 10 年，中国 EPI 得分稳中向好，变化不大。

评估依据：专家评价法和对行政管理人员的调查显示，33.3%的专家和行政管理人员认为在海南省上岸的渔获价值不受疾病影响，33.3%的专家和行政管理人员认为渔获价值降低10%以下，19.4%的专家和行政管理人员认为渔获价值降低30%以上。综上所述，整体上加权得3.81分(表4.1)，属“渔获价值降低10%以下”，该指标得4分。

表4.1　海南省渔获受疾病和病原体的影响情况

渔获受疾病和病原体的影响	赋值	样本比例	加权
渔获价值不受疾病影响	5	33.3%	1.67
渔获价值降低10%以下	4	33.3%	1.33
渔获价值降低10%~30%	3	14.0%	0.42
渔获价值降低30%以上	2	19.4%	0.39
渔获价值几乎完全被消灭	1	0%	0.00
合计	—	100%	3.81

数据来源：专家评价法，2019；海南海洋渔业发展现状调查问卷(行政管理人员)，2019。

4.1.2.2　自然灾害和灾难

该指标评估上岸的捕捞渔获物受地震、火山、飓风、海啸和台风等突发自然灾害影响的程度。评估标准为

- 5：渔获价值不受灾害影响
- 4：渔获价值降低10%以下
- 3：渔获价值降低10%~30%
- 2：渔获价值降低30%以上
- 1：渔获价值几乎完全被消灭

评估依据：调查显示，43%的专家和行政管理人员认为在海南省上岸的渔获不受自然灾害的影响，20%的专家和行政管理人员认为渔获价值降低10%以下，37%的专家和行政管理人员认为降低10%以上。综上所述，整体上加权得3.86分(表4.2)，属“渔获价值降低10%以下”，该指标得4分。

表4.2　海南省渔获受自然灾害和灾难的影响情况

渔获受自然灾害和灾难的影响	赋值	样本比例	加权
渔获价值不受灾害影响	5	43%	2.14
渔获价值降低10%以下	4	20%	0.80
渔获价值降低10%~30%	3	17%	0.51
渔获价值降低30%以上	2	20%	0.40
渔获价值几乎完全被消灭	1	0%	0.00
合计	—	100%	3.86

数据来源：专家评价法，2019；海南海洋渔业发展现状调查问卷(行政管理人员)，2019。

4.1.2.3　污染冲击及意外

该指标评估上岸的捕捞渔获物受一次性污染和意外事故（如溢油、工业意外等）影响的程度。评估标准为

- 5：渔获价值不受污染影响
- 4：渔获价值降低10%以下
- 3：渔获价值降低10%～30%
- 2：渔获价值降低30%以上
- 1：渔获价值几乎完全被消灭

评估依据：调查显示，42%的专家和行政管理人员认为在海南省上岸的渔获不受一次性污染和意外事故的影响，33%的专家和行政管理人员认为渔获价值降低10%以下，25%的专家和行政管理人员认为渔获价值降低10%以上。综上所述，整体上加权得4.06分（表4.3），属"渔获价值降低10%以下"，该指标得4分。

表4.3　海南省渔获价值受污染的影响情况

渔获受污染的影响	赋值	样本比例	加权
渔获价值不受污染影响	5	42%	2.08
渔获价值降低10%以下	4	33%	1.33
渔获价值降低10%～30%	3	14%	0.42
渔获价值降低30%以上	2	11%	0.22
渔获价值几乎完全被消灭	1	0%	0.00
合计	—	100%	4.06

数据来源：专家评价法，2019；海南海洋渔业发展现状调查问卷（行政管理人员），2019。

4.1.2.4　慢性污染水平（存量影响）

该指标评估工业或农业径流等长期慢性污染对南海渔业种群的影响程度。评估标准为

- 5：污染不可检测
- 4：检测到低度污染
- 3：检测到高水平污染
- 2：污染影响渔业资源增长
- 1：污染导致渔业资源严重下降

评估依据：调查显示，29%的专家和行政管理人员认为在南海未检测到慢性污染，29%的专家和行政管理人员认为检测到低度污染，27%的专家和行政管理人员认为污染影响渔业资源增长，15%的专家和行政管理人员认为污染导致渔业资源严重下降。综上所述，整体上加权得3.32分（表4.4），属"检测到高水平污染"，该指标得3分。

表 4.4　海南省渔获受慢性污染影响的情况

渔获受慢性污染的影响	赋值	样本比例	加权
污染不可检测	5	29%	1.46
检测到低度污染	4	29%	1.17
检测到高水平污染	3	0%	0.00
污染影响渔业资源增长	2	27%	0.54
污染导致渔业资源严重下降	1	15%	0.15
合计	—	100%	3.32

数据来源：专家评价法，2019；海南海洋渔业发展现状调查问卷(行政管理人员)，2019。

4.1.2.5　慢性污染程度(消费影响)

该指标评估工业或农业径流等长期慢性污染对海南省水产品消费的限制程度。评估标准为

- 5：不影响消费
- 4：消费影响非常小
- 3：官方提出了消费限制要求
- 2：官方暂时禁止捕捞食用
- 1：官方完全关闭消费

评估依据：调查显示，25%的专家和行政管理人员认为慢性污染不影响海南省水产品消费，45%的专家和行政管理人员认为有非常小的影响，20%的专家和行政管理人员认为官方提出了一些消费限制要求，10%的专家和行政管理人员认为慢性污染引起过官方暂时禁止捕捞食用。综上所述，整体上加权得 3.85 分(表 4.5)，属“消费影响非常小”，该指标得 4 分。

表 4.5　慢性污染影响海南省水产品消费的情况

渔获受慢性污染的影响	赋值	样本比例	加权
不影响消费	5	25%	1.25
消费影响非常小	4	45%	1.80
官方提出了消费限制要求	3	20%	0.60
官方暂时禁止捕捞食用	2	10%	0.20
官方完全关闭消费	1	0%	0.00
合计	—	100%	3.85

数据来源：专家评价法，2019；海南海洋渔业发展现状调查问卷(行政管理人员)，2019。

4.1.3　国家治理

FPIs 对国家治理因子的定量评估统一采用世界银行开发的“全球治理指数”(Worldwide Governance Indicators，WGI）体系[①]，并将WGI体系的6个维度归纳为两项三级指标：治理质量和治理响应能力。其中，治理质量基于WGI体系的4个维度（政府效能、管制质量、法治情况、腐败管控）平均分获取，治理响应能力基于WGI体系另外两个维度（公众话语权与政府问责、政治稳定性与社会暴力）的平均分获取，WGI各维度指标取值范围为-2.5~2.5。

2017年，我国在治理质量的4个维度均表现良好，排位居全球较高层次，其中，政府效能得分0.42、管制质量得分-0.15、法治情况得分-0.26、腐败管控得分-0.27（World Bank，2018），对应FPI的治理质量指标得分为3分。

2017年，我国在政治稳定性与社会暴力维度表现良好，得分0.25；在公众话语权与政府问责维度表现一般，得分-1.50（World Bank，2018），对应FPI的治理响应能力指标综合得分为1分。

4.1.4　国家经济条件

4.1.4.1　经济自由指数

该指标评估中国的经济自由指数。评估标准为

- 5：69.2~100
- 4：62.5~69.1
- 3：57.1~62.4
- 2：50.6~57.0
- 1：1~50.5

评估依据：2018年，中国经济自由指数为58.4。该指标得3分（美国传统基金会，2019）。

4.1.4.2　人均国内生产总值

该指标为按购买力平价计算的国家人均国内生产总值。评估标准为

- 5：3万美元以上
- 4：大于12 400美元
- 3：大于6 000美元
- 2：2 500美元以上
- 1：少于2 500美元

① 作为世界银行一项长期研究项目，全球治理指数（WGI）体系涵盖了自1996年以来200多个国家和地区的广泛治理变量，综合了工业国家和发展中国家大量企业、公民和专家的意见，根据各种调查机构、智库、非政府组织、国际组织和私营部门公司编制的30多个独立数据库来源编制，被认为是诸多治理定量研究中严谨度高、影响力大的综合指标体系之一，成为许多国家和国际组织衡量国家治理程度的重要参照，实现了治理水平的跨国家、跨时间的比较（http：//info.worldbank.org/governance/wgi/）。

评估依据：2017 年，中国人均 GDP 是 8 827 美元。该指标得 3 分(世界银行，2019)。

4.1.5 宏观因子表现

评估结果显示，中国南海渔业一级促成因子中，宏观因子整体得 2.70 分(表 4.6)，表明中国南海渔业系统所处的自然、社会、经济和政治等整体背景环境质量居全球中游水平。如表 4.6 和图 4.1 所示，宏观因子的 4 个二级因子中，表现最好的是外生环境因素(3.80 分)，说明中国南海渔获价值受疾病、有毒藻类、台风等自然灾害以及污染冲击和慢性污染的影响较小。同时，中国南海渔业宏观因子的其他二级因子总体表现平平，其中，政府效能、政治稳定性方面表现良好，国家经济自由指数和人均国内生产总值居中游水平，整体的水质、生物多样性、自然资源等宏观条件相对一般。

表 4.6 中国南海渔业宏观因子评估结果

一级指标	二级指标	三级指标	三级指标得分	三级指标数据质量
宏观因子(2.70)	国家环境绩效(2.00)	环境绩效指数	2	A
	外生环境因素(3.80)	疾病和病原体	4	B
		自然灾害和灾难	4	B
		污染冲击及意外	4	B
		慢性污染水平(存量影响)	3	B
		慢性污染程度(消费影响)	4	B
	国家治理(2.00)	治理质量	3	A
		治理的响应能力	1	A
	国家经济条件(3.00)	经济自由指数	3	A
		人均国内生产总值	3	A

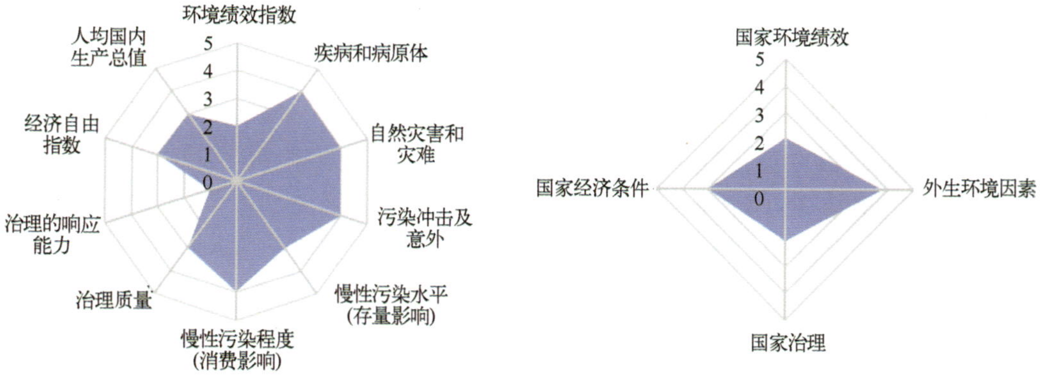

图 4.1 中国南海渔业宏观因子评估结果

4.2　产权制度因子

4.2.1　投入控制制度

4.2.1.1　投入控制制度下的渔获比例

该指标评估在捕捞准入的投入控制制度限制下总捕捞量的比例。评估标准为

- 5：几乎所有
- 4：70%～95%
- 3：35%～70%
- 2：5%～35%
- 1：几乎没有

评估依据：(1)《中华人民共和国渔业法》规定："在中华人民共和国的内水、滩涂、领海、专属经济区以及中华人民共和国管辖的一切其他海域从事捕捞水生动物、水生植物等渔业生产活动，都必须遵守本法。"该法规定，国家对捕捞业实行捕捞许可证制度，须具备相关条件方可发给捕捞许可证；从事捕捞作业的单位和个人，必须按照捕捞许可证关于作业类型、场所、时限、渔具数量和捕捞限额的规定进行作业，并遵守国家有关保护渔业资源的规定。《渔业捕捞许可管理规定》第二十条规定："在中华人民共和国管辖水域从事渔业捕捞活动，以及中国籍渔船在公海从事渔业捕捞活动，应当经审批机关批准并领取渔业捕捞许可证，按照渔业捕捞许可证核定的作业类型、场所、时限、渔具数量和规格、捕捞品种等作业。对已实行捕捞限额管理的品种或水域，应当按照规定的捕捞限额作业。"(2)农业农村部在《关于〈中华人民共和国渔业法修订草案(征求意见稿)〉的说明》中指出，"我国对渔业资源传统上采用投入管理模式，实施的是'先捞先得、捕光为止'的自由竞争式为主的捕捞。尽管现行渔业法中明确建立捕捞限额制度，但因缺少相应的措施，一直没有得到有效实施"(农业农村部，2019c)。(3)在专家访谈中，科研人员和渔业行政管理人员一致认为，中国南海渔业管理实行的是投入控制制度(2019 年专家访谈)。

因此，中国的海洋捕捞应都在投入控制制度之下，该指标得 5 分。

4.2.1.2　捕捞权可转移性

该指标评估捕捞准入权的可转移程度。评估标准为

- 5：非常强大——通过完善、高效的市场机构可以完全转让
- 4：强大——完全可转让，但机构贫穷或缺乏流动性
- 3：适度——可转让，但对谁能持有或持有多少有严格限制

- 2：弱——仅在高度受限条件下可转让
- 1：访问权限不可转让

评估依据：(1)根据《渔业捕捞许可管理规定》第四十六条，“禁止涂改、伪造、变造、买卖、出租、出借或以其他形式转让渔业船网工具指标批准书和渔业捕捞许可证。”(2)在专家访谈中，渔业行政管理人员认为，海南捕捞准入权无法转让(2019 年专家访谈)。

因此，中国的渔业捕捞准入权无法转让。该指标得 1 分。

4.2.1.3 捕捞权安全性

该指标评估捕捞准入权的安全性，即政府限制捕捞准入权的程度。评估标准为

- 5：非常强——政府完全尊重捕捞进入权
- 4：强——政府大部分尊重捕捞进入权；一般能在政府管理的变革中存活下来
- 3：适度——随着行政管理的变化，权利有撤销的风险
- 2：弱势——权利受到高度威胁或存在高度的政治不确定性
- 1：无：捕捞进入权不受保护

评估依据：中国渔业生产者的合法权益受《中华人民共和国渔业法》《渔业捕捞许可管理规定》等法律法规的保护。但同时，财政部和农业部联合出台政策《财政部农业部关于调整国内渔业捕捞和养殖业油价补贴政策促进渔业持续健康发展的通知》(2015 年)也提出“以国家安排减船补贴为手段，逐年压减海洋捕捞渔船总功率和数量，逐步降低捕捞强度，至 2020 年将压减海洋捕捞机动渔船 2 万艘、150×10^4 kW，国家以赎买渔船的方式支持渔民和企业自愿退出海洋捕捞业，签订自愿退出协议，不再从事捕捞业”。

因此，政府尊重捕捞进入权利，但是部分渔业生产者则因为政府管理的变革而退出。该指标得 4 分。

4.2.1.4 捕捞权耐久性

该指标评估捕捞准入权的期限。评估标准为

- 5：非常强——延续 10 年及以上
- 4：强——6~10 年
- 3：中度——1~5 年
- 2：弱——季节性
- 1：无——无/每天

评估依据：《中华人民共和国渔业法》第三十五条及《渔业捕捞许可管理规定》第三十五条和第三十六条规定：海洋渔业捕捞许可证和内陆渔业捕捞许可证的使用期限为 5 年；其他种类渔业捕捞许可证的使用期限根据实际需要确定，但最长不超过 3 年；使

用期届满的应当按规定申请换发渔业捕捞许可证。

因此，捕捞权的耐久性为中度，该指标得 3 分。

4.2.1.5　捕捞权弹性

该指标评估捕捞准入权的弹性。评估标准为

- 5：非常强——所有捕获时间、使用的设备和操作实践的决定都在所有者的控制下
- 4：强——对捕获时间和技术的限制最小
- 3：适度——对捕获时间和技术的限制适度
- 2：弱——采收时间和技术限制明显
- 1：捕获时间、使用的设备和操作方法不受所有者的控制

评估依据：《渔业捕捞许可管理规定》规定了捕捞区域、船网工具、捕捞时间等。第三条“国家对捕捞业实行船网工具控制指标管理，实行捕捞许可证制度和捕捞限额制度。国家根据渔业资源变化与环境状况，确定船网工具控制指标，控制捕捞能力总量和渔业捕捞许可证数量”。第二十条“在中华人民共和国管辖水域从事渔业捕捞活动，以及中国籍渔船在公海从事渔业捕捞活动，应当经审批机关批准并领取渔业捕捞许可证，按照渔业捕捞许可证核定的作业类型、场所、时限、渔具数量和规格、捕捞品种等作业。对已实行捕捞限额管理的品种或水域，应当按照规定的捕捞限额作业。禁止在禁渔区、禁渔期、自然保护区从事渔业捕捞活动。”

因此，中国的捕捞准入权弹性较弱，属“弱——采收时间和技术限制明显”，该指标得 2 分。

4.2.1.6　捕捞权排他性

该指标评估捕捞准入权所有者排除无捕捞准入权的人影响资源或市场的能力。如果主管部门控制了捕捞准入权，却不限制捕捞者的数量，或者频繁增加允许捕捞数量(稀释现有的捕捞权)，那么排他性得分应该非常低。评估标准为

- 5：非常强——所有的决定和财产的使用权都由捕捞权所有人控制，授予的捕捞权限所有人总数有限，没有缺少权限的休闲渔业或副渔获物等的侵扰
- 4：强——无权限者对资源的入侵较少，授予的捕捞权限所有人数量有限
- 3：适度——无权限者对资源的入侵适度，有一些限制捕捞权限总数量的努力
- 2：弱——无权限者对资源的入侵严重，限制捕捞权限总数量的努力很有限
- 1：无——尽管假定有权利，但捕捞完全不受限制，是开放式进入，没有限制捕捞权限总数量的努力

评估依据：(1)《中华人民共和国渔业法》《渔业捕捞许可管理规定》《财政部农业部

关于调整国内渔业捕捞和养殖业油价补贴政策促进渔业持续健康发展的通知》等一系列法律法规和政策文件对捕捞权进行了限制，但同时，海南省也存在相当数量的非法捕捞情况，如存在“三无”渔船约 4 000 艘，禁渔区、禁渔期、违法网具等非法捕捞现象屡禁不止(海南省海洋与渔业厅，2018d)。(2)在访谈中，科研人员、渔业行政管理人员和渔民均认为，政府有多项政策措施管控非法入渔行为，但非法捕捞现象屡禁不止，存在适度入侵行为(2019 年专家访谈)。

因此，评估海南省的捕捞权排他性适度，该指标得 3 分。

4.2.2 产出控制制度

该指标为产出控制制度下的渔获比例。评估在基于私有产权管理下的总捕捞量的比例。评估标准为

- 5：几乎所有
- 4：70%～95%
- 3：35%～70%
- 2：5%～35%
- 1：几乎没有

评估依据：政策文件和专家访谈都显示，海南省目前还未施行基于私有产权的产出控制制度，该指标得 1 分；同时，产出控制制度其他 5 个三级绩效指标不存在。

4.2.3 产权制度因子表现

评估结果显示，中国南海渔业一级促成因子中，产权制度因子整体得 3.00 分(表 4.7)，表明其通过投入控制制度管控什么人和多少人可以进入渔业资源的能力适中。如表 4.7 和图 4.2 所示，在产权制度因子中，表现最弱的三级因子指标是捕捞权可转移性(1 分)，中国南海渔业捕捞权不可转让；其次是捕捞权弹性(2 分)，我国对渔业捕捞的采收时间、区域、技术等有明显的限制；其他三级指标均得 3 分或以上，其中，几乎所有渔获均实行投入控制制度(5 分)，在我国管辖的一切海域从事捕捞水生动物、水生植物等渔业生产活动，都必须遵守《中华人民共和国渔业法》的规定；在捕捞权安全性(4 分)表现良好，政府尊重大部分的捕捞权；在捕捞权耐久性(3 分)和捕捞权排他性(3 分)表现一般，中国南海渔业捕捞准入权可持续 5 年，并到期可以换发，对于捕捞权总量有控制，但仍然存在适度的无捕捞权限者对渔业资源的入侵。同时，中国南海渔业未实行产出控制制度(1 分)。

表 4.7　中国南海渔业产权制度因子评估结果

一级指标	二级指标	三级指标	三级指标得分	三级指标数据质量
产权制度因子(3.00)	投入控制制度(3.00)	投入控制制度下的渔获比例	5	A
		捕捞权可转移性	1	A
		捕捞权安全性	4	A
		捕捞权耐久性	3	A
		捕捞权弹性	2	A
		捕捞权排他性	3	A
	产出控制制度	产出控制制度下的渔获比例	1	A
		渔获权可转移性	NA	
		渔获权安全性	NA	
		渔获权耐久性	NA	
		渔获权弹性	NA	
		渔获权排他性	NA	

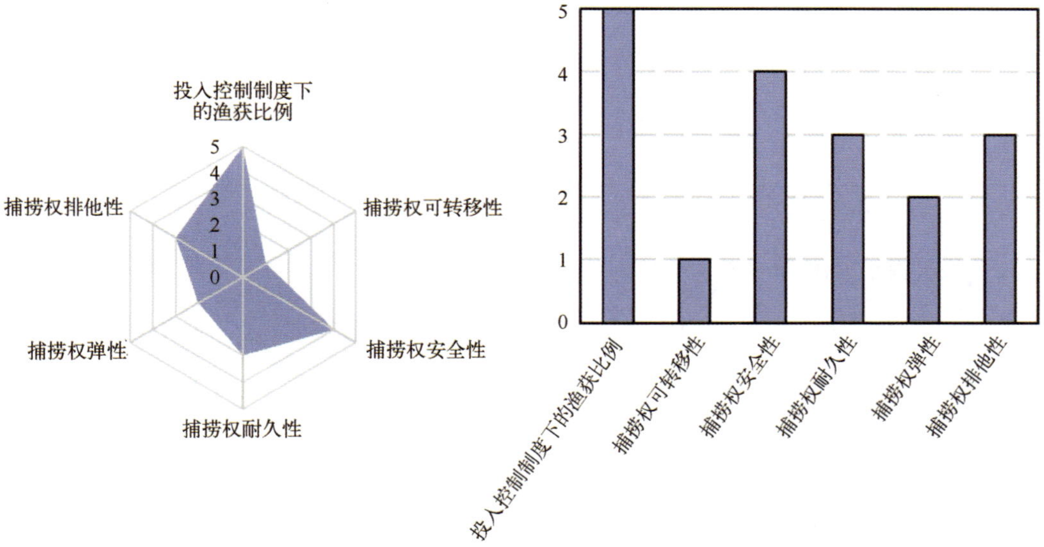

图 4.2　中国南海渔业产权制度因子评估结果

4.3 共同管理因子

4.3.1 集体行动

4.3.1.1 渔获者加入渔业组织的比例

该指标评估海洋捕捞渔民及渔业企业加入合作社等渔业组织的比例。评估标准为

- 5：几乎所有
- 4：70%～95%
- 3：35%～70%
- 2：5%～35%
- 1：几乎没有

评估依据：(1)根据原海南省海洋与渔业厅及原海南省农业厅的初步统计，全省渔业整体参合率15.3%，各类渔业合作社的成员数从几个到上百个不等(海南省海洋与渔业厅，2018d)。(2)根据问卷调查(表4.8)，渔业从业者调查对象中33%的渔民和渔业企业加入了渔业组织。因此，估计全省渔业从业者加入渔业组织的比例在5%～35%，该指标得2分。

表4.8 海南省渔民和渔业企业加入渔业组织的比例调查情况

是否加入了渔业组织	样本数	样本比例
是	32	33%
否	64	67%
合计	96	100%

数据来源：海南海洋渔业发展现状调查问卷(渔业从业者)，2019。

4.3.1.2 渔业组织对管理和捕捞权的影响

该指标衡量渔业组织对渔业的管理和捕捞权有多大影响，包括直接影响或通过政治性集体行动影响。评估标准为

- 5：渔业组织有效确定资源配置
- 4：渔业组织对资源分配有重大影响
- 3：渔业组织在政治上活跃，但不具有控制力
- 2：渔业组织对公共参与和分配进行社会的或非正式的监控
- 1：渔业组织没有做出积极的努力或没有能力影响管理

评估依据：根据问卷调查，38%的调查对象认为渔业组织没有做出积极的努力或没有能力影响管理，17.6%的调查对象认为渔业组织对公共参与和分配进行社会的或非正

式的监控，18.7%的调查对象认为渔业组织在政治上活跃，但不具有控制力(表 4.9)。综上所述，整体加权后得 2.47 分。因此，推测该指标得 2 分。

表 4.9　海南省渔业组织对渔业管理和捕捞权的影响情况分布

渔业组织对管理和捕捞权的影响	赋值	样本比例	加权
渔业组织有效确定资源配置	5	15.2%	0.76
渔业组织对资源分配有重大影响	4	10.5%	0.42
渔业组织在政治上活跃，但不具有控制力	3	18.7%	0.56
渔业组织对公共参与和分配进行社会的或非正式的监控	2	17.6%	0.35
渔业组织没有做出积极的努力或没有能力影响管理	1	38%	0.38
合计	—	100%	2.47

数据来源：专家评价法，2019；海南海洋渔业发展现状调查问卷(渔民、执法和行政管理人员)，2019。

4.3.1.3　渔业组织对商务和市场的影响

该指标衡量渔业组织对渔业的管理和捕捞权有多大影响，包括直接影响或通过政治性集体行动影响。评估标准为

- 5：渔业组织合作确定营销和运营细节
- 4：渔业组织进行广泛的联合营销
- 3：渔业组织是促进营销的大型子群体联合采购
- 2：渔业组织是合作采购或运营的小团体
- 1：渔业组织没有积极的努力或能力来影响商务运作

评估依据：根据问卷调查，36%的调查对象认为渔业组织没有积极的努力或能力来影响商务运作，21.2%的调查对象认为渔业组织是合作采购或运营的小团体，27.3%的调查对象认为渔业组织进行广泛的联合营销(表 4.10)。综上所述，加权后整体得 2.39 分。推测“渔业组织是合作采购或运营的小团体”，该指标得 2 分。

表 4.10　海南省渔业组织对商务和市场的影响情况分布

渔业组织对商务和市场的影响	赋值	样本比例	加权
渔业组织合作确定营销和运营细节	5	3%	0.15
渔业组织进行广泛的联合营销	4	27.3%	1.09
渔业组织是促进营销的大型子群体联合采购	3	12.1%	0.36
渔业组织是合作采购或运营的小团体	2	21.2%	0.42
渔业组织没有积极的努力或能力来影响商务运作	1	36.4%	0.36
合计	—	100%	2.39

数据来源：专家评价法，2019；海南海洋渔业发展现状调查问卷(加工企业主/经理/贸易商、加工工人、执法和行政管理人员)，2019。

4.3.2 公众参与

4.3.2.1 利益相关者参加政府会议数量

该指标为利益相关者每年在参加政府会议上花费的时间。评估标准为

- 5：24 天以上
- 4：12~24 天
- 3：6~11 天
- 2：1~5 天
- 1：没有

评估依据：问卷分别对渔业从业者和渔业行政管理人员、执法人员进行调查。结果显示，两方面的调查结果相当一致(表 4.11)。综上所述，该指标得 2 分。

表 4.11 海南省海洋渔业利益相关者参加政府会议数量分布情况

利益相关者参加政府会议数量	赋值	从业者样本比例	加权	管理者样本比例	加权
24 天以上	5	0%	0	4%	0.21
12~24 天	4	2%	0.08	4%	0.17
6~11 天	3	12%	0.36	17%	0.51
1~5 天	2	60%	1.2	66%	1.31
没有	1	26%	0.26	9%	0.09
合计	—	100%	1.9	100%	2.30

数据来源：海南海洋渔业发展现状调查问卷(渔业从业者、执法和行政管理人员)，2019。

4.3.2.2 行业资金对管理的支持

该指标为渔业管理预算中由捕捞或加工业支付的比例。评估标准为

- 5：几乎所有
- 4：50%~95%
- 3：5%~50%
- 2：1%~5%
- 1：没有

评估依据：问卷调查显示(表 4.12)，在被调查对象中，渔业从业者的 23%所在的渔业组织(或企业)对渔业公共管理提供过行业资金支持，支付的金额有数百元(100~1 000 元不等)，也有数万元(2 万~17 万元不等)，中位数为 2 万元。在被调查对象中，渔业管理者表示，所在地区 15%的渔业组织(或企业)和个人对渔业公共管理提供过行业资金支持，支付金额的平均值也为 2 万元。据海南省农业厅统计，全省捕捞和加工合作社共约 200 家(海南省海洋与渔业厅，2018d)，其 23%也就是 46 家，平均提供共

约92万元用于公共管理。而2015—2017年仅海南省海洋与渔业厅及其直属单位在渔业方面的直接支出项目“农林水事”上的平均预算约为2.6亿元，另有市县各级渔业行政主管部门的支出。因此，相比政府的公共管理支出，行业资金支持占比很少，估算该指标得2分。

表4.12　海南省渔业行业资金对渔业公共管理的支持情况

行业资金支持	从业者样本比例	管理者样本比例
有	23%	15%
没有	77%	85%
合计	100%	100%

来源：海南海洋渔业发展现状调查问卷(渔业从业者、执法和行政管理人员)，2019。

4.3.3　渔区领导力与凝聚力

4.3.3.1　渔区领导力

该指标为主观衡量渔业社区是否具有强大的领导能力，能够预见和实施有效的管理。评估标准为

- 5：领导能力很强，渔村社区有受到广泛认可的一个或多个领导者，他们为渔业发展提供愿景，并能够吸引利益相关者实现这一愿景
- 3：领导能力一般，可以维持渔业管理制度，但目前没有提供清晰的渔业发展愿景
- 1：领导能力弱，没有公认的领导者为渔业利益相关者提供愿景

评估依据：问卷调查显示(表4.13)，在被调查对象中，渔业从业者和渔业管理者对渔业社区领导力的判断较一致，综合加权得分分别是2.75分和3.11分。因此，推测海南省渔业社区领导能力整体上一般，得3分。

表4.13　海南省渔业社区领导能力情况分布及加权

利益相关者参加政府会议数量	赋值	从业者样本比例	加权	管理者样本比例	加权
领导能力很强，渔村社区有受到广泛认可的一个或多个领导者，他们为渔业发展提供愿景，并能够吸引利益相关者实现这一愿景	5	19%	0.93	32%	1.62
领导能力一般，可以维持渔业管理制度，但目前没有提供清晰的渔业发展愿景	3	50%	1.51	41%	1.22
领导能力弱，没有公认的领导者为渔业利益相关者提供愿景	1	31%	0.31	27%	0.27
合计		100%	2.75	100%	3.11

来源：专家评价法，2019；海南海洋渔业发展现状调查问卷(渔业从业者、执法和行政管理人员)，2019。

4.3.3.2 渔区社会凝聚力

该指标为衡量资源使用者在捕捞和非捕捞领域是否具有社会联系并定期进行互动。下列各项各得 1 分：具备非渔业事务、文化或商业定期聚会和会议的公共场所；存在促进交易信任的共享社会规范；具备共享公共机构(政府、学校、市场)；没有阻碍互动的社会地位或种姓的差异；没有宗教差异和/或冲突；没有阻碍互动的文化、种族或部落差异。评估标准为

- 5：6 分
- 4：5 分
- 3：3~4 分
- 2：1~2 分
- 1：0 分

评估依据：问卷调查、实地调查和访谈均显示，海南省具备所有以上 6 项，得 6 分。该指标得 5 分。

4.3.4 共同管理因子表现

评估结果显示，中国南海渔业一级促成因子中，共同管理因子整体得分 2.67(表 4.14)，表明地方渔区利益相关者在渔业管理方面所起的作用较小。如表 4.14 和图 4.3 所示，共同管理因子的 3 个二级因子中，集体行动(2.00 分)和公众参与(2.00 分)的表现较差，表明其渔业组织化程度低，渔业利益相关者参与渔业管理的程度低，集体行动能力弱；渔区领导力与凝聚力(4.00 分)维度表现良好，表明中国南海渔业社区具有较强的社会领导力和凝聚力，在捕捞和非捕捞领域具有良好的社会联系的基础。共同管理的三级因子指标中，渔区社会凝聚力表现优秀(5 分)，而渔区领导力表现一般(3 分)，其他指标均表现较差(2 分)。

表 4.14 中国南海渔业共同管理因子评估结果

一级指标	二级指标	三级指标	三级指标得分	三级指标数据质量
共同管理因子(2.67)	集体行动(2.00)	渔获者加入渔业组织的比例	2	A
		渔业组织对管理和捕捞权的影响	2	B
		渔业组织对商务和市场的影响	2	B
	公众参与(2.00)	利益相关者参加政府会议数量	2	A
		行业资金对管理的支持	2	B
	渔区领导力与凝聚力(4.00)	渔区领导力	3	A
		渔区社会凝聚力	5	A

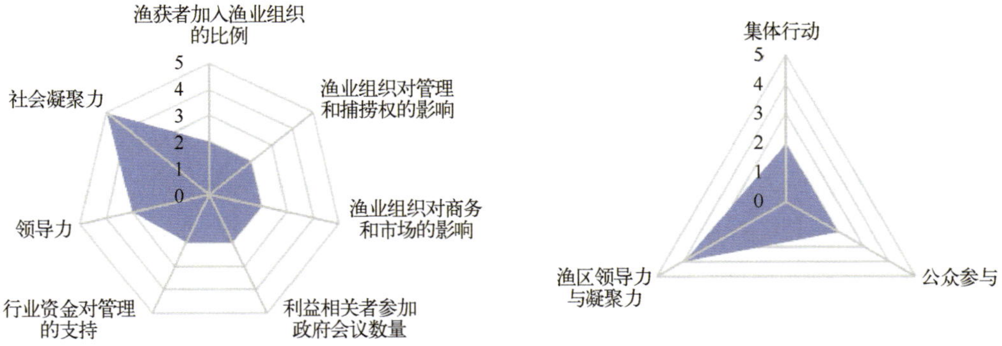

图 4.3　中国南海渔业共同管理因子评估结果

4.4　行政管理因子

4.4.1　管理能力

4.4.1.1　管理支出与渔获价值的比较

该指标为政府、产业界和援助机构在渔业管理活动上的开支，包括研究、执法和管理能力发展(但不包括基础设施)，相对于渔获价值的比例。评估标准为

- 5：不到 5%
- 4：5%～25%
- 3：25%～50%
- 2：50%～100%
- 1：超过渔获价值

评估依据：参照指标“行业资金对管理的支持”，海南省渔业界平均每年提供约 92 万元用于公共管理(问卷调查，2019)，省级渔业行政主管部门在渔业方面的直接支出平均约 2.6 亿元，另有市县各级渔业行政主管部门的支出若干(海南省海洋与渔业厅，2018f)。而近 3 年海南省海洋捕捞渔业产值平均 193 亿元(农业部渔业渔政管理局等，2016；2017；2018)。因此，估算管理支出占渔获价值低于 1.5%，即不到 5%。该指标得 5 分。

4.4.1.2　执法能力

执法监管能力包括政府、渔业组织或任何其他能够有效执行管理的组织的执行能力。评估标准为

- 5：对整个海岸线(包括近岸和近海)执法监管能力都强
- 4：具备近岸执法监管能力，近海执法监管能力有限

- 3：具备在大多数港口实施近岸执法监管的能力，近海执法监管能力非常有限
- 2：仅具备在主要港口实施管制的能力，近海执法监管能力非常有限
- 1：没有执法监管能力

评估依据：对科研人员和渔业执法、渔业行政管理人员的调查显示(表4.15)，26.4%的调查对象认为对整个海岸线(包括近岸和近海)执法监管能力都强，30.8%的调查对象认为具备近岸执法监管能力，近海执法监管能力有限，15.3%的调查对象认为具备在大多数港口实施近岸执法监管的能力，近海执法监管能力非常有限，24.2%的调查对象认为仅具备在主要港口实施管制的能力，近海执法监管能力非常有限。综上所述，加权后的整体执法能力为3.53分，处在“具备近岸执法监管能力，近海执法监管能力有限”水平，该指标得4分。

表4.15　海南省和市县渔业执法能力情况分布

执法能力	赋值	样本比例	加权
对整个海岸线(包括近岸和近海)执法监管能力都强	5	26.4%	1.32
具备近岸执法监管能力，近海执法监管能力有限	4	30.8%	1.23
具备在大多数港口实施近岸执法监管的能力，近海执法监管能力非常有限	3	15.3%	0.46
仅具备在主要港口实施管制的能力，近海执法监管能力非常有限	2	24.2%	0.48
没有执法监管能力	1	3.3%	0.03
合计	—	100%	3.53

数据来源：专家评价，2019；海南海洋渔业发展现状调查问卷(执法和行政管理人员)，2019。

4.4.1.3　管理权限

因为渔业种群具有流动性，其覆盖范围往往涉及多个国家，管理权限评估中国对南海渔业种群管理的协调性，包括是否存在某一国家的无效管理破坏了另一国家的努力。评估标准为

- 5：南海渔业种群的生命周期是在同一个或者多个国家管辖范围内，但具备一个有效的、正式的系统来共同管理整个范围内的渔业种群
- 4：有效的协调机构促进了整个南海渔业的联合管理
- 3：有一个协调机构，但没有约束性权威
- 2：有非正式的协调管理机构
- 1：不同辖区各自管理渔业种群，缺少有效协调机构

评估依据：(1)南海周边分布多个渔业国家和地区，而复杂的南海局势也使渔业权益斗争纷繁复杂，渔业发展受到了严重制约(邱永松等，2008；曹云华和鞠海龙，2012)。(2)虽然中国和越南签订了《中华人民共和国政府和越南社会主义共和国政府北部湾渔业合作协定》，规定了共同渔区的管理，成立了中越渔业联合委员会，但是，南海周边其他国家渔船侵渔活动猖獗，争夺我国渔业资源，特别是在南沙群岛及其附近

海域，强大的捕捞压力不断加剧南海渔业资源衰退(邱永松等，2008)。(3)科研人员和渔业行政管理人员在访谈中表示(无结构式访谈，2019)，我国和南海周边其他国家和地区分别管理南海渔业活动，缺少整体有效的多边协调机构，基本是各自为政的状态。综上所述，该指标得 1 分。

4.4.1.4　补贴水平

四大类“劣”补贴各得 1 分：燃油补贴；鱼类准入支付补贴；资本或者资本贷款补贴；价格支持(通过投入或直接支付)。评估标准为

- 5：无补贴
- 4：1 类补贴
- 3：2 类补贴
- 2：3 类补贴
- 1：4 类补贴

评估依据：问卷调查和专家访谈均显示，海南省的涉渔补贴包括所有四类。因此，该指标得 1 分。

4.4.2　数据获取与使用

4.4.2.1　数据可用性

该指标评估可获得的生物和经济数据情况。评估标准为

- 5：每年(或其他适当时期)对渔业种群评估、上岸渔获和可用经济数据进行抽样
- 4：持续收集全面的着陆和价格数据
- 3：可获得的可靠上岸渔获或价格数据有限不定期收集的或基于大样本的数据
- 2：基于小样本或缺失数据的可用数据极大地阻碍了管理所需的推断
- 1：没有集中收集数据

评估依据：对科研人员的调查结果显示，海南省可获得的南海渔业生物和经济数据整体上加权后得 3.43 分；对管理人员的调查结果显示，数据可用性整体上得 2.93 分，两者较为一致(表 4.16)。因此，推测该指标得 3 分，整体上的数据可用性属“可获得的可靠上岸渔获或价格数据有限不定期收集的或基于大样本的数据”。

表 4.16　海南省对南海渔业生物和经济数据的可用性分布情况

数据可用性	赋值	管理人员样本比例	加权	科研人员样本比例	加权
每年(或其他适当时期)对渔业种群评估、上岸渔获和可用经济数据进行抽样	5	20%	0.98	7%	0.07
持续收集全面的着陆和价格数据	4	15%	0.59	36%	1.79

续表

数据可用性	赋值	管理人员样本比例	加权	科研人员样本比例	加权
可获得的可靠上岸渔获或价格数据有限不定期收集的或基于大样本的数据	3	29%	0.88	21%	0.64
基于小样本或缺失数据的可用数据极大地阻碍了管理所需的推断	2	12%	0.24	21%	0.64
没有集中收集数据	1	24%	0.24	14%	0.29
合计	—	100%	2.93	100%	3.43

数据来源：专家评价，2019；海南海洋渔业发展现状调查问卷(行政管理人员)，2019。

4.4.2.2 数据分析

该指标评估管理部门使用生物和经济数据的程度。评估标准为

- 5：生物和经济数据用于管理前瞻性分析
- 4：以生物数据为主的简单的前瞻性分析
- 3：使用生物或经济数据追溯绩效
- 2：数据使用不一致或不规律
- 1：在管理过程中没有进行数据分析

评估依据：对科研人员和渔业行政管理人员的调查结果显示(表4.17)，海南省管理部门使用生物和经济数据整体上加权后得2.98分，因此，推测该指标得3分，整体数据分析水平属“使用生物或经济数据追溯绩效”。

表4.17 海南省渔业管理部门运用南海生物和经济数据的程度分布情况

数据分析	赋值	管理科研人员样本比例	加权
生物和经济数据用于管理前瞻性分析	5	18.2%	0.91
以生物数据为主的简单的前瞻性分析	4	29%	1.16
使用生物或经济数据追溯绩效	3	5.3%	0.16
数据使用不一致或不规律	2	27.5%	0.55
在管理过程中没有进行数据分析	1	20%	0.20
合计	—	100%	2.98

数据来源：专家评价法，2019；海南海洋渔业发展现状调查问卷(行政管理人员)，2019。

4.4.3 管理方法

4.4.3.1 海洋保护区

为了种群资源养护，封闭或高度限制捕捞的海域面积百分比。包括滚动或季节性关闭的总面积。评估标准为

- 5：超过 25%
- 4：10%~25%
- 3：5%~10%
- 2：少于 5%
- 1：没有

评估依据：(1)封闭或高度限制捕捞的海域主要来源于海洋保护区和禁渔区。海洋保护区方面，根据《海南省海洋功能区划(2011—2020)》，海南省海洋保护区面积共 1 182.59 km^2，占近岸海洋功能区的 4.97%。但实际管理中，除了国家级海洋自然保护区的核心区无法进入捕捞外，海洋保护区其他区域并未禁止捕捞。《中华人民共和国渔业法》明确要求渔业主管部门在重要渔业水域实行禁渔区和禁渔期制度，国家已对长江、钱塘江等河湖流域重点水域实施禁捕(农业农村部，2019a)，但是海南省海洋捕捞禁渔区方面，目前还没有封闭或高度限制的禁渔区。(2)对渔业行政管理人员和执法人员的访谈显示，实际管理中，除了海洋自然保护区的核心区禁止进入捕捞，对其他区域并未封闭(2019 年专家访谈)。

因此，海南省存在封闭或高度限制捕捞的海域，但面积小于 5%。该指标得 2 分。

4.4.3.2　空间管理

该指标为通过指定渔业社区直接管制，或透过限制捕捞准入地点(出海或上岸地点)间接管制的渔场所占比例。评估标准为

- 5：75%~100%
- 4：50%~75%
- 3：25%~50%
- 2：少于 25%
- 1：没有

评估依据：全国已在浙江、山东、辽宁、福建和广东部分海域试点限额捕捞，试行定点交易制度等(农业农村部，2019b)。海南省现有政策文件及对渔业行政管理人员的访谈显示，海南省目前没有通过渔业社区直接管制的渔场，也没有实际限制捕捞出海或上岸的地点(2019 年专家访谈)。该指标得 1 分。

4.4.3.3　对捕捞死亡率的限制

该指标评估捕捞死亡率在多大程度上是一项明确的管理工具。评估标准为

- 5：几乎统计了所有的死亡率，且都遵照严格的总可捕量
- 4：建立了严格的总可捕量，但未统计死亡率低于 10%；或者按照渔业资源标准调整总可捕量以补偿更大的未统计死亡率来源
- 3：有一个通常能实现的指导性死亡率水平；严格的总可捕量的未统计死亡率是

10%～50%

- 2：捕捞死亡率经常超标；严格总可捕量的未统计死亡率超过 50%
- 1：渔业没有明确的死亡率目标

评估依据：(1)政策已明确实施海洋渔业资源总量管理制度。2015 年，中共中央、国务院印发了《生态文明体制改革总体方案》，明确要求制定和实施海洋渔业资源总量管理制度。2017 年，农业部经国务院同意印发了《农业部关于进一步加强国内渔船管控实施海洋渔业资源总量管理的通知》，提出了"十三五"时期渔船"双控"制度的改革思路和政策措施(农业部，2017a)。文件要求 2017 年海南省总可捕量为 1 198 538 t。(2)海南省实际海洋捕捞产量为 1 127 331 t(农业部渔业渔政管理局等，2018)，未超过总可捕量。(3)根据问卷调查结果，海南省存在不超过 5%的丢弃渔获物(见指标"非目标渔获率")，且官方未统计这部分丢弃渔获物。(4)中国还未能真正落实总可捕量制度，仍在探索落实总可捕量制度的配套措施，如在浙江等省市试点限额捕捞，组织开展渔获物定点上岸渔港申报工作等(农业农村部，2019b；2019c)。

综上所述，海南省渔业建立了严格的总可捕量制度，未统计死亡率低于 10%。估算该指标得 4 分。

4.4.4 行政管理因子表现

评估结果显示，中国南海渔业一级促成因子中，行政管理因子整体得 2.69 分(表 4.18)，表明行政管理系统在有效收集来自科学和利益相关者的信息并应用于科学决策的水平较低。如表 4.18 和图 4.4 所示，行政管理因子的二级因子中，管理能力(2.75 分)和管理方法(2.33 分)的表现较差，反映了海南省渔业管理资源投入程度和应用海洋保护区、空间管理、总可捕量等替代方法管理南海渔业资源的程度较低；数据获取与使用(3.00 分)表现一般，反映了采集的频率和数据应用于管理目标设定方面表现一般。行政管理因子的三级因子指标中，管理支出与渔获价值的比较指标得分高(5 分)，即政府、产业界在渔业管理活动上的开支不到渔获价值的 5%；表现最弱的三级因子指标是管理权限(1 分)、补贴水平(1 分)和空间管理(1 分)，说明中国南海渔业种群涉及多个国家和地区，对南海渔业种群的开发与保护因复杂的南海局势而受到严重制约，此外，海南省的涉渔四大类"劣"补贴依然存在，目前没有通过渔业社区直接管制的渔场，也未实际限制捕捞出海或上岸的地点；其次是海洋保护区(2 分)，南海封闭或高度限制捕捞的海域面积比例还相对较小，不到 5%；其他三级指标得 3 分或以上。

表 4.18　中国南海渔业行政管理因子评估结果

一级指标	二级指标	三级指标	三级指标得分	三级指标数据质量
行政管理因子（2.69）	管理能力（2.75）	管理支出与渔获价值的比较	5	B
		执法能力	4	A
		管理权限	1	B
		补贴水平	1	A
	数据获取与使用（3.00）	数据可用性	3	A
		数据分析	3	A
	管理方法（2.33）	海洋保护区	2	A
		空间管理	1	A
		对捕捞死亡率的限制	4	A

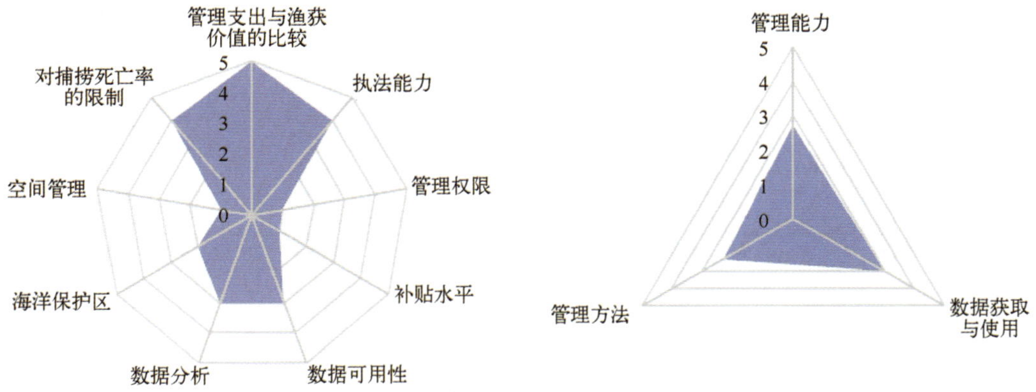

图 4.4　中国南海渔业行政管理因子评估结果

4.5　渔获后因子

4.5.1　市场与市场制度

4.5.1.1　提供离船价格和数量信息

该指标评估市场向渔获者提供及时信息的能力，以帮助渔获者决定上岸什么渔获以及何时上岸。评估标准为

- 5：实时向市场参与者提供完整、准确的价格和数量信息
- 4：在下一次市场结算前，可获得可靠的价格和数量信息
- 3：有价格信息，但没有及时的数量信息
- 2：价格和数量信息不准确、滞后或只有少数人知道

- 1：没有可用信息

评估依据：(1)问卷调查显示(表4.19)，34%的被调查对象认为海南水产品市场有价格信息，但没有及时的数量信息，21%的被调查对象认为价格和数量信息不准确、滞后或只有少数人知道，18%的被调查对象认为有实时向市场参与者提供完整、准确的价格和数量信息。综合加权后，海南市场向渔获者提供及时信息的能力为3.09分，即整体上处在“有价格信息，但没有及时的数量信息”水平。(2)专家访谈同样指出，海南省不同区域的市场所能提供的渔获价格和数量信息情况不同，整体上属于“有价格信息，但没有及时的数量信息”水平。因此，该指标得3分。

表4.19　海南省提供渔获离船价格和数量信息情况分布

提供离船价格和数量信息	赋值	样本比例	加权
实时向市场参与者提供完整、准确的价格和数量信息	5	18%	0.88
在下一次市场结算前，可获得可靠的价格和数量信息	4	16%	0.66
有价格信息，但没有及时的数量信息	3	34%	1.02
价格和数量信息不准确、滞后或只有少数人知道	2	21%	0.42
没有可用信息	1	11%	0.11
合计	—	100%	3.09

数据来源：专家评价法，2019；海南海洋渔业发展现状调查问卷(贸易商/批发商、执法和行政管理人员)，2019。

4.5.1.2　买家数量

买家数量是指在给定的市场中，卖方可以接触到的离船产品买家的数量。如果有很多上岸点，则指每个上岸点的买家。如果渔获者通常是通过信用关系与一个买主签订契约，那么就有一个买主。评估标准为

- 5：竞争激烈
- 4：4~6个买家
- 3：2~3个竞争对手
- 2：少量互相协调的买家
- 1：只有1个买家

评估依据：(1)问卷调查显示(表4.20)，52.4%的被调查行政管理人员认为海南上岸渔获市场竞争激烈，有很多买家，15.4%的被调查行政管理人员认为有4~6个买家，12.3%的被调查行政管理人员认为有2~3个买家，18.2%的认为有少量互相协调的买家。(2)60%的被调查渔民的上岸渔获市场竞争激烈，有很多买家；16%的被调查渔民认为有4~6个买家，22%的被调查渔民认为有2~3个买家。

综合加权得分分别为3.98分和4.33分，两个样本结果一致，即整体上处在“4~6个买家”水平，该指标得4分。

表 4.20　海南省海洋捕捞渔获买家数量样本分布情况

买家数量	赋值	管理人员样本比例	加权	渔民样本比例	加权
竞争激烈	5	52.4%	2.62	60%	3.00
4~6 个买家	4	15.4%	0.62	16%	0.65
2~3 个竞争对手	3	12.3%	0.37	22%	0.65
少量互相协调的买家	2	18.2%	0.37	0%	0.00
只有 1 个买家	1	1.7%	0.02	2%	0.02
合计	—	100%	3.98	100%	4.33

数据来源：海南海洋渔业发展现状调查问卷(渔民、执法和行政管理人员)，2019。

4.5.1.3　垂直整合度

该指标为渔获者和初级加工商/初级分配商属于同一企业的渔获物比例。在这方面，垂直一体化的作用是确保在共同管理下捕捞和运送水产品，提高效率和减少交易费用。评估标准为

- 5：几乎所有
- 4：70%~95%
- 3：35%~70%
- 2：5%~35%
- 1：几乎没有

评估依据：对加工商和工人的问卷调查和专家访谈均显示，所有被调查的水产品加工、中介企业员工均表示，所在企业没有自己的捕捞船队。推测海南省几乎没有垂直整合。该指标得 1 分。

4.5.1.4　非关税壁垒水平

水产品非关税壁垒包括：数量限制(进口配额)、监管限制、投资限制、海关限制和政府直接干预。评估标准为

- 5：不用于限制国际贸易
- 4：对国际贸易的影响非常有限
- 3：采取行动阻碍一些国际贸易
- 2：采取行动阻碍大部分潜在的国际贸易
- 1：采取行动有效地阻止大量国际贸易

评估依据：(1)目前，我国对进口水产品涉及的管控要求主要有：合法捕捞产品通关证明、濒危物种允许进口证明书、养殖企业境外生产企业注册、进境动植物检疫许可证、进口商备案。管控目的主要是防范和打击非法捕捞活动，保护生态环境，以及出于疫病安全考虑(海口海关，2019；2019 年专家访谈)。(2)2018 年，《中共中央

国务院关于支持海南全面深化改革开放的指导意见》印发，国务院批复同意设立中国(海南)自由贸易试验区并印发《中国(海南)自由贸易试验区总体方案》，海南正在进一步扩大开放，多种改革措施优化营商环境，提升贸易便利化水平，对外资全面实行准入前国民待遇加负面清单管理制度(国务院，2018)。水海产品产业是海南的重要产业之一，为支持海南水海产品优“鲜”出口，海口海关设立水海产品出口“绿色通道”，叠加“提前申报”“随到随检”“24 小时预约查验”等便利措施，加快鲜活水海产品通关效率；落实海南自贸试验区建设总体方案要求，对符合条件的优质农产品出口免于出具检验检疫证书和备案考核，降低企业制度性交易成本(海口海关，2019)。

综上所述，推断海南省的非关税壁垒水平在“不用于限制国际贸易”，该指标得 5 分。

4.5.2　基础设施状况

4.5.2.1　国际海运服务

该指标评估可进入全球高价值市场的服务质量，如美国或欧盟(无论产品目前是否出口)。两种方法的平均值(一种用于海运，另一种用于空运)。评估标准为

- 5：海运/空运服务价格低于平均水平
- 4：海运/空运服务可按平均费率提供
- 3：海运/空运服务的价格高于平均水平
- 2：提供海运/空运服务，但不定期
- 1：国际航运价格不合理

评估依据：问卷调查和对水产品贸易商的访谈显示，海南省出口水产品的海运和空运服务稳定，平均价格比国内平均水平要高。因此，该指标得 3 分。

4.5.2.2　道路质量指标

该指标评估渔港与出口产品最实用的出口装运港之间的运输时间加权平均道路质量。对于非出口产品，测量渔港与主要消费中心之间的道路质量。评估标准为

- 5：优质铺设道路和宽阔的公路
- 4：主要铺设双车道道路和中等公路
- 3：主要铺设双车道道路和小型公路
- 2：铺筑双车道道路和级配良好的砾石道路
- 1：维护不善的砾石或土路

评估依据：(1)目前，海南省有大小各类渔港 68 座(44 座列入农业农村部名录)(表 4.21)，其中，中心渔港 6 座，建设良好，道路铺设优质宽阔；一级渔港 7 座，主要铺设双车道道路和中等公路；二级渔港 14 座，主要铺设双车道道路和小型公路；三级渔港 17 座，主要铺筑双车道道路和级配良好的砾石道路；其他渔港港湾 24 座，主要

是维护不善的砾石或土路(中国政府网，2018；海南省海洋与渔业厅，2018b，2018d)。总体来说，渔港建设较为滞后，加权后综合表现为 2.32 分，属“铺筑双车道道路和级配良好的砾石道路”。(2)实地调查情况进一步验证了上述评估结果。

综上所述，该指标得 2 分。

表 4.21　海南渔港周边道路质量指标分布情况

道路质量指标	赋值	样本数	样本比例	加权
优质铺设道路和宽阔的公路	5	6	9%	0.44
主要铺设双车道道路和中等公路	4	7	10%	0.41
主要铺设双车道道路和小型公路	3	14	21%	0.62
铺筑双车道道路和级配良好的砾石道路	2	17	25%	0.50
维护不善的砾石或土路	1	24	35%	0.35
合计	—	68	100%	2.32

数据来源：中国政府网，2018；海南省海洋与渔业厅，2018b；2018d。

4.5.2.3　技术应用

该指标评估渔业所采用的平均技术水平。评估标准为

- 5：手机/探捕器/电脑/加工/生产技术唾手可得
- 4：手机/探捕器等很常见，但并不总是有其他技术可用
- 3：手机/探捕器等很常见，但有些技术很难获得
- 2：手机很常见，但大多数其他技术是禁止的
- 1：这个行业几乎没有先进的技术

评估依据：(1)根据实地调查，海南渔民已普及使用手机，大中型捕捞渔船一般配备探捕器，小型渔船一般没有。(2)加工/生产技术设施在中心渔港和一级渔港较常见，而其余渔港多为自然港湾，或由地方、渔民自筹建设，设施简陋，陆域的冰、水、油供给和加工、交易市场等经营性配套设施基本没有(中国政府网，2018；海南省海洋与渔业厅，2018b；2018d)。

综上所述，估计海南省渔业所采用的平均技术水平属“手机/探捕器等很常见，但并不总是有其他技术可用”，该指标得 4 分。

4.5.2.4　推广服务

该指标评估政府或非政府组织通过推广活动帮助渔获者改进捕鱼技术或管理的程度。评估标准为

- 5：在所辖区域的办事处开展广泛的技术推广服务，与国内外学术界保持密切联系
- 4：推广服务所辖区域覆盖适度，与国内外学术界联系充分

- 3：有推广服务，但与国内外学术界联系薄弱
- 2：推广服务少、支持差
- 1：没有推广服务

评估依据：(1)2017 年，海南省有省市县乡级水产技术推广站共 26 家，人员编制共 75 人，实有 95 人，年公共经费 197.7 万元、人员经费 1 478.93 万元、项目经费 505 万元，各级合作试验示范基地 4 个，实验室设备原值 11 093.6 万元，设有网站 3 个、手机平台 31 户、电话热线 58 条、技术简报 31 个，示范了关键技术 7 个(农业农村部渔业渔政管理局等，2018)。(2)对科研人员和行政管理人员的调查结果显示(表 4.22)，43%的被调查对象认为海南省有渔业技术推广服务，但与国内外学术界联系薄弱；26%的被调查对象认为推广服务少、支持差；13%的被调查对象认为推广服务所辖区域覆盖适度，与国内外学术界联系充分。

综上所述，加权后海南省技术推广服务整体上得 2.88 分，属“有推广服务，但与国内外学术界联系薄弱”。该指标得 3 分。

表 4.22 海南渔业技术推广服务情况分布

推广服务	赋值	样本比例	加权
在所辖区域的办事处开展广泛的技术推广服务，与国内外学术界保持密切联系	5	9%	0.44
推广服务所辖区域覆盖适度，与国内外学术界联系充分	4	13%	0.53
有推广服务，但与国内外学术界联系薄弱	3	43%	1.30
推广服务少、支持差	2	26%	0.51
没有推广服务	1	9%	0.09
合计	—	100%	2.88

数据来源：专家评价，2019；海南海洋渔业发展现状调查问卷(行政管理人员)，2019。

4.5.2.5 设施/电力的可靠性

该指标为公用设施和电力的可靠程度。评估标准为

- 5：可靠的电网提供足够的电量以防止产品损耗
- 4：加工商依赖电网，但保持备用电源
- 3：供应链依靠自身发电能力
- 2：供应链有时会因为发电机的状况或燃料供应不规律而导致产品损失
- 1：没有可靠的发电机或燃料供应

评估依据：根据实地调查和访谈了解，虽然海南省渔港除中心渔港和一级渔港外，其余渔港设施较为落后，但渔港周边的电网都是通的，部分地区在台风期间可能会断电，部分加工商有备用电源。该指标得 4 分。

4.5.2.6 冰块和冷藏设备的可用性

该指标为冰块和/或制冷设备的可用范围。评估标准为

- 5：冰的形式多种多样，有足够的能力为所有需要冰的鱼类提供新鲜的冰
- 4：冰的形式多种多样，但数量限制使其无法适用于整个供应链的所有渔获量
- 3：冰的形式和数量都是有限的，因此只适用于渔获物中最有价值的部分
- 2：冰可用，但容量有限；冰经常重复使用，或经过融化阶段使用
- 1：冰的数量非常有限

评估依据：调查问卷显示(表 4.23)，55.6%的调查对象认为冰的形式多种多样，有足够的能力为所有需要冰的鱼类提供新鲜的冰，16.8%的调查对象认为冰的形式多种多样，但数量限制使其无法适用于整个供应链的所有渔获量，14%的调查对象认为冰的形式和数量都是有限的，因此只适用于渔获物中最有价值的部分，9%的调查对象认为冰可用，但容量有限，冰经常重复使用，或经过融化阶段使用。综上所述，加权后海南冰块和冷藏设备的可用性整体上得 4.09 分，属“冰的形式多种多样，但数量限制使其无法适用于整个供应链的所有渔获量”。该指标得 4 分。

表 4.23　海南渔区冰块和冷藏设备的可用性情况

冰块和冷藏设备的可用性	赋值	样本比例	加权
冰的形式多种多样，有足够的能力为所有需要冰的鱼类提供新鲜的冰	5	55.6%	2.78
冰的形式多种多样，但数量限制使其无法适用于整个供应链的所有渔获量	4	16.8%	0.67
冰的形式和数量都是有限的，因此只适用于渔获物中最有价值的部分	3	14%	0.42
冰可用，但容量有限；冰经常重复使用，或经过融化阶段使用	2	9%	0.19
冰的数量非常有限	1	4.6%	0.05
合计	—	100%	4.09

数据来源：专家评价法，2019；海南海洋渔业发展现状调查问卷(渔业从业者、执法和行政管理人员)，2019。

4.5.3　渔获后因子表现

评估结果显示，中国南海渔业一级促成因子中，渔获后因子整体得 3.29 分(表 4.24)，反映了中国南海渔区可用于创造可持续生计的经济和物质基础设施较好。如表 4.24 和图 4.5 所示，渔获后因子的两个二级因子，市场与市场制度维度(3.25 分)和基础设施维度(3.33 分)整体表现较好，说明当地的市场和市场制度为渔业从业者创收的机会较好，同时，为提高水产品质量或销往更高价值市场的基础设施较好。中国南海渔业的渔获后因子中，表现最弱的三级因子指标是垂直整合度(1 分)，即几乎没有初级加工商具备自己的捕捞队伍；其次是道路质量指标(2 分)，总体来说，渔港及配套设施建设较为滞后；其他三级因子指标均得 3 分或以上，其中，非关税壁垒水平表现良好(5 分)，各级政府及其海关部门出台政策进一步扩大开放，提升贸易便利化水平，为水产品进出口设立多项便利措施。

表 4.24　中国南海渔业渔获后因子评估结果

一级指标	二级指标	三级指标	三级指标得分	三级指标数据质量
渔获后因子(3.29)	市场与市场制度(3.25)	提供离船价格和数量信息	3	A
		买家数量	4	A
		垂直整合度	1	A
		非关税壁垒水平	5	B
	基础设施(3.33)	国际海运服务	3	C
		道路质量指标	2	A
		技术应用	4	A
		推广服务	3	A
		设施/电力的可靠性	4	A
		冰块和冷藏设备的可用性	4	A

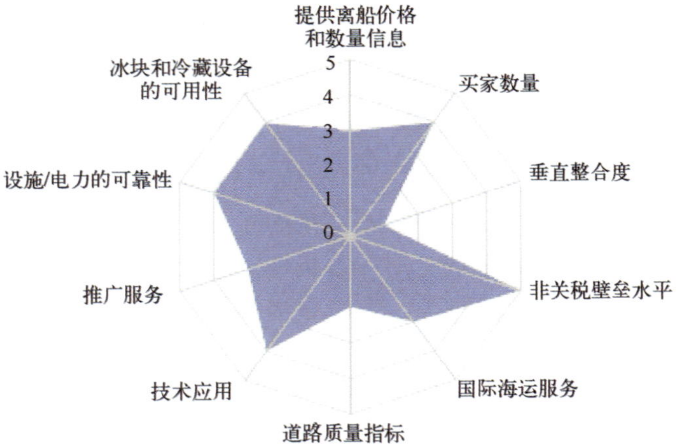

图 4.5　中国南海渔业渔获后因子评估结果

4.6　中国南海渔业资源治理绩效的影响因子综合表现及国际比较分析

4.6.1　中国南海渔业资源治理绩效的影响因子综合表现

评估结果显示，中国南海渔业促成因子整体得 2.87 分(表 4.25)。如表 4.25、图 4.6 和图 4.7 所示，中国南海渔业的 13 个二级促成因子中，有 6 个二级因子表现较弱，未达到 3.00 分，包括：国家环境绩效、国家治理、集体行动、公众参与、管理能力、管理方法；产出控制制度因缺少而得 1.00 分；其他二级因子得 3.00 分或以上。

表 4.25　中国南海渔业促成因子评估结果

一级因子	二级因子	二级因子评估结果	一级因子评估结果	促成因子总平均
宏观因子	国家环境绩效	2.00	2.70	2.87
	外生环境因素	3.80		
	国家治理	2.00		
	国家经济条件	3.00		
产权制度因子	投入控制制度	3.00	3.00	
共同管理因子	集体行动	2.00	2.67	
	公众参与	2.00		
	渔区领导力与凝聚力	4.00		
行政管理因子	管理能力	2.75	2.69	
	数据获取与使用	3.00		
	管理方法	2.33		
渔获后因子	市场与市场制度	3.25	3.29	
	基础设施	3.33		

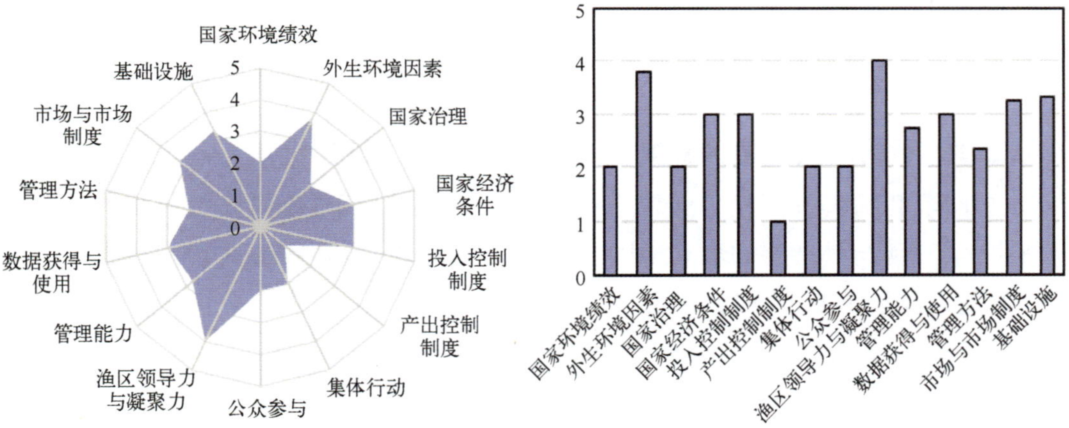

图 4.6　中国南海渔业二级促成因子评估结果

在促成因子的 5 个一级因子中，表现最好的是渔获后因子(3.29 分)，说明中国南海渔业的市场与市场制度、基础设施等建设较完善，该区域用于创造可持续生计的经济和物质基础设施较好；但是，其他 4 个维度的促成因子均表现较弱。其中，共同管理因子(2.67 分)最弱，说明当地利益相关者在决定渔业管理方面所起的作用较小，地方渔区在合作改善渔业管理方面很少作为；行政管理因子(2.69 分)得分低，反映了中国南海渔业行政管理系统在有效收集来自科学和利益相关者的信息并应用于科学决策的水平较低；宏观因子(2.70 分)反映了中国整体制度环境状况，说明中国整体环境状况(国家环境绩效 2.00 分)较弱，公民个人对社会分配决策和资源管理的控制程度较低

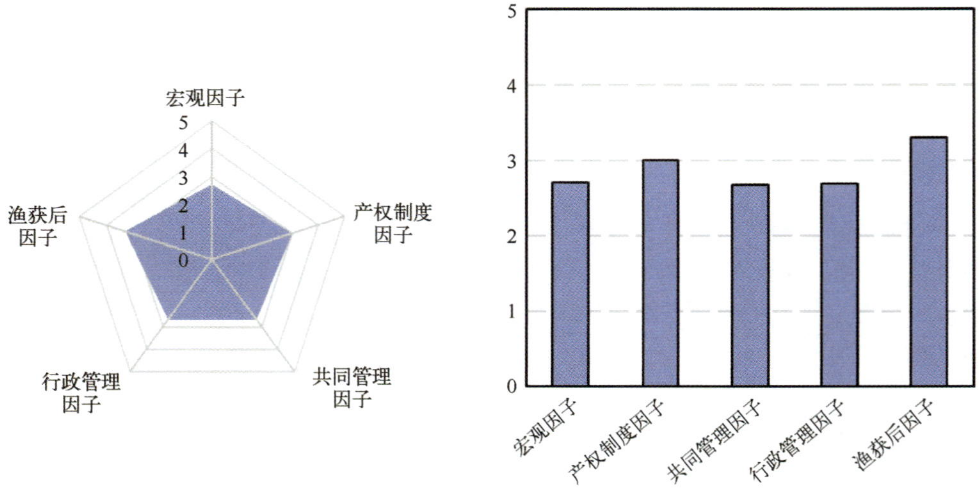

图 4.7　中国南海渔业一级促成因子评估结果

(国家治理 2.00 分、国家经济条件 3.00 分)；产权制度因子表现一般(3.00 分)，反映了通过有限的捕捞权将他人排除在资源使用之外的强度一般，设计管理机制以控制和保护渔业资源的水平一般。

4.6.2　中国南海渔业资源治理绩效的影响因子国际比较分析

4.6.2.1　不同发展程度渔业案例之间促成因子比较分析

与不同国际平均水平相比，中国南海渔业一级促成因子整体上与发展中国家平均水平相当，落后于世界平均水平，大幅度落后于全球 AR 渔业系统前 10 平均水平以及全球所有渔业系统前 10 平均水平。

表 4.26 和图 4.8 是不同发展程度渔业案例间渔业一级促成因子的比较，包括：中国南海渔业案例、发展中国家渔业案例、世界所有渔业案例、全球 AR 投入控制制度渔业系统总绩效排名前 10 案例、全球所有渔业系统中总绩效排名前 10 案例的平均一级绩效。由表 4.26 和图 4.8 可知，对于渔业系统一级促成因子的整体表现，发展中国家平均处于 2.50~3.00 分，世界平均水平处于 3.00~3.50 分，全球 AR 渔业系统前 10 平均处于 3.50~4.00 分，全球前 10 渔业系统平均处于 4.00~4.50 分；而中国南海渔业一级促成因子平均处于 2.50~3.00 分，仅渔获后因子和产权制度因子达到 3.00 分，其他 3 个维度均未到 3.00 分。与发展中国家平均水平相比，中国南海渔业的行政管理因子、渔获后因子、产权制度因子均表现更好，但宏观因子、共同管理因子水平比发展中国家平均水平更低。与世界平均水平相比，其一级促成因子 5 个维度的表现全部低于世界平均水平，其中，宏观因子差距最明显，而产权制度因子、渔获后因子与世界平均水平差距不明显。与全球总体绩效排名前 10 的渔业系统

相比，中国南海渔业的一级促成因子差距较大，特别是宏观因子相差两个等级(中国南海渔业在 2.50~3.00 分水平，全球前 10 的渔业系统平均在 4.50~5.00 分水平)，其他一级因子相差一个等级(中国南海渔业在 2.50~3.00 分水平，全球前 10 的渔业系统平均在 4.00~4.50 分水平)。

表 4.26　中国南海渔业与不同发展程度渔业案例之间一级促成因子比较

一级因子	中国南海渔业	发展中国家平均	世界平均	全球 AR 渔业系统前 10 平均	全球所有渔业系统前 10 平均
宏观因子	2.70	2.90	3.58	4.38	4.84
产权制度因子	3.00	2.63	3.17	3.95	4.37
共同管理因子	2.67	2.78	3.00	3.38	3.83
行政管理因子	2.69	2.60	3.06	3.41	4.05
渔获后因子	3.29	3.02	3.38	3.77	4.21

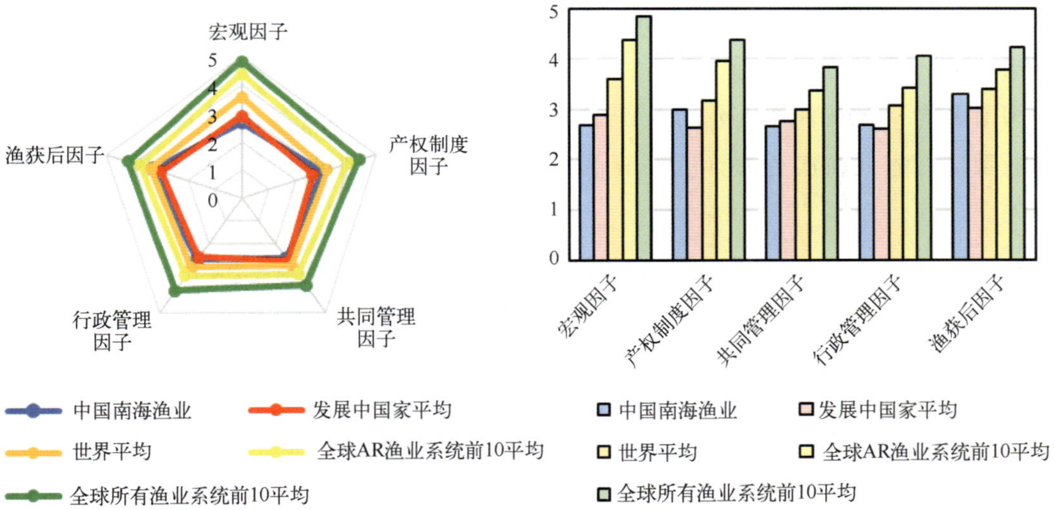

图 4.8　中国南海渔业与不同发展程度渔业案例之间一级促成因子比较

表 4.27 和图 4.9 是不同发展程度渔业案例间渔业二级促成因子的比较，包括中国南海渔业案例、发展中国家渔业案例、世界所有渔业案例、全球 AR 投入控制制度渔业系统总绩效排名前 10 案例、全球所有渔业系统中总绩效排名前 10 案例的平均一级绩效。由表 4.27 和图 4.9 可知，在二级促成因子方面，中国南海渔业在渔区领导力与凝聚力、管理方法、市场与市场制度 3 个方面表现较好，其他二级因子则相对较弱。与发展中国家平均水平相比，中国南海渔业的国家经济条件、产权制度、渔区领导力与凝聚力、数据与使用、管理方法、市场与市场制度、基础设施 7 个方面均表现更好；但国家环境绩效、外生环境因素、国家治理、集体行动、公众参与、

管理能力 6 个方面比发展中国家平均水平更低。与世界平均水平相比，中国南海渔业在渔区领导力与凝聚力、管理方法、市场与市场制度 3 个方面均表现更好；且在国家经济条件、产权制度、数据获取与使用、基础设施 4 个方面与世界平均水平相当；但在国家环境绩效、外生环境因素、国家治理、集体行动、公众参与、管理能力 6 个方面比世界平均水平低一个等级。与全球所有 AR 渔业系统前 10 平均水平相比，中国南海渔业仍然在渔区领导力与凝聚力、管理方法、市场与市场制度 3 个方面表现较好，但在其他 10 个方面则至少低一个等级。与全球所有渔业系统前 10 平均水平相比，中国南海渔业则仅在渔区领导力与凝聚力方面的表现与之相当，其他 12 个方面均差距明显。

因此，与国际二级促成因子相比，中国南海渔业在渔区领导力与凝聚力、管理方法、市场与市场制度 3 个方面表现较好，超过了世界平均水平，甚至赶超了全球 AR 渔业系统前 10 平均水平，说明中国南海渔业社区的社会联系基础很好，可以有效促进渔区社会凝聚力；同时，中国南海渔业具备较好的市场与市场制度，可以为水产品销售、贸易等提供良好的市场基础和创收机会；而在管理方法方面，中国南海渔业虽然得 2.33 分，是其所有二级因子中表现最差的因子，但该水平略高于发展中国家平均、全球平均以及全球 AR 渔业系统前 10 平均水平，说明中国南海及全球渔业系统总体上在实行海洋空间管制措施、总可捕量制度方面的表现在全球较为领先。

表 4.27　中国南海渔业与不同发展程度渔业案例之间二级促成因子比较

一级因子	二级因子	中国南海渔业	发展中国家平均	世界平均	全球 AR 渔业系统前 10 平均	全球前 10 渔业系统平均
宏观因子	国家环境绩效	2.00	2.47	3.23	4.60	4.70
	外生环境因素	3.80	4.59	4.64	4.82	4.90
	国家治理	2.00	2.26	3.18	3.95	4.90
	国家经济条件	3.00	2.27	3.28	4.15	4.85
产权制度因子	投入控制制度	3.00	2.63	3.17	3.95	4.37
共同管理因子	集体行动	2.00	2.68	2.91	3.43	3.53
	公众参与	2.00	2.25	2.57	2.70	3.95
	渔区领导力与凝聚力	4.00	3.40	3.52	4.00	4.00
行政管理因子	管理能力	2.75	3.43	3.77	4.43	4.50
	数据获取与使用	3.00	2.64	3.24	3.75	4.45
	管理方法	2.33	1.75	2.17	2.07	3.20
渔获后因子	市场与市场制度	3.25	3.11	3.22	3.23	3.88
	基础设施	3.33	2.93	3.54	4.31	4.55

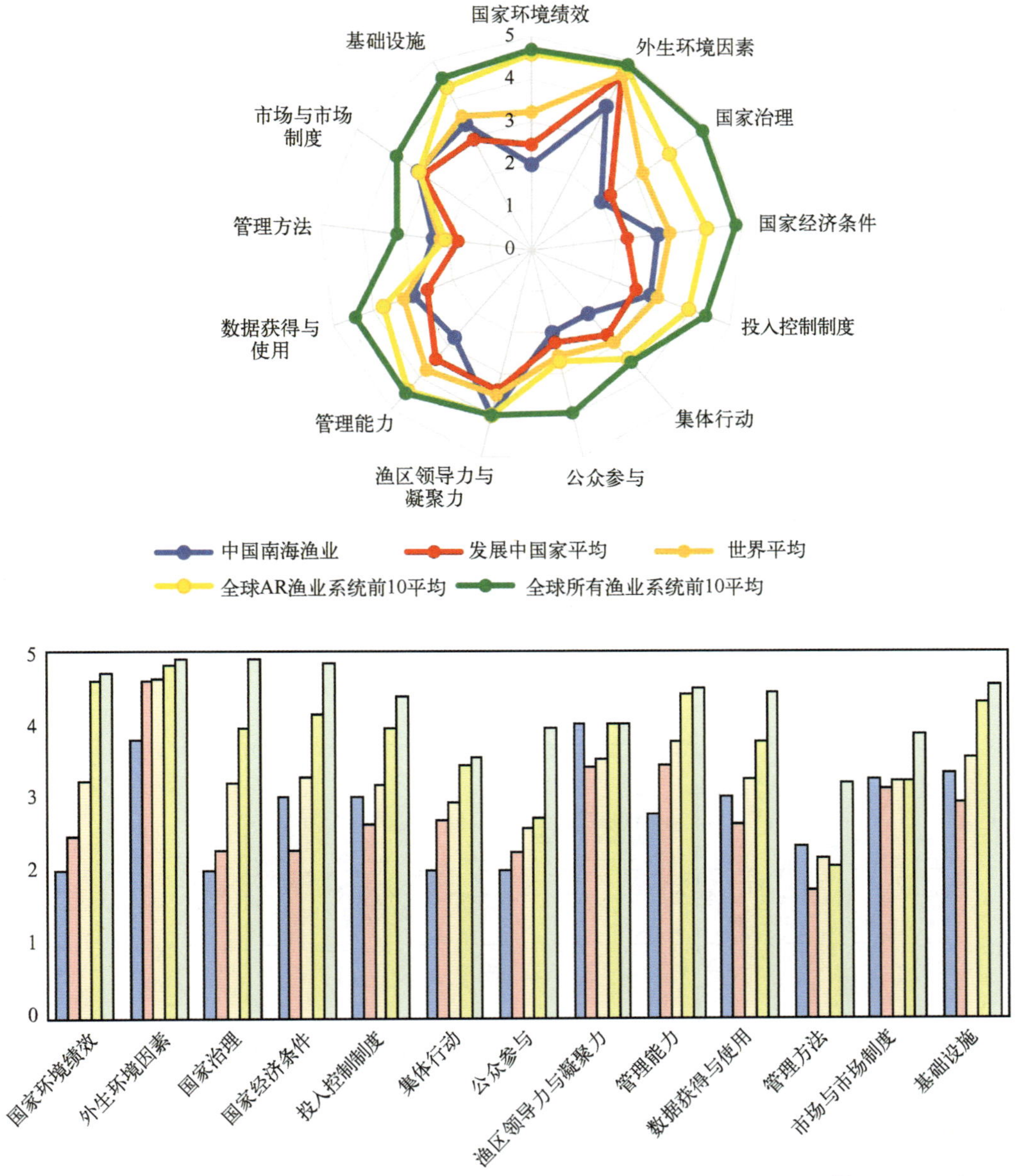

图 4.9 中国南海渔业与不同发展程度渔业案例之间二级促成因子比较

图 4.10 是中国南海渔业与发达和发展中国家一级促成因子比较的箱线图。由图 4.10 可知，中国南海渔业宏观因子处于发展中国家的中下游水平，其他 4 个维度的促成因子均处于发展中国家的中上游水平。

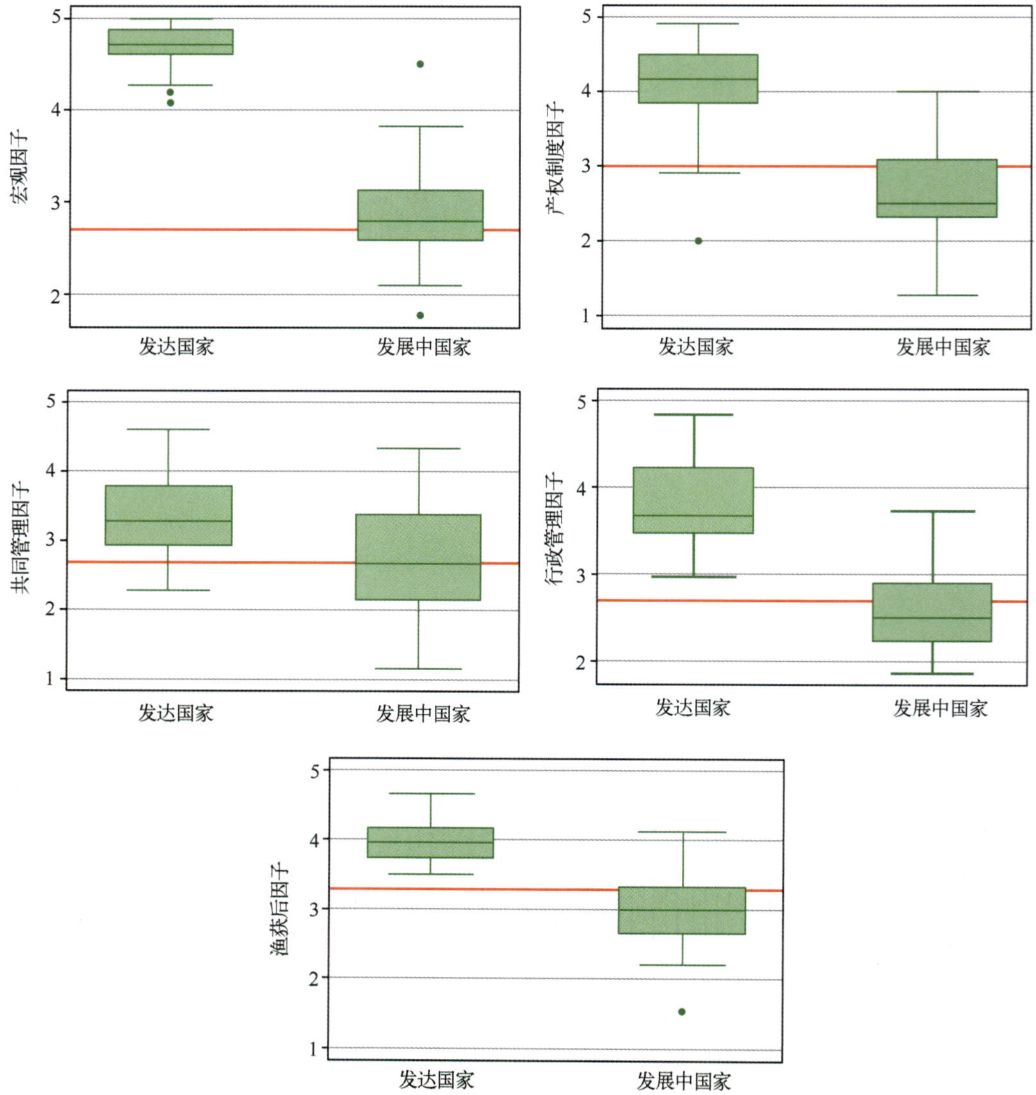

图 4. 10　中国南海渔业与发达和发展中国家的一级促成因子比较箱线图

4. 6. 2. 2　不同产权制度渔业系统之间促成因子比较分析

与 OA 开放性进入渔业系统、AR 投入控制制度渔业系统以及 HR 产出控制制度渔业系统的平均水平相比，中国南海渔业一级促成因子中，产权制度因子、渔获后因子得分相对略高，共同管理因子、行政管理因子次之，宏观因子水平相对最低，且 5 个方面一级促成因子均低于 AR 投入控制制度渔业系统和 HR 产出控制制度渔业系统的平均水平。

表 4.28 和图 4.11 是不同产权制度渔业系统间一级促成因子平均水平的比较，包括：中国南海渔业案例、OA 开放性进入渔业系统、AR 投入控制制度渔业系统、HR 产出控制制度渔业系统的一级促成因子平均水平。由表 4.28 和图 4.11 可知，相对于 OA 开放性进入渔业系统、AR 投入控制制度渔业系统以及 HR 产出控制制度渔业系统的平均水平，中国南海渔业一级促成因子中，宏观因子水平相对最低，落后于该三类渔业系统的平均水平；其产权制度因子、渔获后因子的表现一致，均是明显优于 OA 开放性进入渔业系统平均水平，略低于 AR 投入控制制度渔业系统平均水平，远低于 HR 产出控制制度渔业系统的平均水平；共同管理因子、行政管理因子的表现一致，均是明显优于 OA 开放性进入渔业系统平均水平，但与 AR 投入控制制度渔业系统平均水平差距明显，并远低于 HR 产出控制制度渔业系统的平均水平。

表 4.28　中国南海渔业与不同产权制度渔业系统之间一级促成因子比较

一级因子	中国南海渔业	AR 渔业系统平均值	HR 渔业系统平均值	OA 渔业系统平均值
宏观因子	2.70	3.53	3.97	3.21
产权制度因子	3.00	3.22	3.84	2.19
共同管理因子	2.67	3.07	3.63	2.05
行政管理因子	2.69	3.07	3.67	2.25
渔获后因子	3.29	3.37	3.76	2.93

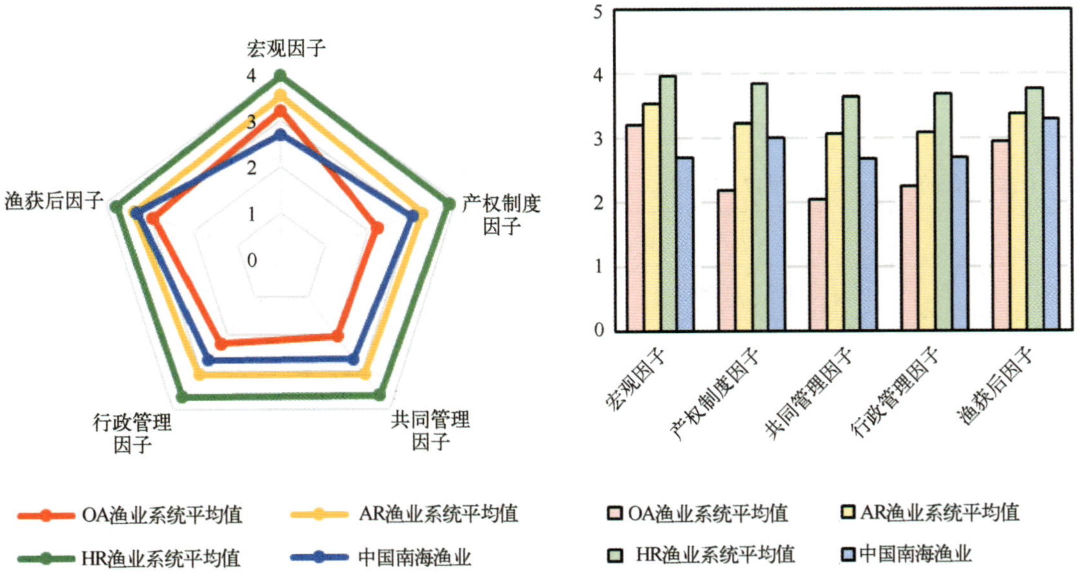

图 4.11　不同产权制度渔业系统间一级促成因子平均水平的比较

表 4. 29 和图 4. 12 是中国南海渔业与不同产权制度渔业系统二级促成因子平均水平的比较，包括：中国南海渔业案例、OA 开放性进入渔业系统、AR 投入控制制度渔业系统、HR 产出控制制度渔业系统的二级促成因子平均水平。由表 4. 29 和图 4. 12 可知，在二级促成因子方面，中国南海渔业在渔区领导力与凝聚力方面得分相对最高，超过了三类渔业系统的平均水平；在管理方法、市场与市场制度方面得分相对较高，超过了 OA 开放性进入渔业系统和 AR 投入控制制度渔业系统的平均水平；在国家环境绩效、外生环境因素、国家治理、国家经济条件、产权制度、集体行动、公众参与、管理能力、数据获取与使用 9 个方面均低于 AR 投入控制制度系统的平均水平。

表 4. 29　中国南海渔业与不同产权制度渔业系统二级促成因子平均水平的比较

一级因子	二级因子	中国南海渔业	OA 渔业系统平均	AR 渔业系统平均	HR 渔业系统平均
宏观因子	国家环境绩效	2. 00	3. 06	3. 22	3. 39
	外生环境因素	3. 80	4. 81	4. 52	4. 71
	国家治理	2. 00	2. 28	3. 23	3. 80
	国家经济条件	3. 00	2. 69	3. 16	3. 96
产权制度因子	产权制度	3. 00	2. 19	3. 22	3. 84
共同管理因子	集体行动	2. 00	1. 76	3. 04	3. 59
	公众参与	2. 00	1. 61	2. 55	3. 37
	渔区领导力与凝聚力	4. 00	2. 78	3. 61	3. 93
行政管理因子	管理能力	2. 75	3. 25	3. 90	3. 96
	数据获取与使用	3. 00	2. 25	3. 23	4. 03
	管理方法	2. 33	1. 26	2. 10	3. 01
渔获后因子	市场与市场制度	3. 25	2. 90	3. 22	3. 47
	基础设施	3. 33	2. 96	3. 51	4. 04

图 4. 13 是中国南海渔业与不同产权制度渔业系统的一级促成因子比较箱线图。由图可知，中国南海渔业的产权制度因子处于 AR 投入控制制度渔业系统的中位数水平，其他 4 个维度的促成因子均处于 AR 投入控制制度渔业系统的中下游水平；中国南海渔业的渔获后因子处于 HR 产出控制制度渔业系统的中下游水平，其他 4 个维度的促成因子均处于 HR 产出控制制度渔业系统的下游水平。

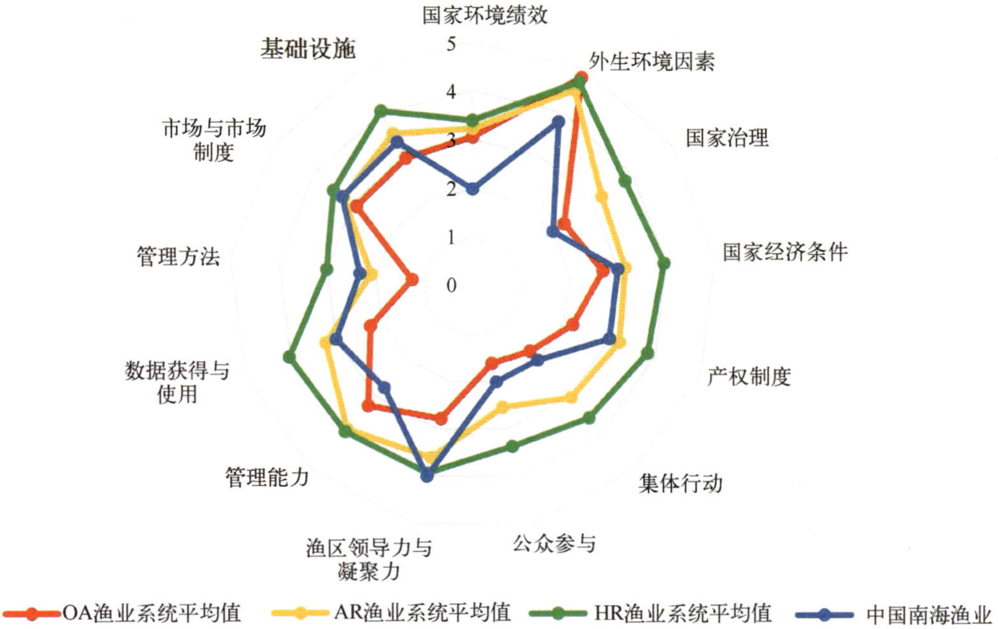

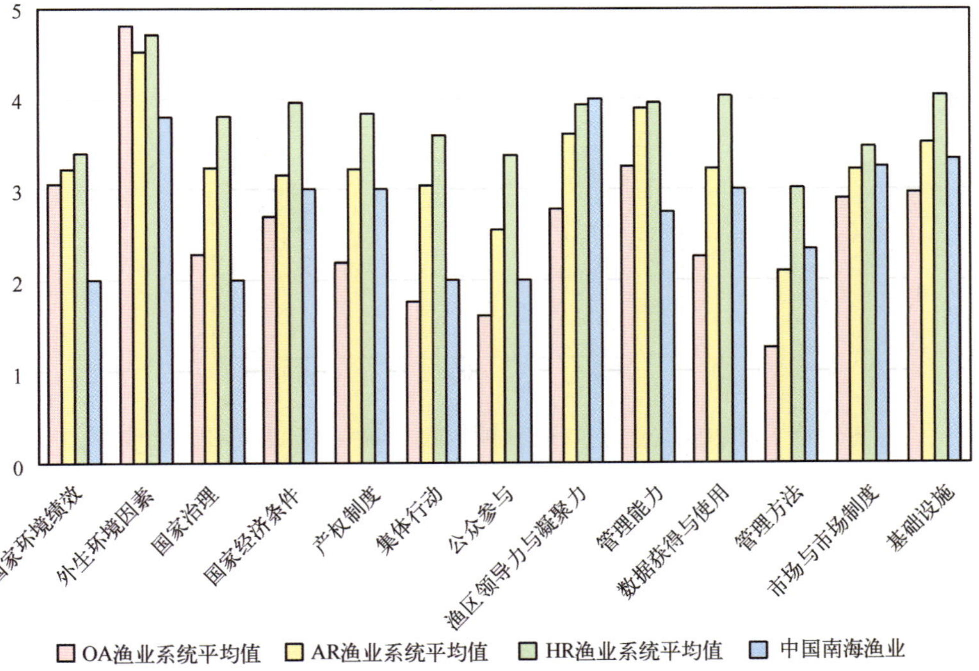

图 4.12　中国南海渔业与不同产权制度渔业系统二级促成因子平均水平的比较

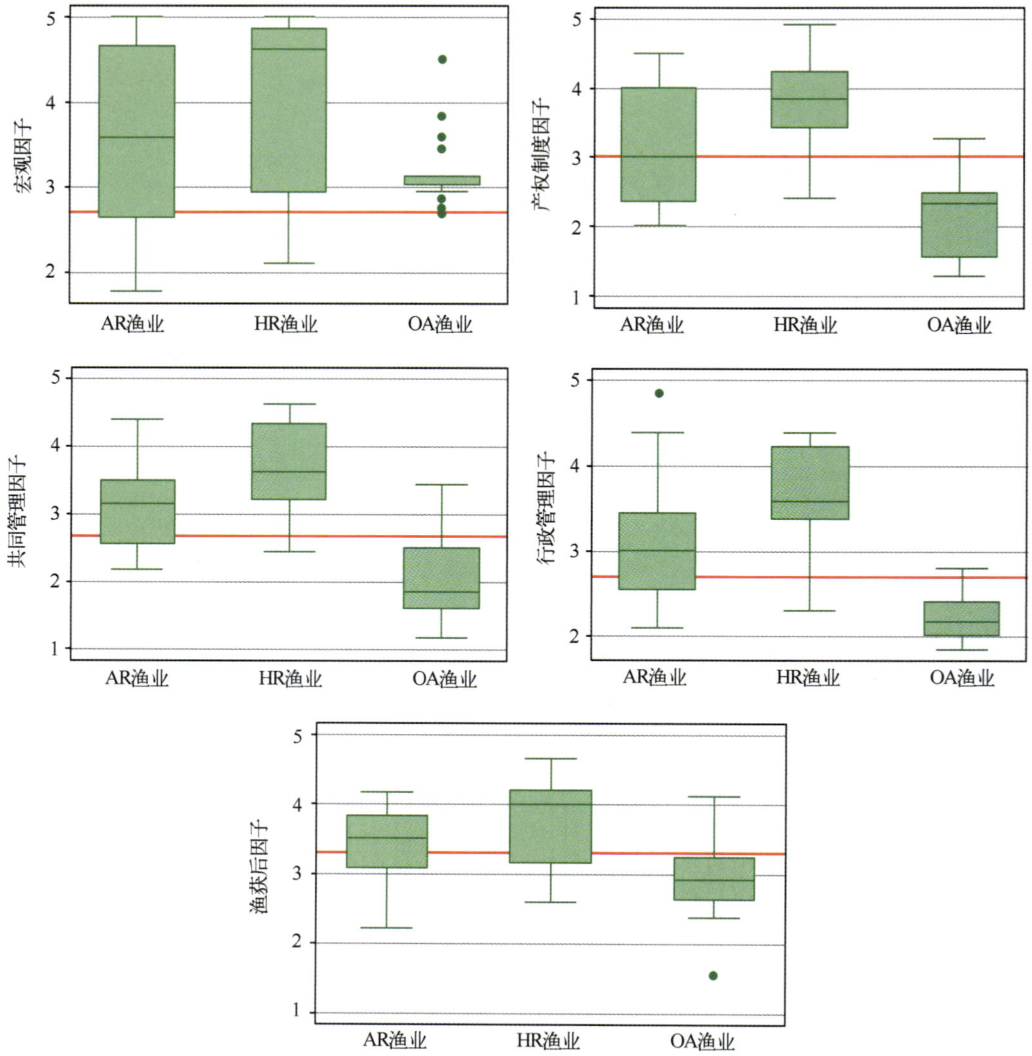

图 4.13　中国南海渔业与不同产权制度渔业系统一级促成因子比较箱线图

4.7　本章小结

本章应用 FPIs 指标体系系统地评估了中国南海渔业治理绩效的促成因子表现及其国际比较情况。

首先，评估了宏观因子 4 方面二级因子的 10 个三级因子指标；第二，评估了产权制度因子 2 方面二级因子的 12 个三级因子指标；第三，评估了共同管理因子 3 方面二级因子的 7 个三级因子指标；第四，评估了行政管理因子 3 方面二级因子的 9 个三级因子指标；第五，评估了渔获后因子2方面二级因子的10个三级因子指标。评估结果显示：中国南海渔业促成因子整体得2.87分，总体水平不佳。5个一级促成因子中，渔获后因子3.29分，表现较好；投入控制制度表现一般(3.00分)，未真正实施产出控制制度；其他4个维度的一次促成因子均表现较弱，其中，共同管理因子最弱(2.67分)，宏观因子其次(2.70分)，行政管理因子再次(2.69分)。13个二级促成因子中的6个需要加强提升，包括国家环境绩效(2.00分)、国家治理(2.00分)、集体行动(2.00分)、公众参与(2.00分)、管理能力(2.75分)及管理方法(2.33分)。表现最好的二级促成因子是渔区领导力与凝聚力(4.00分)，其次是外生环境因素(3.80分)，基础设施(3.33分)和市场制度(3.25分)表现也较好；国家经济条件、投入控制制度、数据获取与使用等3个二级促成因子表现一般(均为3.00分)。

经与不同发展程度渔业案例(发展中国家渔业案例、世界所有渔业案例、全球AR投入控制制度渔业系统总绩效排名前10案例、全球所有渔业系统中总绩效排名前10案例)的促成因子平均水平相比较，发现：

在一级促成因子方面，中国南海渔业整体上与发展中国家平均水平相当，处于2.50~3.00分水平，落后于世界平均水平，大幅度落后于全球AR渔业系统前10平均水平以及全球所有渔业系统中前10平均水平。其中，宏观因子(2.70分)反映了中国整体环境状况，说明公民个人对社会分配决策和资源管理的控制程度不高；投入控制制度表现一般(3.00分)，反映了通过有限的捕捞权将他人排除在资源使用之外的强度一般，设计管理机制以控制和保护渔业资源的水平一般；共同管理因子(2.67分)最弱，说明当地利益相关者在决定渔业管理方面所起的作用很小，地方渔区在合作改善渔业管理方面很少作为；行政管理因子(2.69分)得分低，反映了中国南海渔业管理系统在有效收集来自科学和利益相关者的信息并应用于科学决策的能力较低；表现最好的是渔获后因子(3.29分)，说明中国南海渔业的市场与市场制度、基础设施等建设较完善，该区域用于创造可持续生计的经济和物质基础设施较好。

在二级促成因子方面，中国南海渔业在渔区领导力与凝聚力、管理方法、市场与市场制度3方面表现较好，优于发展中国家平均水平和世界平均水平，甚至赶超全球AR渔业系统前10平均水平；国家经济条件、产权制度、数据获取与使用、基础设施4个方面，优于发展中国家平均水平、且与世界平均水平相当；但是，国家环境绩效、外生环境因素、国家治理、集体行动、公众参与、管理能力6个方面低于世界平均水平。

经与不同产权制度渔业系统(OA开放性进入渔业系统、AR投入控制制度渔业系统、HR产出控制制度渔业系统)促成因子的平均水平相比较，发现：

中国南海渔业一级促成因子中，产权制度因子、渔获后因子得分相对略高，共同管理因子、行政管理因子次之，宏观因子水平相对最低，且 5 个方面一级促成因子均低于 AR 投入控制制度渔业系统和 HR 产出控制制度渔业系统的平均水平。

二级促成因子方面，中国南海渔业在渔区领导力与凝聚力因子得分相对最高，其次是管理方法、市场与市场制度因子，均超过了 AR 投入控制制度渔业系统的平均水平；但其他二级因子的得分均低于 AR 投入控制制度渔业系统的平均水平。

第五章　渔业可持续性不同维度之间的关系

5.1　不同产权制度下渔业资源治理绩效比较分析

5.1.1　不同产权制度下渔业资源治理三维绩效间的差异

本小节讨论不同产权制度渔业系统的治理绩效是否具有显著差异，即OA开放性进入渔业系统①、AR投入控制制度渔业系统②、HR产出控制制度渔业系统③，在渔业资源治理的生态绩效、经济绩效和社会绩效方面是否具有显著差异。

图5.1展示了三种产权制度渔业系统的生态绩效、经济绩效和社会绩效的平均值。可以看到，从平均值的角度来说，对于任意一种绩效，HR渔业始终好于AR渔业，而AR渔业总是好于OA渔业。

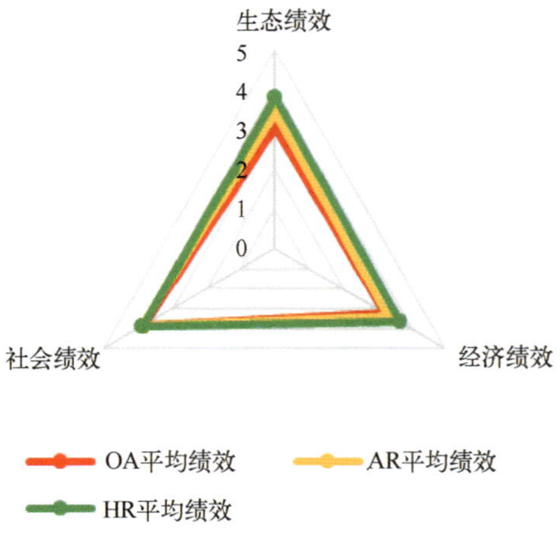

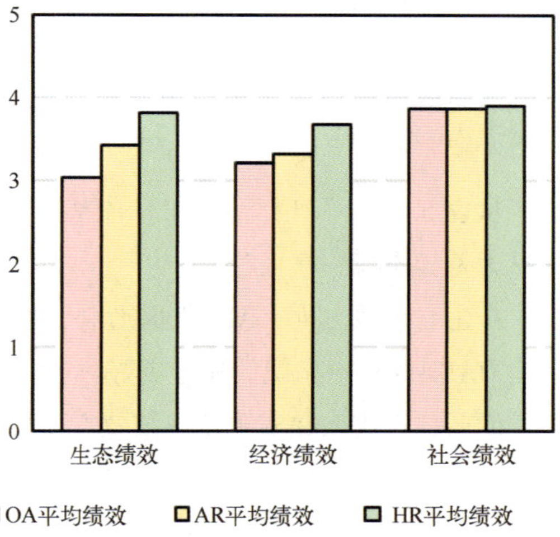

图5.1　三种产权制度渔业系统的绩效平均值

---

① 下文简称"OA渔业系统""OA渔业"或"OA"。

② 下文简称"AR渔业系统""AR渔业"或"AR"。

③ 下文简称"HR渔业系统""HR渔业"或"HR"。

在此基础上，本书进一步构建了代表 AR 渔业的虚拟变量x_{AR}(当案例为 AR 渔业时为 1，否则为 0)和代表 HR 渔业的虚拟变量x_{HR}(当案例为 HR 渔业时为 1，否则为 0)，并对三种绩效之间的差异进行虚拟变量回归分析，目的是从统计学的角度来检验绩效差异的显著性。式(5.1)为回归方程，其中 y 为绩效，α 为常数项，β_{AR}和 β_{HR}分别为 AR 渔业和 HR 渔业虚拟变量的回归系数。表 5.1 和表 5.2 总结了上述回归及附加假设检验的结果。

$$y = \alpha + \beta_{AR} x_{AR} + \beta_{HR} x_{HR} + \varepsilon \tag{5.1}$$

表 5.1　三种产权制度渔业系统治理绩效差异虚拟变量回归结果

因变量	自变量	回归系数	系数标准差	t 值	p 值	R^2
生态绩效	AR 渔业的虚拟变量x_{AR}	0.381	0.177	2.150	0.034**	0.100
	HR 渔业的虚拟变量x_{HR}	0.774	0.213	3.630	0.000***	
经济绩效	AR 渔业的虚拟变量x_{AR}	0.112	0.113	0.990	0.323	0.105
	HR 渔业的虚拟变量x_{HR}	0.467	0.136	3.430	0.001***	
社会绩效	AR 渔业的虚拟变量x_{AR}	0.004	0.094	0.040	0.965	0.002
	HR 渔业的虚拟变量x_{HR}	0.041	0.113	0.360	0.719	

表 5.2　虚拟变量回归附加假设检验结果

附加假设检验(H_0：$\beta_{HR}-\beta_{AR}=0$)	回归系数之差($\beta_{HR}-\beta_{AR}$)	F 值	p 值
HR 与 AR 的生态绩效之差是否显著	0.393	5.21	0.024**
HR 与 AR 的经济绩效之差是否显著	0.354	10.35	0.002***
HR 与 AR 的社会绩效之差是否显著	0.037	0.16	0.688

数据来源：本研究的南海渔业案例数据；Asche et al.，2018。共 122 个案例($n=122$)，其中 OA 渔业案例 24 个($n=24$)，AR 渔业案例 72 个($n=72$)，HR 渔业案例 26 个($n=26$)。

从表 5.1 中可以看到，在三种基于权利的不同渔业管理制度下，渔业绩效是否具有显著差异不能一概而论。

在生态绩效方面：AR 渔业比 OA 渔业的生态绩效显著更好($p=0.034$)，HR 渔业也比 OA 渔业的生态绩效显著更好($p<0.001$)，也就是说，明确渔业权利的制度比缺少产权的开放性进入在实现生态绩效方面更有优越性。同时，HR 渔业比 AR 渔业的生态绩效显著更好($p=0.024$)，也就是说，在两种明确渔业权利的制度中，HR 渔业比 AR 渔业在生态绩效方面表现更好。

在经济绩效方面：AR 渔业与 OA 渔业的经济绩效无显著差异($p=0.323$)，HR 渔业比 OA 渔业的经济绩效显著更好($p=0.001$)；同时，HR 渔业比 AR 渔业的经济绩效也显著更好($p=0.002$)，也就是说，在两种明确渔业权利的制度中，HR 渔业比 AR 渔业在经济绩效方面显著更好。

在社会绩效方面：AR 渔业与 OA 渔业的社会绩效无显著差异($p=0.965$)，HR 渔业与 OA 渔业的社会绩效也无显著差异(p=0.719)，也就是说，明确渔业权利的制度比缺少产权的开放性进入在实现社会绩效方面没有显著优越性；同时，HR 渔业与 AR 渔业的社会绩效相比，也没有显著差异(p=0.688)。

5.1.2 不同产权制度下渔业资源治理三维绩效间的关联

本小节讨论三种产权制度下，渔业资源治理的生态绩效、经济绩效和社会绩效之间的关系。

表 5.3 是不同产权制度渔业系统的生态绩效、经济绩效和社会绩效两两之间的相关系数矩阵及系数显著性检验结果。表 5.4、图 5.2、图 5.3 和图 5.4 是三种产权制度渔业系统的生态绩效、经济绩效和社会绩效两两之间的回归分析结果。

表 5.3 不同产权制度渔业系统的生态绩效、经济绩效和社会绩效两两之间的相关系数矩阵

	回归系数(p 值)		
所有渔业系统			
生态绩效	1.000 0		
经济绩效	0.520 0***(0.000 0)	1.000 0	
社会绩效	0.219 1**(0.015 3)	0.494 4***(0.000 0)	1.000 0
OA 开放性进入制度			
生态绩效	1.000 0		
经济绩效	0.201 3(0.345 5)	1.000 0	
社会绩效	0.092 0(0.669 0)	0.226 9(0.286 3)	1.000 0
AR 投入控制制度			
生态绩效	1.000 0		
经济绩效	0.462 6***(0.000 0)	1.000 0	
社会绩效	0.245 4**(0.037 8)	0.563 4***(0.000 0)	1.000 0
HR 产出控制制度			
生态绩效	1.000 0		
经济绩效	0.666 3***(0.000 2)	1.0000	
社会绩效	0.229 4(0.259 6)	0.518 4***(0.006 7)	1.000 0

数据来源：本研究的南海渔业案例数据；Asche et al.，2018。共 122 个案例(n=122)，其中 OA 渔业案例 24 个(n=24)，AR 渔业案例 72 个(n=72)，HR 渔业案例 26 个(n=26)。

表 5.4 三种产权制度渔业系统的生态绩效、经济绩效和社会绩效两两之间的回归结果

因变量	自变量	回归系数	系数标准差	t 值	p 值	R^2
经济绩效 OA	生态绩效 OA	0.120 9	0.125 4	0.960 0	0.345 5	0.040 5
经济绩效 AR	生态绩效 AR	0.260 4	0.059 6	4.370 0	0.000 0***	0.214 0
经济绩效 HR	生态绩效 HR	0.582 3	0.133 0	4.380 0	0.000 2***	0.444 0
社会绩效 OA	生态绩效 OA	0.040 5	0.093 4	0.430 0	0.669 0	0.008 5
社会绩效 AR	生态绩效 AR	0.120 4	0.056 9	2.120 0	0.037 8**	0.060 2

续表

因变量	自变量	回归系数	系数标准差	t 值	p 值	R^2
社会绩效 HR	生态绩效 HR	0. 160 9	0. 139 3	1. 150 0	0. 259 6	0. 052 6
社会绩效 OA	经济绩效 OA	0. 166 3	0. 152 1	1. 090 0	0. 286 3	0. 051 5
社会绩效 AR	经济绩效 AR	0. 491 3	0. 086 1	5. 710 0	0. 000 0***	0. 317 5
社会绩效 HR	经济绩效 HR	0. 415 9	0. 140 1	2. 970 0	0. 006 7***	0. 268 7

数据来源：本研究的南海渔业案例数据；Asche et al.，2018。共 122 个案例（n=122），其中 OA 渔业案例 24 个（n=24），AR 渔业案例 72 个（n=72），HR 渔业案例 26 个（n=26）。

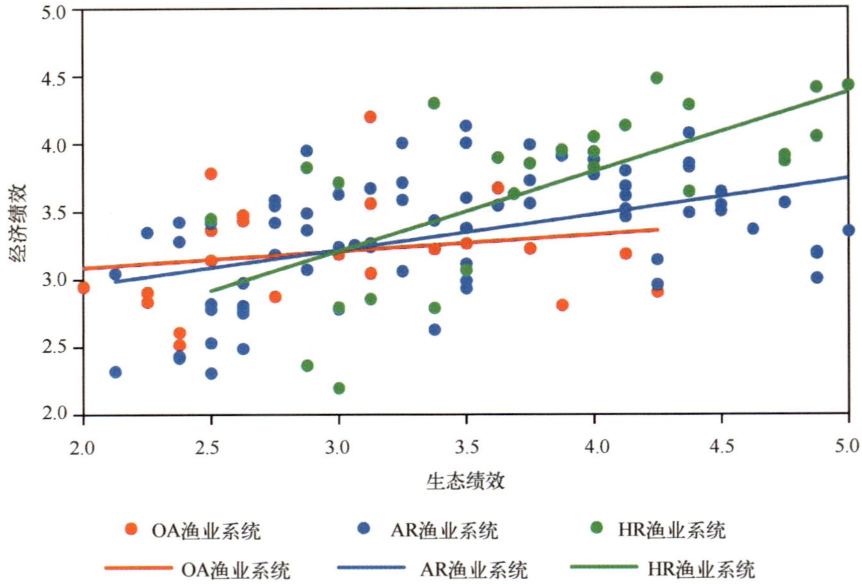

图 5.2　三种产权制度渔业系统的生态绩效对经济绩效的回归结果

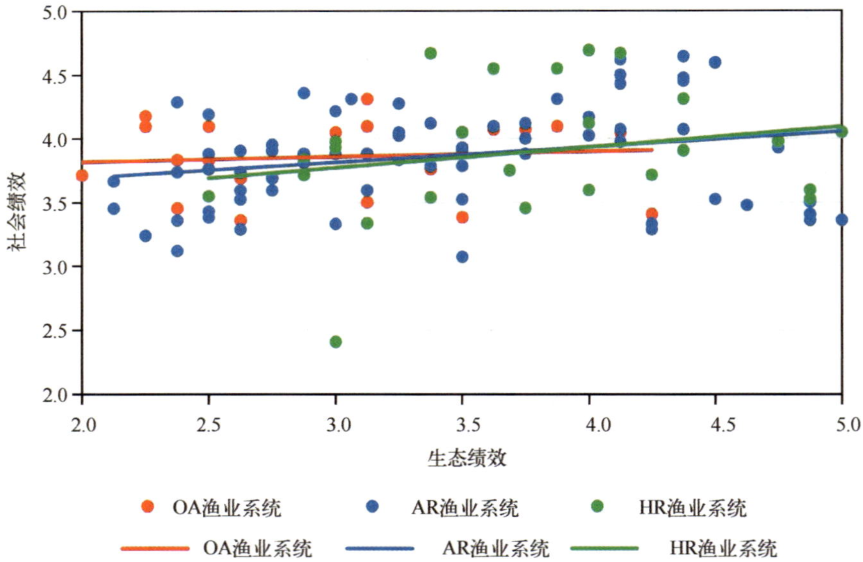

图 5.3　三种产权制度渔业系统的生态绩效对社会绩效的回归结果

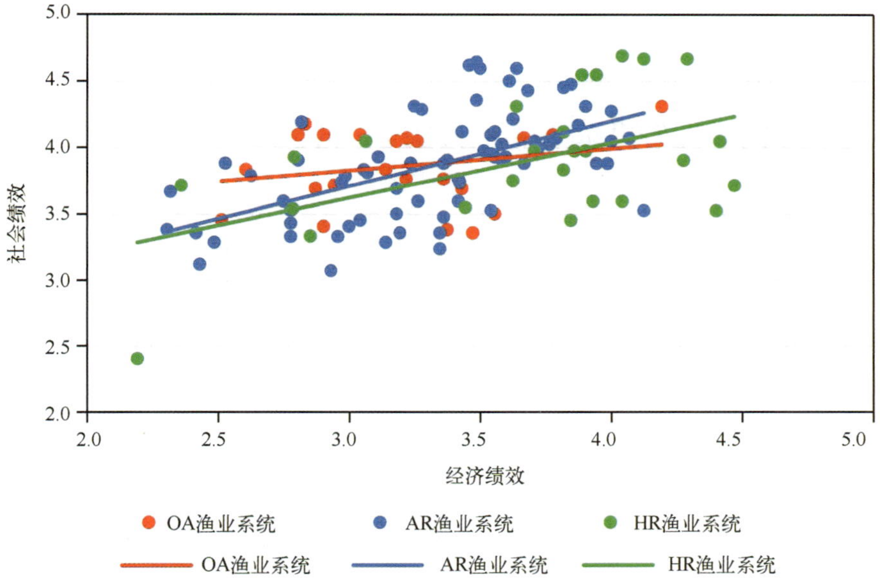

图 5.4　三种产权制度渔业系统的经济绩效对社会绩效的回归结果

由表 5.3 可知，在不区分产权制度的情况下，对于所有渔业案例而言，其生态绩效、经济绩效和社会绩效两两之间的相关系数均为正值，且均为显著。这说明从整体来看，渔业系统的不同绩效之间为相互促进的关系。

对于 AR 渔业而言，生态绩效与经济绩效的相关系数和回归系数均为正值，且两者的显著性检验结果均为 $p<0.001$，因此，生态绩效与经济绩效呈强显著正相关；同样地，社会绩效与经济绩效也呈强显著正相关，其相关系数和回归系数均为正值，且两者均为 $p<0.001$；而社会绩效与生态绩效之间的相关性系数和回归系数均为正值，也呈显著正相关，但显著性相对较弱($p<0.05$)。因此，AR 渔业的不同绩效之间为相互促进的关系。

对于 HR 渔业而言，生态绩效与经济绩效的相关系数和回归系数均为正值，且两者的显著性检验结果均为 $p<0.001$，因此，生态绩效与经济绩效呈强显著正相关；社会绩效与经济绩效间的相关系数和回归系数也均为正值，也呈显著正相关，但显著性相对较弱($p<0.01$)；而社会绩效与生态绩效之间的相关系数和回归系数虽然也均为正值，但均不显著($p>0.1$)。因此，HR 渔业的不同绩效之间也基本可以认为是相互促进的关系。

对于 OA 渔业而言，生态绩效、经济绩效和社会绩效两两之间的相关系数和回归系数也均为正值，虽然均不显著($p>0.1$)，但据此可以认为 OA 渔业的不同绩效之间至少并非为此消彼长的关系。

综上所述，三种制度下渔业的生态绩效、经济绩效和社会绩效之间整体上是相互补充、相互支持的，而并不是像传统上认为的那样相互之间存在冲突、此消彼长。

5.2 渔业资源治理绩效的主要影响因子及国际比较分析

5.2.1 渔业资源治理绩效的主要影响因子辨析

本小节讨论影响渔业系统的生态绩效、经济绩效和社会绩效的主要促成因子。为此，采用 FPIs 指标体系及其包含促成因子的全球案例(共 82 个)数据集进行分析。首先，参考 FPIs 指标体系的划分方式将促成因子划分为 5 组共 13 个二级因子，包括：

第 1 组　宏观因子，包括国家环境绩效、外生环境因素、国家治理、国家经济条件。

第 2 组　产权制度因子，包括产权制度。

第 3 组　共同管理因子，包括集体行动、公众参与、渔区领导力与凝聚力。

第 4 组　行政管理因子，包括管理能力、数据获取与使用、管理方法。

第 5 组　渔获后因子，包括市场与市场制度、基础设施。

其中，“产权制度”二级因子由 FPIs 指标体系中的投入控制制度和产出控制制度各三级指标的平均值重新构建，具体的构建方式如下。

(1) 对于 AR 渔业系统，“产权制度”二级因子取原 FPIs 中二级因子“投入控制制度”6 个三级指标的平均值。

(2) 对于 HR 渔业系统，“产权制度”二级因子取原 FPIs 中二级因子“投入控制制度”6 个三级指标和“产出控制制度”6 个三级指标，共 12 个三级指标的平均值。

(3) 对于 OA 渔业系统，“产权制度”二级因子取原 FPIs 中二级因子“投入控制制度”6 个三级指标和“产出控制制度”6 个三级指标中存在数值的所有三级指标的平均值。

在此基础上，为了研究每组促成因子对三种绩效的贡献度，同时消除各因子间可能存在的多重共线性问题以提高回归结果的稳健性，本书通过多元分组逐步回归的方式，分别对生态绩效、经济绩效、社会绩效分步骤建立回归模型，具体的做法是：对于任意一种绩效，将 5 组促成因子按顺序依次纳入回归方程，并在每次回归后仅保留系数显著的因子($p<0.05$)参与下一次回归。回归结果如表 5.5 所示。

表 5.5　促成因子对渔业绩效的多元分组逐步回归结果

一级因子	二级因子	回归结果	生态绩效				经济绩效					社会绩效			
			模型 1	模型 2	模型 4	模型 5	模型 1	模型 2	模型 3	模型 4	模型 5	模型 1	模型 3	模型 4	模型 5
宏观因子	国家环境绩效	回归系数										0. 114	0. 112	0. 167	0. 095
		系数标准差										0. 031	0. 029	0. 034	0. 040
		t 值										3. 680	3. 810	4. 850	2. 390
		p 值										0. 000	0. 000	0. 000	0. 019
	外生环境因素	回归系数	0. 495	0. 455	0. 519	0. 557	0. 414	0. 319	0. 367	0. 438	0. 405				
		系数标准差	0. 157	0. 154	0. 151	0. 148	0. 134	0. 109	0. 111	0. 097	0. 093				
		t 值	3. 150	2. 960	3. 440	3. 760	3. 090	2. 930	3. 320	4. 530	4. 340				
		p 值	0. 002	0. 004	0. 001	0. 000	0. 003	0. 005	0. 001	0. 000	0. 000				
	国家治理	回归系数	0. 331	0. 213	0. 097	0. 183									
		系数标准差	0. 052	0. 071	0. 082	0. 090									
		t 值	6. 390	2. 990	1. 170	2. 050									
		p 值	0. 000	0. 004	0. 244	0. 044									
	国家经济条件	回归系数													
		系数标准差													
		t 值													
		p 值													
产权制度因子	产权制度	回归系数		0. 233	0. 188	0. 249		0. 333	0. 294	0. 224	0. 138				
		系数标准差		0. 100	0. 098	0. 100		0. 050	0. 054	0. 061	0. 066				
		t 值		2. 330	1. 910	2. 490		6. 640	5. 460	3. 680	2. 100				
		p 值		0. 023	0. 060	0. 015		0. 000	0. 000	0. 000	0. 039				

续表

一级因子	二级因子	回归结果	生态绩效				经济绩效					社会绩效			
			模型 1	模型 2	模型 4	模型 5	模型 1	模型 2	模型 3	模型 4	模型 5	模型 1	模型 3	模型 4	模型 5
共同管理因子	集体行动	回归系数													
		系数标准差													
		t 值													
		p 值													
	公众参与	回归系数													
		系数标准差													
		t 值													
		p 值													
	渔区领导力与凝聚力	回归系数							0.091	0.124	0.126		0.125	0.165	0.138
		系数标准差							0.050	0.044	0.042		0.039	0.040	0.039
		t 值							1.820	2.840	3.010		3.170	4.080	3.520
		p 值							0.072	0.006	0.004		0.002	0.000	0.001
行政管理因子	管理能力	回归系数												-0.187	-0.206
		系数标准差												0.067	0.064
		t 值												-2.790	-3.220
		p 值												0.007	0.002
	数据获取与使用	回归系数			0.218	0.261				0.221	0.152				
		系数标准差			0.085	0.085				0.046	0.050				
		t 值			2.570	3.060				4.820	3.050				
		p 值			0.012	0.003				0.000	0.003				

续表

一级因子	二级因子	回归结果	生态绩效				经济绩效					社会绩效			
			模型 1	模型 2	模型 4	模型 5	模型 1	模型 2	模型 3	模型 4	模型 5	模型 1	模型 3	模型 4	模型 5
渔获后因子	管理方法	回归系数								-0. 163	-0. 149				
		系数标准差								0. 047	0. 045				
		t 值								-3. 440	-3. 280				
		p 值								0. 001	0. 002				
	市场与市场制度	回归系数													
		系数标准差													
		t 值													
		p 值													
	基础设施	回归系数				-0. 237					0. 169				0. 157
		系数标准差				0. 108					0. 060				0. 050
		t 值				-2. 200					2. 830				3. 130
		p 值				0. 031					0. 006				0. 002
F 值			27. 035	20. 837	18. 392	16. 420	9. 554	29. 390	21. 275	22. 846	22. 127	13. 562	12. 575	11. 687	12. 213
$Prob>F$			0. 000	0. 000	0. 000	0. 000	0. 003	0. 000	0. 000	0. 000	0. 000	0. 000	0. 000	0. 000	0. 000
R^2			0. 406	0. 445	0. 489	0. 519	0. 107	0. 427	0. 450	0. 600	0. 639	0. 145	0. 241	0. 310	0. 388

数据来源：本研究的南海渔业案例数据；Anderson 等(2015；2016)，共 82 个案例($n=82$)。其中包含 OA 渔业案例 18 个($n=18$)，AR 渔业案例 41 个($n=41$)，HR 渔业案例 23 个($n=23$)。

5.2.1.1 生态绩效的显著影响因子

对渔业生态绩效有显著影响的因子包括4个一级因子5个二级因子：宏观因子(外生环境因素、国家治理)、产权制度因子(产权制度)、行政管理因子(数据获取与使用)、渔获后因子(基础设施)；而共同管理因子对渔业生态绩效没有显著影响。其中，宏观因子(外生环境因素、国家治理)单独贡献度 R^2 为40.6%；增加产权制度因子(产权制度)后，贡献度上升至44.5%；增加行政管理因子(数据获取与使用)后，贡献度上升至48.9%；增加渔获后因子(基础设施)后，贡献度上升至51.9%。这意味着宏观因子(外生环境因素、国家治理)是影响渔业生态绩效的最主要变量，其次是相差不大的行政管理因子(数据获取与使用)和产权制度因子(产权制度)，最后是渔获后因子(基础设施)。

宏观因子中，国家环境绩效和国家经济条件两个因子对生态绩效的影响均不显著；外生环境因素在4个模型中均对生态绩效有显著正向作用，国家治理因子在3个模型中对生态绩效有显著正向作用。这说明，外生环境因素表现更好的渔业系统，即渔业资源受疾病、有毒藻类、台风等自然灾害以及污染冲击和慢性污染的影响更小的渔业，其生态绩效更好；渔业系统所在国家的治理质量和治理响应能力更强的渔业，其生态绩效更好。

产权制度因子中，产权制度对生态绩效的影响在3个模型中均有显著正向作用，表明产权制度表现越好的渔业，其生态绩效越好。也就是说，实行投入控制制度或产出控制制度的渔获比例越高，捕捞权(渔获权)可转移性、捕捞权(渔获权)安全性、捕捞权(渔获权)耐久性、捕捞权(渔获权)弹性和捕捞权(渔获权)排他性越强的渔业，其生态绩效越好。

行政管理因子中，管理能力和管理方法对生态绩效的影响均不显著；数据获取与使用对生态绩效的影响在两个模型中均有显著正向作用，表明数据获取与使用表现越好的渔业，其生态绩效越好。也就是说，渔业管理部门能够持续收集可靠的渔业生物和经济数据，并科学用于管理决策的渔业，在生态绩效上有更好的表现。

渔获后因子中，市场与市场制度对生态绩效的影响不显著；基础设施对生态绩效呈显著负向作用，表明所在区域渔业相关基础设施越好，渔业的生态绩效反而越差，这可能是因为更好的渔业基础设施则意味着渔业资源开发强度也更大，从而降低了渔业生态绩效。

5.2.1.2 经济绩效的显著影响因子

对渔业经济绩效有显著影响的因子包括5组一级因子6个二级因子：宏观因子(外生环境因素)、产权制度因子(产权制度)、共同管理因子(渔区领导力与凝聚力)、行政管理因子(数据获取与使用、管理方法)、渔获后因子(基础设施)。其中，宏观因子

(外生环境因素)单独贡献度 R^2 为 10.7%；增加产权制度因子(产权制度)后，贡献度上升至 42.7%；增加共同管理因子(渔区领导力与凝聚力)后，贡献度上升至 45.0%；增加行政管理因子(数据获取与使用、管理方法)后，贡献度上升至 60.0%；增加渔获后因子(基础设施)后，贡献度上升至 63.9%。这意味着产权制度因子(产权制度)是影响渔业经济绩效的最主要变量，其次是行政管理因子(数据获取与使用、管理方法)，再次是宏观因子(外生环境因素)，最后是相差不大的共同管理因子(渔区领导力与凝聚力)和渔获后因子(基础设施)。

宏观因子中，国家环境绩效、国家治理和国家经济条件 3 个因子对经济绩效的影响均不显著；外生环境因素在 5 个模型中均对经济绩效有显著正向作用。也就是说，外生环境因素表现更好的渔业系统，即渔业资源受疾病、有毒藻类、台风等自然灾害以及污染冲击和慢性污染的影响更小的渔业，其经济绩效更好。

产权制度因子中，产权制度对经济绩效的影响在 4 个模型中均有显著正向作用，表明产权制度表现越好的渔业，其经济绩效越好。也就是说，实行投入控制制度或产出控制制度的渔获比例越高，捕捞权(渔获权)可转移性、捕捞权(渔获权)安全性、捕捞权(渔获权)耐久性、捕捞权(渔获权)弹性和捕捞权(渔获权)排他性越强的渔业，其经济绩效越好。

共同管理因子中，集体行动、公众参与对经济绩效的影响均不显著；渔区领导力与凝聚力对经济绩效的影响在 3 个模型中均有显著正向作用，表明渔区领导力与凝聚力越强的渔业，其经济绩效越好。也就是说，渔业社区具有更强的社会领导力和凝聚力，存在领导者可以为渔区提供和实现渔业管理愿景，在捕捞和非捕捞领域具有良好的社会联系基础的渔业，在经济绩效上有更好的表现。

行政管理因子中，管理能力对经济绩效的影响不显著；数据获取与使用对经济绩效的影响在两个模型中均有显著正向作用，表明数据获取与使用表现越好的渔业，其经济绩效越好；管理方法对经济绩效的影响在两个模型中均有显著负向作用，表明管理方法越严格，其经济绩效越低。也就是说，渔业管理部门能够持续收集可靠的渔业生物和经济数据，并科学用于管理决策的渔业，在经济绩效上有更好的表现；但同时，应用海洋保护区、空间管理、总可捕量等管理方法的力度越大，经济绩效则越受限。

渔获后因子中，市场与市场制度对经济绩效的影响不显著；基础设施对经济绩效呈显著正向作用，表明所在区域渔业相关基础设施越好，其渔业的经济绩效也越好。

5.2.1.3　社会绩效的显著影响因子

对渔业社会绩效有显著影响的因子包括 4 组一级因子 4 个二级因子：宏观因子(国家环境绩效)、共同管理因子(渔区领导力与凝聚力)、行政管理因子(管理能力)、渔获后因子(基础设施)。其中，宏观因子(国家环境绩效)单独贡献度 R^2 为 14.5%；增加共同管理因子(渔区领导力与凝聚力)后，贡献度上升至24.1%；增加行政管理因子(管理能力)后，贡献度上升至31.0%；增加渔获后因子(基础设施)后，贡献度上升至38.8%。这意味着宏观因子(国家环境绩效)是影响渔业社会绩效的最主要变量，其次是共同管理因子(渔区领导力与凝聚力)，再次是相差不大的行政管理因子(管理能力)和渔获后因子(基础设施)。

宏观因子中，外生环境因素、国家治理和国家经济条件3个因子对社会绩效的影响不显著；国家环境绩效在4个模型中均对社会绩效有显著正向作用。也就是说，渔业系统所在国家整体环境绩效表现更好的，即整体的水质、生物多样性、自然资源等条件更好的渔业，其社会绩效更好。

共同管理因子中，集体行动、公众参与对社会绩效的影响均不显著；渔区领导力与凝聚力对社会绩效的影响在3个模型中均有显著正向作用，表明渔区领导力与凝聚力越强的渔业，其社会绩效越好。也就是说，渔业社区具有更强的社会领导力和凝聚力，存在领导者可以为渔区提供和实现渔业管理愿景，在捕捞和非捕捞领域具有良好的社会联系基础的渔业，在社会绩效上有更好的表现。

行政管理因子中，数据获取与使用、管理方法对社会绩效的影响不显著；管理能力对社会绩效影响在两个模型中均有显著负向作用，表明管理能力越强，其社会绩效越受限。也就是说，管理资源投入越多、执法能力越强、管理权限越清晰、渔业补贴越少，其渔业的社会绩效越受限，这可能是因为更强的管理能力意味着对渔业开发活动的限制更多，并且渔业补贴越少则意味着渔业从业者的收入越低，在短期内会影响渔业从业者的收益。

渔获后因子中，市场与市场制度对社会绩效的影响不显著；基础设施对社会绩效呈显著正向作用，表明所在区域渔业相关基础设施越好，其渔业的社会绩效也越好。

综上所述，13个二级因子中，与绩效显著相关的因子有9个，其中，外生环境因素、产权制度、数据获取与使用3个因子对生态绩效、经济绩效均具有显著正向作用，渔区领导力与凝聚力对经济绩效、社会绩效均具有显著正向作用；国家治理对生态绩效具有显著正向作用，国家环境绩效对社会绩效具有显著正向作用；基础设施对经济绩效、社会绩效均具有显著正向作用，但对生态绩效具有显著负向作用；管理方法对经济绩效具有显著负向作用，管理能力对社会绩效具有显著负向作用。

5.2.2 中国南海渔业在主要影响因子方面的国际比较分析

5.2.2.1 生态绩效的显著影响因子比较

由第5.2.1节的分析可知，对渔业生态绩效有显著影响的因子中，宏观因子(外生环境因素、国家治理)是最主要变量，其次是相差不大的行政管理因子(数据获取与使用)和产权制度因子(产权制度),再次是渔获后因子(基础设施)。

图 5.5 是中国南海渔业与不同发展程度渔业系统间在生态绩效显著影响因子上的比较。由该图可知,中国南海渔业在数据获取与使用、产权制度、基础设施 3 个因子表现较好,超过了发展中国家平均水平,但略低于世界平均水平,远低于全球 AR 渔业系统前 10 平均水平、全球渔业系统前 10 平均水平;但是,中国南海渔业在外生环境因素和国家治理两个因子表现较弱,低于发展中国家平均水平。

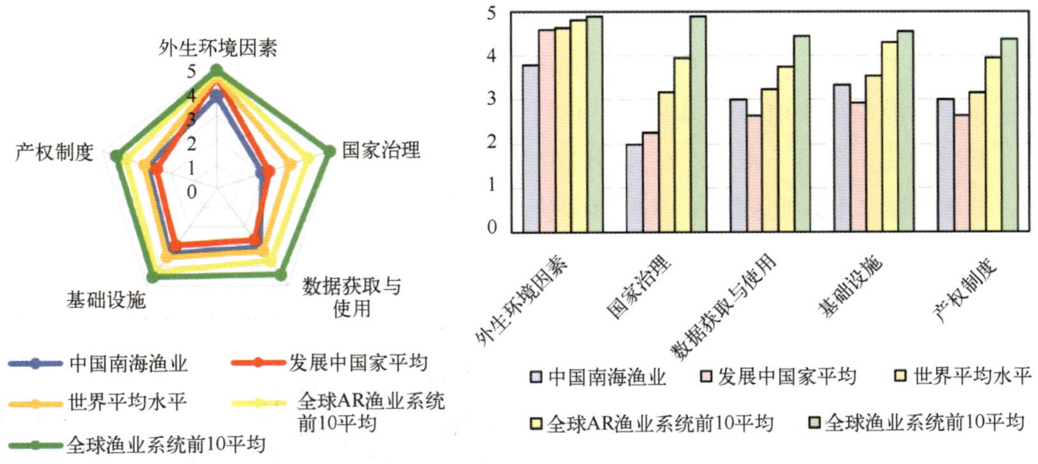

图 5.5　不同发展程度渔业系统在生态绩效显著影响因子上的比较

图 5.6 是中国南海渔业与不同产权制度渔业系统在生态绩效显著影响因子上的比较。由该图可知,中国南海渔业在数据获取与使用、产权制度、基础设施 3 个因子表现一般,超过了 OA 渔业系统的平均水平,但略低于 AR 渔业系统的平均水平;但是,中国南海渔业在外生环境因素和国家治理两个因子表现不好,低于 OA 渔业系统的平均水平和 AR 渔业系统的平均水平。

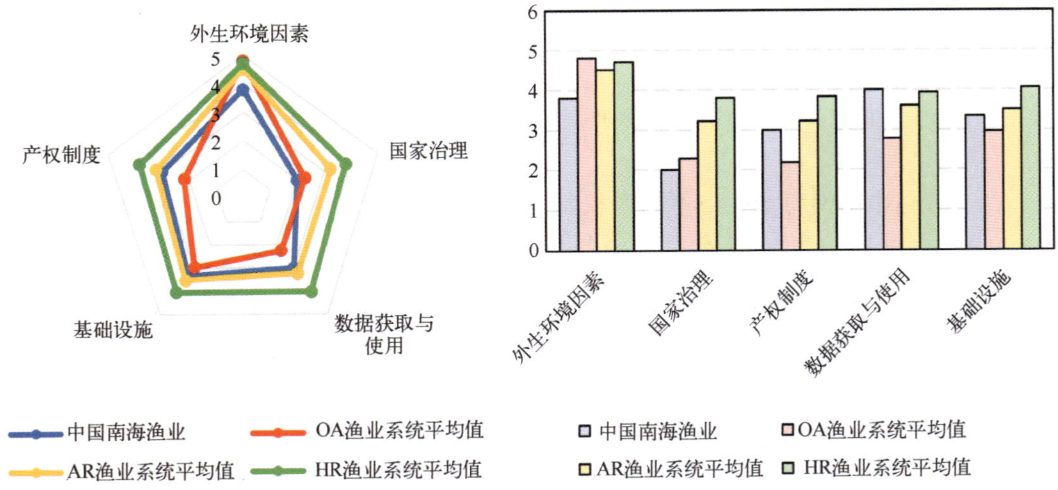

图 5.6　不同产权制度渔业系统在生态绩效显著影响因子上的比较

5.2.2.2 经济绩效的显著影响因子比较

由第5.2.1节的分析可知，对渔业经济绩效有显著影响的因子中，产权制度因子(产权制度)是影响渔业经济绩效的最主要变量，其次是行政管理因子(数据获取与使用、管理方法)，再次是宏观因子(外生环境因素)，最后是相差不大的共同管理因子(渔区领导力与凝聚力)和渔获后因子(基础设施)。

图5.7是中国南海渔业与不同发展程度渔业系统间在经济绩效显著影响因子上的比较。由该图可知，中国南海渔业在渔区领导力与凝聚力、管理方法表现相对最好，超过了世界平均水平，其渔区领导力与凝聚力因子甚至与全球AR渔业系统前10平均水平、全球渔业系统前10平均水平相当；中国南海渔业在产权制度、数据获取与使用、基础设施4个因子表现较好，超过了发展中国家平均水平，但略低于世界平均水平，低于全球AR渔业系统前10平均水平、全球前10渔业系统平均水平；但是，中国南海渔业在外生环境因素表现不好，低于发展中国家平均水平。

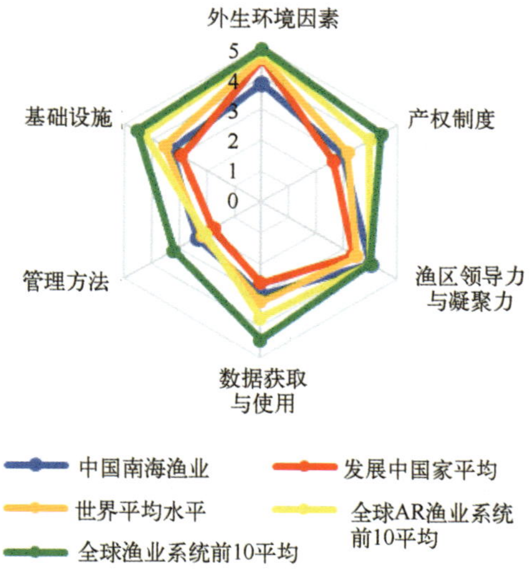

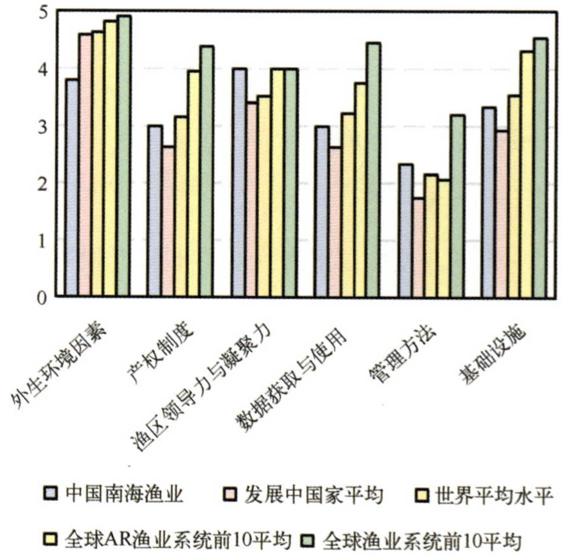

图5.7 不同发展程度渔业系统在经济绩效显著影响因子上的比较

图5.8是中国南海渔业与不同产权制度渔业系统在经济绩效显著影响因子上的比较。由该图可知，中国南海渔业在渔区领导力与凝聚力、管理方法表现相对最好，超过了AR渔业系统平均水平，其渔区领导力与凝聚力因子甚至超过了HR渔业系统平均水平；中国南海渔业在数据获取与使用、产权制度、基础设施3个因子表现不佳，超过了OA渔业系统的平均水平，但略低于AR渔业系统的平均值；同时，中国南海渔业在外生环境因素表现不好，明显低于OA渔业系统的平均水平和AR渔业系统的平均水平。

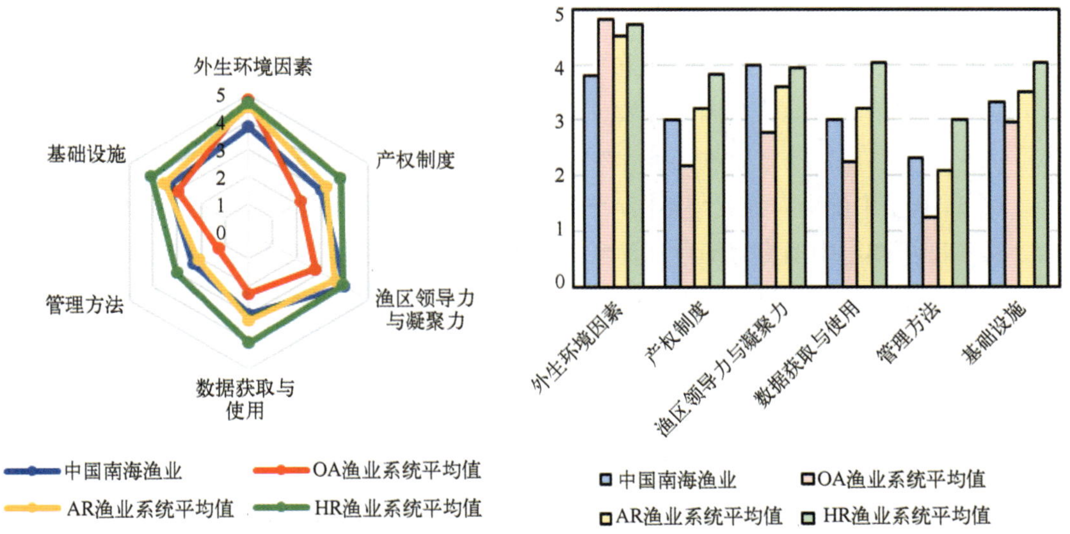

图 5.8　不同产权制度渔业系统在经济绩效显著影响因子上的比较

5.2.2.3　社会绩效的显著影响因子比较

由第 5.2.1 节的分析可知，对渔业社会绩效有显著影响的因子中，宏观因子(国家环境绩效)是影响渔业社会绩效的最主要变量，其次是共同管理因子(渔区领导力与凝聚力)，再次是相差不大的行政管理因子(管理能力)和渔获后因子(基础设施)。

图 5.9 是中国南海渔业与不同发展程度渔业系统在社会绩效显著影响因子上的比较。由该图可知，中国南海渔业在渔区领导力与凝聚力表现相对最好，超过了世界平均水平，甚至与全球 AR 渔业系统前 10 平均水平、全球前 10 渔业系统平均水平相

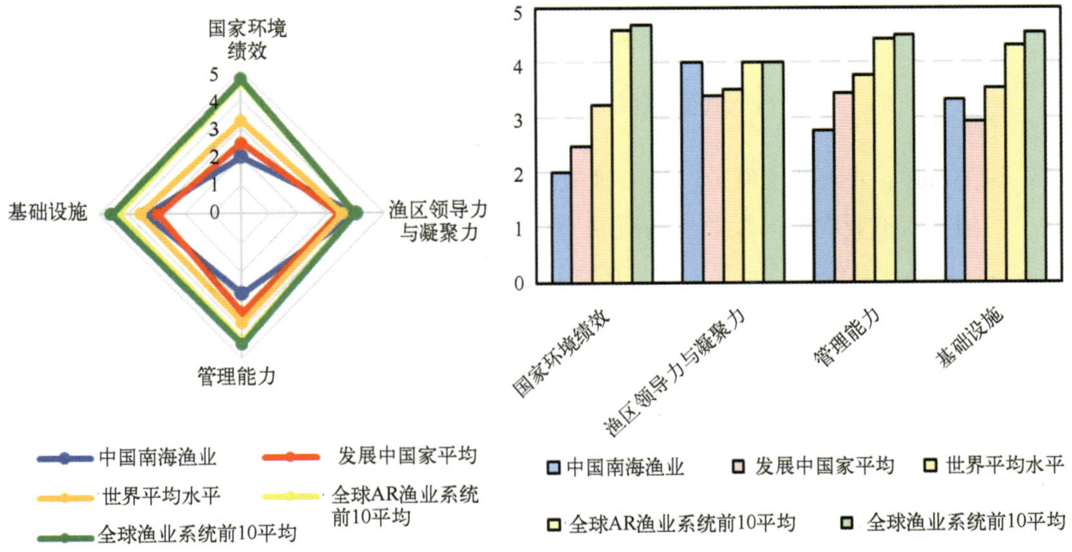

图 5.9　不同发展程度渔业系统在社会绩效显著影响因子上的比较

当；中国南海渔业在基础设施因子表现较好，超过了发展中国家平均水平，但略低于世界平均水平，低于全球 AR 渔业系统前 10 平均水平、全球前 10 渔业系统平均水平；但是，中国南海渔业在国家环境绩效、管理能力表现不好，低于发展中国家平均水平。

图 5.10 是中国南海渔业与不同产权制度渔业系统在社会绩效显著影响因子上的比较。由该图可知，中国南海渔业在渔区领导力与凝聚力表现相对最好，超过了 AR 渔业系统平均水平，甚至超过了 HR 渔业系统平均水平；中国南海渔业在基础设施因子表现不佳，超过了 OA 渔业系统的平均水平，但略低于 AR 渔业系统的平均水平；同时，中国南海渔业在国家环境绩效、管理能力表现不好，明显低于 OA 渔业系统的平均水平和 AR 渔业系统的平均水平。

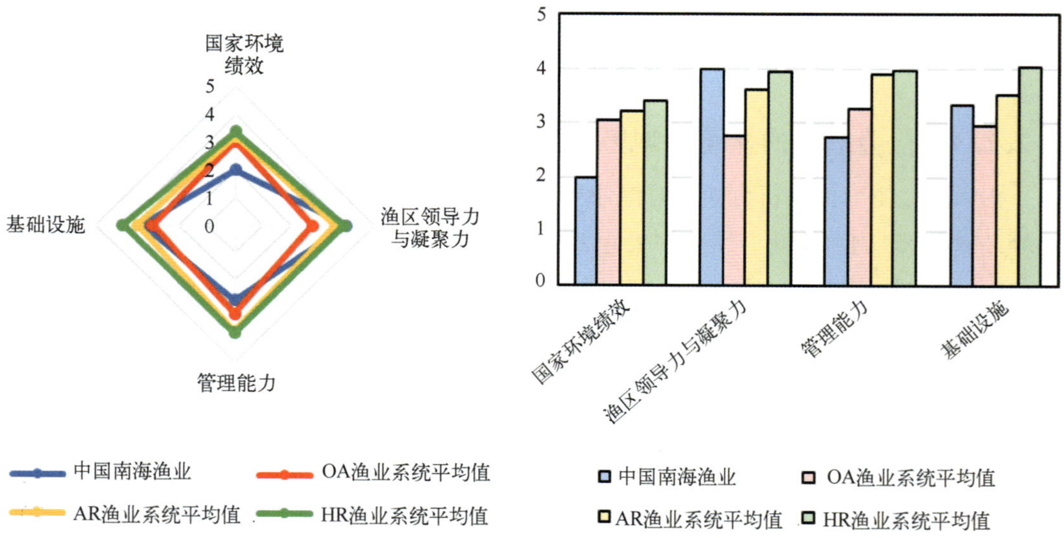

图 5.10　不同产权制度渔业系统在社会绩效显著影响因子上的比较

综上所述，在与生态绩效、经济绩效和社会绩效三类绩效显著相关的共 9 个因子中，中国南海渔业在渔区领导力与凝聚力、管理方法表现相对最好，超过了世界平均水平和 AR 渔业系统平均水平，且渔区领导力与凝聚力因子甚至与全球 AR 渔业系统前 10 平均水平、全球渔业系统前 10 平均水平及 HR 渔业系统平均水平相当；在产权制度、数据获取与使用、基础设施表现一般，超过了发展中国家平均水平，但略低于世界平均水平，超过了 OA 渔业系统的平均水平，但略低于 AR 渔业系统的平均水平；国家环境绩效、外生环境因素、国家治理、管理能力表现，低于发展中国家平均水平，低于 OA 渔业系统和 AR 渔业系统的平均水平。

5.3　不同渔业产权制度之间的关系

本节探讨投入控制制度和产出控制制度的关系，即两者在制度本身特征方面的异同。为此，本书采用 FPIs 对基于权利的渔业管理制度所划分的 12 个维度的特征进行分析。其中，投入控制制度包括 6 个维度的特征：实行投入控制制度的渔获比例、捕捞权可转移性、捕捞权安全性、捕捞权耐久性、捕捞权弹性和捕捞权排他性；产出控制制度也包括 6 个维度的特征：实行产出控制制度的渔获比例、渔获权可转移性、渔获权安全性、渔获权耐久性、渔获权弹性和渔获权排他性（Anderson et al.，2015）。

5.3.1　不同渔业系统在投入控制制度上的表现

AR 渔业系统和 HR 渔业系统均实行了投入控制制度，本小节讨论 AR 渔业系统和 HR 渔业系统在投入控制制度上的表现。图 5.11 是 AR 渔业系统和 HR 渔业系统在投入控制制度上的表现。可以看到，平均而言，在投入控制制度 6 个维度的特征上，HR 渔业系统（23 个案例）比 AR 渔业系统（41 个案例）的表现要更好。表 5.6 是构建 HR 渔业系统虚拟变量并对投入控制制度 6 个维度进行回归分析的结果。可以看到，在捕捞权可转移性（$p=0.000$）、捕捞权安全性（$p=0.026$）、捕捞权弹性（$p=0.020$）和捕捞权排他性（$p=0.000$）上，两种渔业系统的差异显著，HR 渔业系统比 AR 渔业系统表现得更好。

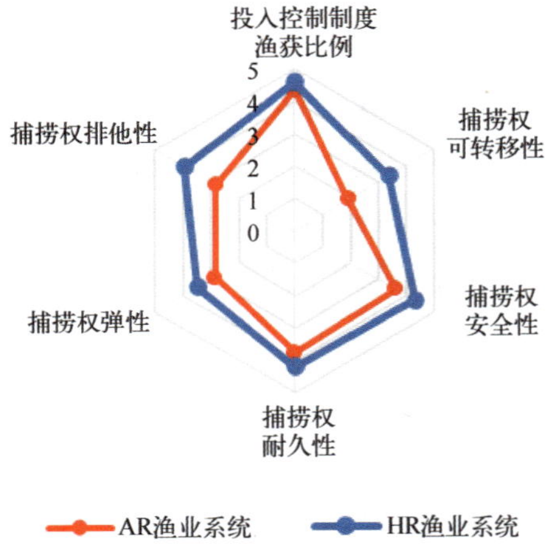

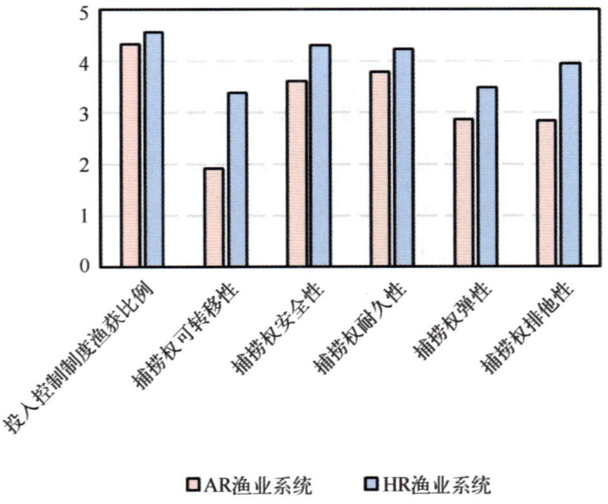

图 5.11　AR 渔业系统和 HR 渔业系统在投入控制制度上的表现

表 5.6 HR 渔业系统虚拟变量对投入控制制度的回归结果

被解释变量	解释变量	回归系数	系数标准差	t 值	p 值	R^2
投入控制制度渔获比例	HR 渔业系统的虚拟变量：当案例为 HR 渔业系统时为 1，否则为 0	0.248	0.183	1.360	0.180	0.029
捕捞权可转移性		1.464	0.338	4.330	0.000***	0.233
捕捞权安全性		0.695	0.304	2.280	0.026**	0.077
捕捞权耐久性		0.437	0.312	1.400	0.166	0.031
捕捞权弹性		0.625	0.262	2.380	0.020**	0.084
捕捞权排他性		1.127	0.297	3.790	0.000***	0.188

数据来源：本研究的南海渔业案例数据；Anderson et al.，2015；2016。共 64 个案例（$n=64$），其中包含 AR 渔业案例 41 个（$n=41$），HR 渔业案例 23 个（$n=23$）。

具体来说，在实行投入控制制度的渔获比例方面，HR 渔业系统和 AR 渔业系统均表现优良，HR 渔业系统的平均水平超过了 4.5 分，即几乎全部渔获均在投入控制制度限制下；AR 渔业系统平均在 4.3 分水平，即 70%~95%的渔获在投入控制制度限制下。在捕捞权可转移性方面，HR 渔业系统表现较好，平均在 3.4 分水平，即捕捞权可在严格限制下适度转让；AR 渔业系统的平均水平仅 1.9 分，即捕捞权可转移性很弱或不可转让。在捕捞权安全性方面，HR 渔业系统表现良好，平均在 4.3 分水平，即捕捞权安全性强，政府大部分尊重捕捞权，一般能在政府管理变革中存活；AR 渔业系统表现较好，平均水平为 3.6 分，即捕捞权安全性较强，政府大部分尊重捕捞权，一般能在政府管理变革中存活，但权利也有撤销的风险。在捕捞权耐久性方面，HR 渔业系统和 AR 渔业系统均表现良好，即捕捞权耐久性强，可持续 6~10 年，但 HR 渔业系统（平均水平约为 4.2 分）高于 AR 渔业系统（平均水平为 3.8 分）。在捕捞权弹性方面，HR 渔业系统仍然高于 AR 渔业系统，分别处于 3.5 分和 2.9 分水平，即捕捞权弹性适度，存在对捕捞时间和捕捞技术的适度限制。在捕捞权排他性方面，HR 渔业系统表现良好，平均水平约 4.0 分，即捕捞权排他性强，无捕捞权者对资源的入侵较少，授予的捕捞权所有者数量有限；AR 渔业系统表现一般，平均水平约为 2.8 分，即捕捞权排他性适度，无捕捞权者对资源的入侵适度，有一些限制捕捞权总数的努力。综上所述，HR 渔业系统和 AR 渔业系统都执行了投入控制制度，而且 HR 渔业系统在投入控制制度 6 个维度上的表现均比 AR 渔业系统更好。

图 5.12 是发达国家与发展中国家在投入控制制度 6 个维度上的比较。可以看到，同样是 AR 渔业系统，发达国家在 6 个维度上均比发展中国家有更好的表现；类似地，同样是 HR 渔业系统，发达国家在 6 个维度也比发展中国家有更好的表现。

表 5.7 是构建国家发展水平虚拟变量并对投入控制制度 6 个维度进行回归分析的结果。可以看出，回归结果进一步佐证了上述结论，投入控制制度在 6 个维度上的虚拟变量回归系数均为正数，并且其中的实行投入控制制度的渔获比例、捕捞权可转移性、

捕捞权安全性、捕捞权耐久性和捕捞权排他性均为显著。因此，发达国家的渔业系统在投入控制制度 6 个维度上的表现要好于发展中国家的渔业系统。此外，从图 5.12 中还可以看到，对于发达国家，平均来说 HR 渔业系统比 AR 渔业系统在 6 个维度都有更好的表现；对于发展中国家，平均来说 HR 渔业系统也比 AR 渔业系统在 6 个维度都有更好的表现。由此可知，6 个维度上整体表现最差的是发展中国家的 AR 渔业系统，表现最好的是发达国家的 HR 渔业系统，尤其是在捕捞权可转移性和捕捞权排他性方面有高达 2 分以上的显著差距。

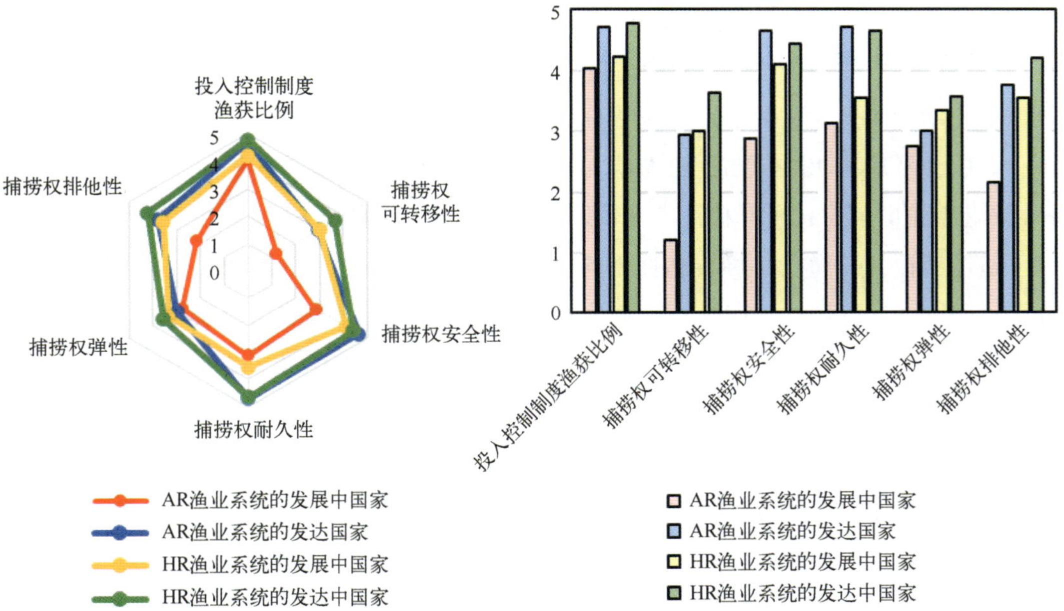

图 5.12　发展中国家和发达国家的渔业系统在投入控制制度上的表现

表 5.7　国家发展水平虚拟变量对投入控制制度的回归结果

被解释变量	解释变量	回归系数	系数标准差	t 值	p 值	R^2
投入控制制度渔获比例	国家发展水平的虚拟变量：当案例为发达国家时为 1，否则为 0	0.651	0.158	4.130	0.000***	0.215
捕捞权可转移性		1.561	0.313	4.990	0.000***	0.287
捕捞权安全性		1.336	0.253	5.290	0.000***	0.311
捕捞权耐久性		1.435	0.244	5.890	0.000***	0.359
捕捞权弹性		0.349	0.259	1.350	0.183	0.028
捕捞权排他性		1.422	0.260	5.460	0.000***	0.325

数据来源：本研究的南海渔业案例数据；Anderson et al.，2015；2016。共 64 个案例（$n=64$），其中包含 AR 渔业案例 41 个（$n=41$），HR 渔业案例 23 个（$n=23$）。

综上所述，在投入控制制度的 6 个维度上，平均而言，HR 渔业系统总是比 AR 渔业系统有更好的表现，这说明 HR 渔业系统比 AR 渔业系统的投入控制制度更为完善。另外，发达国家的渔业系统比发展中国家在投入控制制度 6 个维度的表现上显著更好。

5.3.2 HR 渔业系统在投入控制制度和产出控制制度上的表现

HR 渔业系统不仅实行了投入控制制度，而且实行了产出控制制度。本小节讨论 HR 渔业系统在投入控制制度和产出控制制度上的表现及两者的关系。

图 5.13 是 HR 渔业系统在投入控制制度和产出控制制度上的表现。可以看到，从整体上来说，HR 渔业系统在投入控制制度 6 个维度上的平均表现比在产出控制制度 6 个维度上的平均表现更好。其中，仅捕捞权弹性比渔获权弹性的得分略低，其他 5 个维度均是在投入控制制度上的表现更好。具体来说，在渔获比例方面，HR 渔业系统的两种制度限制下的渔获比例均表现优良，投入控制制度下渔获比例平均在 4.6 分水平，产出控制制度下渔获比例平均在 4.2 分水平，即几乎全部渔获均在投入控制制度限制下，其中，平均有 70%～95% 的渔获在产出控制制度限制下。在权利可转移性方面，HR 渔业系统的捕捞权可转移性表现较好，平均在 3.4 分的水平，即捕捞权可在严格限制下适度转让；其渔获权可转移性平均在 3.1 分水平，略低于捕捞权可转移性，也可在严格限制下适度转让。在权利安全性方面，HR 渔业系统的捕捞权安全性表现良好，平均在 4.3 分水平，其渔获权安全性表现略低于其捕捞权安全性，也处在 4.0 分水平，即捕捞权安全性和渔获权安全性均强，政府大部分尊重捕捞权和渔获权，一般能在政府管理变革中存活。在权利耐久性方面，HR 渔业系统的捕捞权耐久性表现良好，平均水平约为 4.2 分，即捕捞权耐久性强，可持续 6～10 年；其渔获权耐久性平均约为 3.5 分，也较强，但低于捕捞权耐久性。在权利弹性方面，HR 渔业系统的捕捞权弹性平均不到 3.5 分，而渔获权弹性刚刚超过 3.6 分，相差不大，其弹性适度，存在对捕捞时间和捕捞技术的适度限制。在权利排他性方面，HR 渔业系统的捕捞权排他性表现良好，

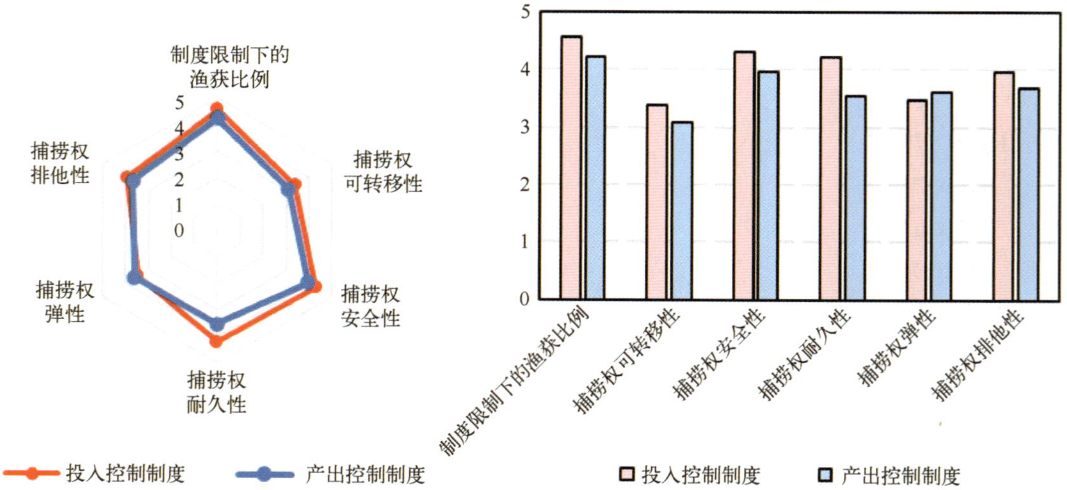

图 5.13　HR 渔业系统在投入控制制度和产出控制制度上的表现

平均水平约为4.0分，即捕捞权排他性强，无捕捞权者对资源的入侵较少，授予的捕捞权所有者数量有限；其渔获权排他性也表现良好，平均水平为3.7分，即渔获权排他性较强，管理上允许超额的渔获很少，资源很少受到无渔获权人的侵犯。

图5.14和表5.8是HR渔业系统的投入控制制度6个维度的平均得分与产出控制制度6个维度的平均得分的回归结果。从图5.14和表5.8中可以看出，虽然HR渔业系统在其投入控制制度6个维度上的平均表现比在产出控制制度6个维度上的平均表现更好，但是其投入控制制度和产出控制制度的平均表现呈显著正相关。这说明HR渔业系统在产权制度的投入控制和产出控制两个方面相互补充和促进，其产出控制制度的良好执行离不开投入控制制度的良好执行。

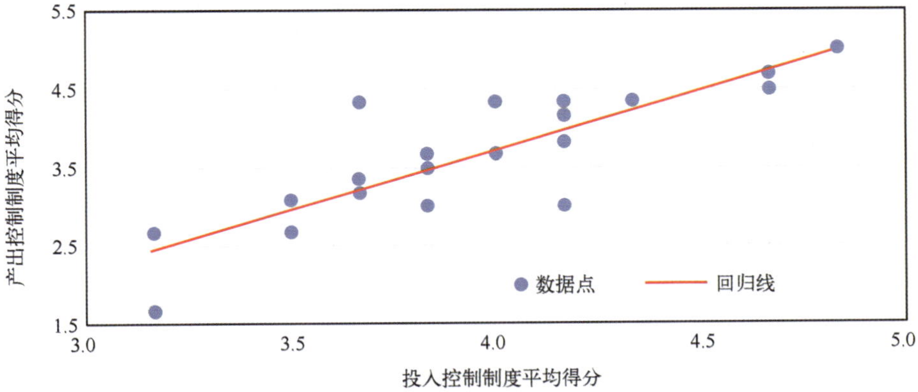

图5.14　HR渔业系统的投入控制制度与产出控制制度散点及回归直线

表5.8　HR渔业系统的投入控制制度与产出控制制度平均得分的回归结果

被解释变量	解释变量	回归系数	系数标准差	t 值	p 值	R^2
产出控制制度平均得分	投入控制制度平均得分	1.524	0.207	7.370	0.000***	0.721

数据来源：本研究收集的南海渔业案例数据，Anderson et al.，2015；2016。共23个HR渔业案例（$n=23$）。

5.3.3　不同渔业产权制度的管理投入比较

本小节考察不同渔业产权制度在管理支出上是否具有显著差异。管理支出是指政府、产业界和援助机构在渔业管理活动上的开支相对于渔获价值的比例，包括研究、执法和管理能力发展（但不包括基础设施）（Anderson et al.，2015）。

表5.9显示，在管理支出上，HR渔业的平均管理支出（3.61分）比AR渔业（4.05分）得分低，说明HR渔业的平均管理支出更多，但是二者均处于4.00分水平，即管理支出占渔获价值的5%~25%。AR渔业的平均管理支出（4.05分）比OA渔业（4.83分）得分低，说明AR渔业的平均管理支出更多，而OA渔业的管理支出在渔获价值中的占比仅不到5%。

表 5.9　三种渔业系统管理支出的描述性统计结果

被解释变量	样本数量	平均值	标准差
OA 渔业管理支出	18	4.83	0.38
AR 渔业管理支出	40	4.05	1.30
HR 渔业管理支出	23	3.61	1.34

数据来源：本研究的南海渔业案例数据；Anderson et al.（2015；2016）。共 82 个案例（$n=82$），其中包含 OA 渔业案例 18 个（$n=18$），AR 渔业案例 41 个（$n=41$），HR 渔业案例 23 个（$n=23$）。

5.3.4　不同渔业产权制度的促成因子分析

本小节考察不同渔业产权制度的促成因子。首先利用 FPIs 指标体系中的投入控制制度和产出控制制度各维度的平均值来构建表征渔业产权制度综合特征的代理变量，具体的构建方式如下：

（1）对于 AR 渔业系统，取投入控制制度 6 个维度的平均值作为渔业产权制度综合特征的代理变量。

（2）对于 HR 渔业系统，取投入控制制度 6 个维度和产出控制制度 6 个维度，共 12 个维度的平均值作为渔业产权制度综合特征的代理变量。

基于此，下文在 AR 渔业系统和 HR 渔业系统下，利用回归分析来考察 FPIs 指标体系中可能影响渔业产权制度综合特征代理变量的促成因子。为了消除各因子间可能存在的多重共线性问题，从而提高回归结果的稳健性，在实际操作中采用多元逐步回归的方式进行。

表 5.10 是 FPIs 促成因子对渔业产权制度综合特征代理变量的多元逐步回归结果。总体而言，回归方程的整体拟合度较好，回归系数也非常显著。

表 5.10　FPIs 促成因子对渔业产权制度综合特征代理变量的多元逐步回归结果

解释变量	被解释变量			解释变量	被解释变量		
	AR 渔业系统产权制度综合特征代理变量				HR 渔业系统产权制度综合特征代理变量		
管理方法	回归系数	0.670	0.578	国家经济条件	回归系数	0.321	0.376
	系数标准差	0.153	0.147		系数标准差	0.077	0.062
	t 值	4.380	3.940		t 值	4.180	6.080
	p 值	0.000***	0.000***		p 值	0.000***	0.000***
数据的获取与使用	回归系数		0.297	渔区领导力与凝聚力	回归系数		0.399
	系数标准差		0.113		系数标准差		0.105
	t 值		2.630		t 值		3.780
	p 值		0.012**		p 值		0.001***
F 值		19.142	14.492	F 值		17.492	21.457
$Prob>F$		0.000***	0.000***	$Prob>F$		0.000***	0.000***
R^2		0.329	0.433	R^2		0.454	0.682

数据来源：本研究的南海渔业案例数据；Anderson et al.，2015；2016。共 64 个案例（$n=64$），其中包含 AR 渔业案例 41 个（$n=41$），HR 渔业案例 23 个（$n=23$）。

对 AR 渔业系统产权制度综合特征代理变量有显著影响的因子为管理方法和数据获取与使用。其中，管理方法的单独贡献度 R^2 为 32.9%，增加数据获取与使用后，总体贡献度 R^2 上升至 43.3%。因子的回归系数均为正数，因此，因子对 AR 渔业系统产权制度均为正向作用。这说明，在 AR 渔业系统中，海洋保护区面积大、实行空间管理的渔场多、对捕捞死亡率限制更严格的渔业系统，以及数据可用性和数据分析能力强的渔业系统能够获得更好的产权制度表现。具体来说，就是那些可以为了种群资源养护、封闭或高度限制捕捞的海域面积更大的渔业系统；那些通过渔业社区直接管制或通过限制捕捞准入地点(出海或上岸地点)间接管制的渔场所占比例更高的渔业系统；以及可以明确总可捕量，并更加严格遵守和统计总可捕量的渔业系统，能够在渔业产权制度上表现更好。同时，那些可以获得更可靠的渔业资源生物和经济数据的，并且管理部门能够更好地使用数据的渔业系统能够获得更好的产权制度表现。

图 5.15 是中国南海渔业和三种产权制度渔业系统在管理方法和数据获取与使用方面表现的对比箱线图。由图 5.15 可知，中国南海渔业在管理方法方面表现一般，处于 AR 渔业系统的中上游水平；中国南海渔业在数据获取与使用方面表现较差，处于 AR 渔业系统的中下游水平。

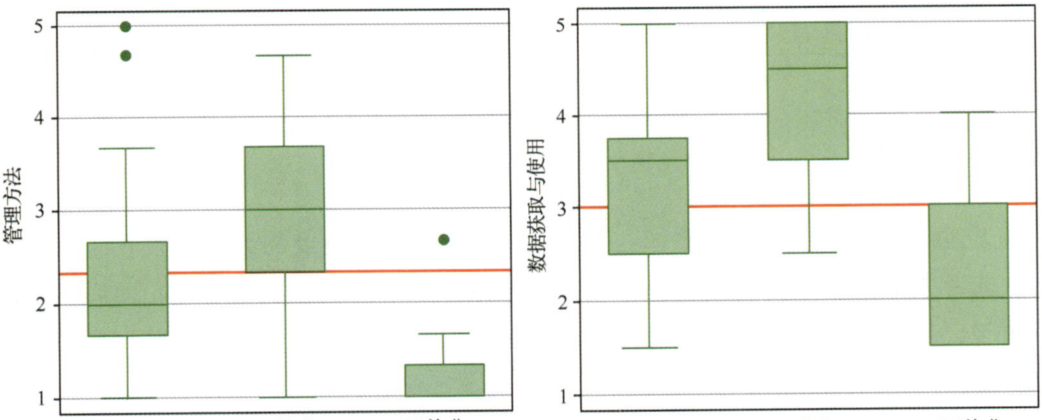

图 5.15　中国南海渔业和三种产权制度渔业系统在管理方法和数据获取与使用方面表现的对比箱线图

对 HR 渔业系统产权制度综合特征代理变量有显著影响的因子为渔区领导力与凝聚力和国家经济条件。其中，国家经济条件的单独贡献度 R^2 为 45.4%，增加渔区领导力与凝聚力后，总体贡献度 R^2 上升至 68.2%。因子的回归系数均为正数，因此，因子对 HR 渔业系统产权制度均为正向作用。这说明，在 HR 渔业系统中，国家经济条件更好、渔区领导力与凝聚力更强的渔业系统在产权制度方面有更好的表现。具体来说，就是那些渔业系统所在的国家经济自由指数更高、人均国内生产总值更高，以及所属渔业社区具有更强的领导能力，能够预见和实施有效的管理，并且资源使用者能够在捕捞和渔获后等领域之间具有广泛的社会联系和互动的渔业系统，在产权制度上有更好的表现。

图 5.16 是中国南海渔业和三种制度的渔业系统在国家经济条件和渔业社区领导力与凝聚力方面表现的对比箱线图。由图 5.16 可知，中国南海渔业在国家经济条件方面表现一般，处于 AR 渔业系统的平均水平、HR 渔业系统的下游水平；中国南海渔业在渔业社区领导力与凝聚力表现较好，处于 AR 渔业系统的中上游水平、HR 渔业系统的平均水平。

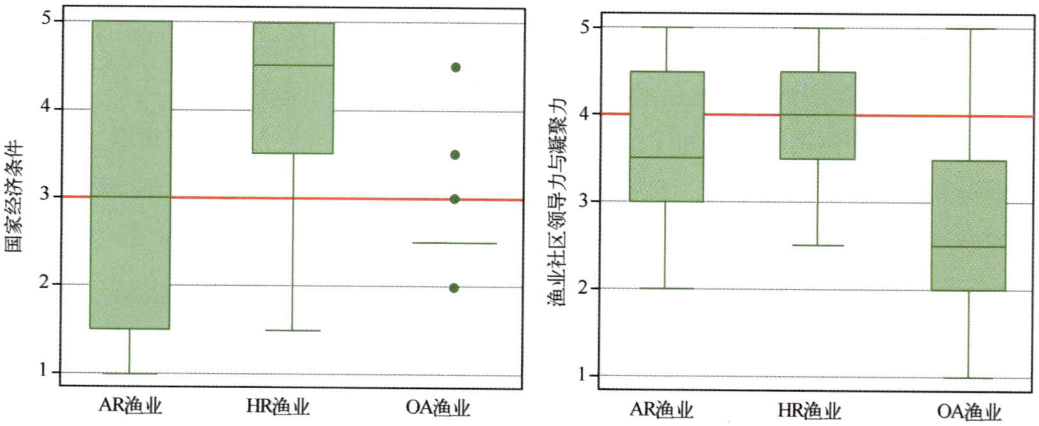

图 5.16　中国南海渔业和三种产权制度渔业系统在国家经济条件和渔业社区领导力与凝聚力方面表现的对比箱线图

上述结果表明，AR 渔业系统与 HR 渔业系统在产权制度的影响因素方面差别较大，前者主要取决于行政管理（包含管理方法和数据获取与使用）的水平；而后者主要取决于宏观因子（国家经济条件），另外，共同管理（渔业社区领导力与凝聚力）水平也会对后者产生较大的影响。

5.4　本章小结

本章应用 FPIs 全球案例数据集，分析了渔业绩效的特征、渔业绩效的主要促成因子及中国南海渔业的表现情况，以及投入控制制度和产出控制制度这两种基于权利的渔业管理制度之间的关系。

第一，比较分析了不同产权制度渔业系统的渔业治理绩效。结果显示：

不同产权制度渔业系统在渔业资源治理的生态绩效、经济绩效和社会绩效方面是否有显著差异不能一概而论。在生态绩效方面，AR 渔业与 OA 渔业、HR 渔业与 OA 渔业、HR 渔业与 AR 渔业两两之间都有显著差异，前者均比后者的生态绩效显著更好；

在经济绩效方面，HR 渔业比 OA 渔业、HR 渔业比 AR 渔业的经济绩效显著更好，而 AR 渔业与 OA 渔业之间的经济绩效没有显著差异；然而，在社会绩效方面，OA 渔业、AR 渔业与 HR 渔业两两之间均没有显著差异。因此，在三类产权制度渔业系统中，表现最好的是 HR 渔业，HR 渔业在生态绩效和经济绩效方面均比 AR 渔业和 OA 渔业显著更好，但与 AR 渔业和 OA 渔业的社会绩效无显著差异；表现其次的是 AR 渔业，AR 渔业在生态绩效方面比 OA 渔业显著更好，但在经济绩效和社会绩效方面与 OA 渔业无显著差异；表现最差的是 OA 渔业，OA 渔业在社会绩效方面与 HR 渔业和 AR 渔业无显著差异，但在生态绩效和经济绩效方面均比 HR 渔业或 AR 渔业显著更差。

不同产权制度渔业系统的生态绩效、经济绩效和社会绩效两两之间均显著正相关，是相互促进、相互支持的关系，不同绩效之间并不存在冲突和权衡。AR 渔业的生态绩效、经济绩效和社会绩效两两之间均显著正相关；HR 渔业表现出显著正相关的是生态绩效与经济绩效、社会绩效与经济绩效，其社会绩效与生态绩效之间正相关性不显著；OA 渔业各绩效两两之间的相关系数也均为正值，但均不显著。

第二，分析了渔业绩效的显著影响因子，并比较分析了中国南海渔业在这些因子上的表现。结果显示：

对渔业生态绩效有显著影响的因子中，外生环境因素和国家治理是最主要变量，其次是相差不大的数据获取与使用、产权制度，再次是基础设施。其中，基础设施对生态绩效呈显著负向作用，其他因子对生态绩效均呈显著正向作用。

对渔业经济绩效有显著影响的因子中，产权制度是最主要变量，其次是数据获取与使用、管理方法，再次是外生环境因素，最后是相差不大的渔区领导力与凝聚力、基础设施。其中，管理方法对经济绩效有显著负向作用；其他因子对经济绩效均呈显著正向作用。

对渔业社会绩效有显著影响的因子中，国家环境绩效是最主要变量，其次是渔区领导力与凝聚力，再次是相差不大的管理能力、基础设施。其中，管理能力对社会绩效有显著负向作用，其他因子对社会绩效均呈显著正向作用。

对中国南海渔业在绩效的显著影响因子方面的表现进行了国际比较分析后发现：渔业生态绩效、经济绩效和社会绩效的 9 个显著影响因子中，中国南海渔业在渔区领导力与凝聚力、管理方法表现相对最好，超过了世界平均水平和 AR 渔业系统平均水平，且渔区领导力与凝聚力因子甚至与全球 AR 渔业系统前 10 平均水平、全球渔业系统前 10 平均水平及 HR 渔业系统平均水平相当；在产权制度、数据获取与使用、基础设施表现一般，超过了发展中国家平均水平，但略低于世界平均水平，超过了 OA 渔业的平均水平，但略低于 AR 渔业的平均水平；同时，中国南海渔业在国家环境绩效、外生环境因素、国家治理、管理能力方面的表现低于发展中国家平均水平，低于 OA 渔业和 AR 渔业的平均水平。

第三，探讨了投入控制制度和产出控制制度的关系。结果显示：

AR 渔业系统和 HR 渔业系统均实行了投入控制制度，且 HR 渔业系统比 AR 渔业系统在投入控制制度 6 个维度上有更好的表现，其中，在捕捞权可转移性、捕捞权安全性、捕捞权弹性和捕捞权排他性上，HR 渔业系统均比 AR 渔业系统显著更好，这说明 HR 渔业系统比 AR 渔业系统的投入控制制度更为完善。同时，发达国家的渔业系统比发展中国家在投入控制制度 6 个维度的表现上显著更好。

HR 渔业系统不仅实行了投入控制制度，而且实行了产出控制制度。HR 渔业系统在投入控制制度 6 个维度上的平均表现与在产出控制制度 6 个维度上的平均表现呈显著正相关，并且前者比后者表现更好，说明 HR 渔业系统在产权制度的投入控制和产出控制两个方面相互补充和促进，产出控制制度的良好执行离不开投入控制制度的良好执行。

对不同产权制度渔业系统管理支出的比较分析结果显示，HR 渔业系统比 AR 渔业系统的平均管理支出更多，而 AR 渔业系统比 OA 渔业系统的平均管理支出更多。

对渔业产权制度本身的影响因子的研究表明：管理方法、数据获取与使用对 AR 渔业系统产权制度有显著正向作用，其中，管理方法是主要因子，其次是数据获取与使用。渔区领导力与凝聚力、国家经济条件对 HR 渔业系统产权制度有显著正向作用，其中，国家经济条件是主要因子，其次是渔区领导力与凝聚力。

第六章 结 论

6.1 中国南海渔业资源治理成效及影响因子

南海横跨亚热带、热带及赤道热带，是中国唯一具有深海的海区，水温跨越了热带、亚热带、温带以至寒带，其基底构造复杂，具有独特的沟-弧-盆构造体系，海底地貌类型丰富，岸线曲折多样，为渔业提供了多种栖息条件和天然良港，并造就了南海多样化的渔业生态系统，具有近岸河口生态系、陆架生态系、陆坡生态系、大洋生态系、珊瑚岛礁生态系等多种类型，渔业资源种类在中国海区中最为丰富。

南海渔业为中国的经济社会发展做出了重要贡献，随着捕捞能力不断提高，近年来南海渔业资源不断衰退。我国以促进渔业可持续发展为目标，在南海区施行一系列投入控制制度措施。经过对我国南海渔业资源治理状况进行实证研究，以及在研究全球尺度渔业资源治理的生态维度、经济维度、社会维度与制度维度四方面维度的互动关系中发现：

中国南海渔业资源的治理，在促成因子整体上表现不佳的情况下，取得了欠佳的生态绩效、较好的经济绩效和优良的社会绩效。（1）生态绩效评估值为 2.88 分（总分 5.00 分），表现一般，处于发展中国家案例的中下游水平，低于世界平均水平；处于开放性进入渔业系统和投入控制制度渔业系统的中下游水平。生态绩效一级、二级、三级指标的评估结果反映出，南海渔业资源与环境健康状况不佳，其中，IUU 渔获比例已超过一半，捕捞渔获缺少生态可持续性认证，渔业资源轻度过度捕捞，并且目前处于衰退状态，渔业资源关键生境中约六七成被降级或功能失调。但同时，南海渔获中因政府管制而受损的渔获不到 5%，各种上岸渔获基本全部得到利用，平均非目标渔获率低于 5%，说明中国南海渔业中渔获浪费非常少，但这并不代表可持续，因为 IUU 渔获的高利用率也会激励渔民继续维持 IUU 捕捞行为。（2）经济绩效评估值为 3.49 分，表现较好，处于发展中国家上游水平，略高于世界平均水平，但处于发达国家的下游水平；处于开放性进入渔业系统和投入控制制度渔业系统的中上游水平，但在产出控制制度渔业系统的中下游水平。经济绩效一级、二级、三级指标的评估结果反映出，中国南海渔业较高效地产生了市场效益，其渔获价值稳定，渔获后资产性能良好，具有提升水产品潜在利润的物质和市场基础。但同时，渔业在一段时间内实现其潜在财富的程度一般，水产品形式单一，出口能力有限；且存在捕捞能力严重过剩、捕捞量超过最大可持续产量等问题，给南海渔业带来沉重成本；此外，渔船的性能、价值、资本筹措来源、借款利率等方面表现较差。(3)社会绩效评估值为4.36分，表现优良，处于发展中国家和发达国家的上游水平，也处于投入控制制度和产出控制制度渔业系统的上游水平。社会绩效一级、二级、三级指标的评估结果反映，按照当地标准计算，中国南海渔业为其从业的所有者、管理人员和工人带来了在工资收入、社会地位、工作机会等方面良好的社会收益，且反映了相对于其他职业，渔业对当地社区的经济和社会发展做出了有意义的贡献。但是，社会绩效的高分，也说明了中国南海渔业对外开放程度较低，以当地雇主、劳工为主，主要回报当地渔业从业者；而渔业相对于其他职业回报更高，可能是因为海南当地经济发展整体水平较落后，就业率低，平均收入较低使然。这种良好的社会绩效未必能够持续，随着当地其他经济活动的发展，渔业的相对高回报优势也将可能消失。

促成因子整体评估值为2.87分，表现欠佳。其中，宏观因子评估值为2.70分，处于发展中国家中下游水平，处于三类渔业系统的下游水平。反映了中国整体制度环境状况，说明公民个人对社会分配决策和资源管理的控制程度较低。其他4个维度的促成因子均处于发展中国家中上游水平，处于投入控制制度渔业系统的中下游水平、产出控制制度渔业系统的下游水平。其中，渔获后因子评估值为3.29分，说明中国南海渔业的市场与市场制度、基础设施等建设较完善，该区域用于创造可持续生计的经济和物质基础设施较好。共同管理因子评估值为2.67分，说明当地利益相关者在决定渔业管理方面所起的作用很小，地方渔区在合作改善渔业管理方面很少作为。行政管理因子评估值为2.69分，反映了中国南海渔业行政管理系统在有效收集来自科学和利益相关者的信息并应用于科学决策的水平较低。产权制度因子评估值为3.00分，反映了通过有限的捕捞权将他人排除在资源使用之外的强度一般，设计管理机制以控制和保护渔业资源的水平一般。

综上所述，通过高强度开发南海渔业资源，中国南海渔业取得了较好的经济绩效和优良的社会绩效，但也导致南海渔业资源与环境健康状况不佳，渔业可持续性三大支柱不平衡，且绩效促成因子表现欠佳。

6.2 渔业可持续性多维度互动关系

(1)不同产权制度渔业系统实现了不同的绩效水平，投入控制制度的失灵更主要体现在经济绩效和社会绩效方面。整体来看，三类产权制度渔业系统中表现最好的是HR

渔业系统，其生态绩效和经济绩效均比投入控制制度渔业系统和开放性进入渔业系统显著更好，但在社会绩效方面无显著差异；表现其次的是投入控制制度渔业系统，其生态绩效比开放性进入渔业系统显著更好，但在经济绩效和社会绩效方面无显著差异；表现最差的是开放性进入渔业系统。这再次证明，投入控制制度渔业系统和产出控制制度渔业系统比开放性进入渔业系统更能扭转渔业资源衰退趋势。但是，实施资源产权归政府所有的投入控制制度渔业系统，仅在生态绩效上发挥了显著作用，而在经济绩效和社会绩效方面，与开放性进入渔业系统相比并没有显著优势。这一方面验证了众多学者所认为的：政府集中治理制度存在失灵，但是另一方面也表明，事实上，制度失灵更突出的是体现在经济绩效和社会绩效方面，而不是过去许多研究所认为的：失灵主要体现在生态绩效方面。

(2)渔业生态绩效、经济绩效和社会绩效之间呈正相关，而非此消彼长、相互权衡。三种产权制度渔业系统的生态绩效、经济绩效和社会绩效两两之间均为正相关，尤其在投入控制制度渔业系统表现得最为显著。这进一步验证了生态绩效、经济绩效和社会绩效之间是相互补充、相互促进的关系，而不是过去许多研究所认为的：提高生态绩效则必不可少要牺牲社会和经济发展，或发展经济就会损害生态和社会效益。据此可以得到以下推论：好的制度设计理论上应该可以实现渔业可持续性在生态效益、经济效益和社会效益的共赢，而不是此消彼长、相互权衡取舍。但同时也表明，如果制度设计不科学，渔业可持续性三大支柱不平衡，较差的生态绩效也很可能将会导致经济绩效和社会绩效的崩塌。

(3)渔业所在国家的宏观条件是保证渔业治理绩效的前提和基础，在此基础上，产权制度是提高绩效的最重要因子，其次是渔区领导力与凝聚力、数据获取与使用两个因子。宏观因子中的外生环境因素和国家治理是生态绩效的最主要影响因子，对经济绩效也有显著影响，而其中的国家环境绩效是社会绩效的最主要影响因子，且均呈正向作用。产权制度因子是渔业经济绩效的最主要影响因子，也是生态绩效的次要显著影响因子，均呈正向作用，但对社会绩效无显著影响。共同管理因子中的渔区领导力与凝聚力是社会绩效的次要显著影响因子，也是经济绩效显著影响因子，均呈正向作用；其他共同管理下的二级因子对绩效无显著影响。行政管理因子中数据获取与使用是生态绩效和经济绩效的次要显著影响因子，均呈正向作用；但行政管理因子中的管理方法对经济绩效有显著负向作用，管理能力对社会绩效有显著负向作用。渔获后因子中的基础设施对经济绩效、社会绩效呈显著正向作用，但对生态绩效呈显著负向作用。这说明，渔业系统所在国家的宏观条件是保证渔业资源治理绩效的前提和基础，对渔业生态绩效和社会绩效均具有最主要的正向影响，对经济绩效也有显著正向作用。而在此基础上，产权制度便是提高绩效的最重要因子，其次便是渔区领导力与凝聚力、数据获取与使用两个因子。

(4) 产出控制制度渔业系统的产权制度其实是在投入控制制度渔业系统的产权制度基础上的进一步丰富和强化，投入控制制度渔业系统的产权表现取决于行政管理水平，而产出控制制度渔业系统的产权表现取决于渔区的自治水平和国家经济条件。投入控制制度渔业系统和产出控制制度渔业系统均实行了投入控制制度，而产出控制制度渔业系统在此基础上还实行了产出控制制度。从将渔业系统产权制度分解后得到的两种单一制度的角度来看，产出控制制度渔业系统在投入控制制度 6 个维度上的表现均比投入控制制度渔业系统的更好，这说明产出控制制度渔业系统的投入控制制度比投入控制制度渔业系统的更加完善；另外，对于产出控制制度渔业系统而言，整体来说，其自身的投入控制制度比产出控制制度的表现更好，且两种单一制度呈显著正相关，这说明在产出控制制度渔业系统内，两种单一制度是相互支持、相互促进的。所以现行的产出控制制度渔业系统产权制度其实是在投入控制制度渔业系统产权制度基础上的进一步丰富和强化。而发达国家的渔业系统在投入控制制度 6 个维度上的表现比发展中国家显著更好。从完整的渔业系统产权制度的角度来看，投入控制制度渔业系统产权制度和产出控制制度渔业系统产权制度的显著影响因子不同。管理方法、数据获取与使用对投入控制制度渔业系统产权制度有显著正向作用；而渔区领导力与凝聚力、国家经济条件对产出控制制度渔业系统产权制度有显著正向作用。这说明，资源产权归属政府集中管理的投入控制制度渔业系统，其产权制度表现主要取决于行政管理水平；而资源产权分配给个人或集体的产出控制制度渔业系统，其产权制度表现主要取决于渔区的自治水平和国家经济条件。从管理支出的角度来看，产出控制制度渔业系统比投入控制制度渔业系统的平均管理支出更多，而投入控制制度渔业系统比开放性进入渔业系统的平均管理支出更多。

6.3 中国南海渔业资源治理制度改进对策

通过高强度开发南海渔业资源，中国南海渔业取得了较好的经济绩效和优良的社会绩效，但也导致南海渔业资源与环境健康状况不佳，渔业可持续性三大支柱不平衡，存在经济绩效和社会绩效崩塌的可能性。同时，中国南海渔业绩效的促成因子整体表现不佳。在此情况下，制度作为渔业可持续性 4 个维度的核心，该如何改进我国南海渔业资源治理制度以提高其可持续性？本书建议如下：

(1) 对于当前中国南海渔业是否转而实行产出控制制度渔业系统的产权制度应慎重决策，建议进一步完善现有投入控制制度渔业系统的制度设计

国内众多研究提出中国应实行产出控制制度渔业系统的产权制度，明确界定渔业产权。本研究发现：首先，对产出控制制度渔业系统产权制度综合特征代理变量有显著正影响的因子为：渔区领导力与凝聚力、国家经济条件，二者的总体贡献度达68.2%，说明在产出控制制度渔业系统中，国家经济条件更好、渔区领导力与凝聚力更强的渔业系统在产权制度方面有更好的表现。中国南海渔业在渔业社区领导力与凝聚力方面表现一般，处于投入控制制度渔业系统的中上游水平、产出控制制度渔业系统的平均水平；但是，中国南海渔业的国家经济条件表现较弱，处于投入控制制度渔业系统的平均水平、产出控制制度渔业系统的下游水平。第二，产出控制制度渔业系统比投入控制制度渔业系统需要更多的管理支出，在渔业管理活动上的平均开支占渔获价值的5%~25%，而中国南海渔业的管理支出不到2%，因此，目前的中国南海渔业管理支出还不足以支撑产出控制制度渔业系统。第三，虽然整体而言，产出控制制度渔业系统的生态绩效、经济绩效和社会绩效均比投入控制制度渔业系统表现得更好，但是，在全球数据库中，至少1/4的产出控制制度渔业系统的绩效表现低于投入控制制度渔业系统的中位数水平。事实上，从全球投入控制制度渔业系统前10名的绩效平均水平可以看出，其中有不少案例取得了良好的效果。

因此，在当前中国南海渔业国家经济条件偏弱、渔业社区领导力与凝聚力表现一般、管理支出偏低的状况下，可以预期在短期内即使实行产出控制制度渔业系统的产权制度也难以取得良好的制度表现。故而，建议进一步研究完善现有投入控制制度渔业系统的制度设计，研究并借鉴绩效表现良好的投入控制制度渔业系统，但对于是否转而实行产出控制制度渔业系统的产权制度应慎重决策。

(2)以提高生态绩效为主要目标，抓住外生环境因素、产权制度、管理方法、数据获取与使用等显著驱动因子改进中国南海渔业投入控制制度

中国南海渔业绩效整体得3.88分，表现良好，一级绩效的3个维度中，社会绩效(4.36分)表现最好，反映了中国南海渔业对其渔区内的生计及其他利益的贡献度很高；经济绩效(3.49分)表现较好，反映了中国南海渔业较高效地产生了市场效益；而生态绩效(2.88分)表现最差，反映了南海渔业资源与环境健康状况不佳。与不同发展程度国家渔业案例的绩效平均水平相比，中国南海渔业的生态绩效处于最低水平，落后于发展中国家平均水平和世界平均水平；与不同产权制度渔业系统的绩效平均水平相比，中国南海渔业的生态绩效低于开放性进入、投入控制制度和产出控制制度三类渔业系统的平均水平。因此，无论是与中国南海渔业整体绩效相比，还是与其他国家相比，中国南海渔业的生态绩效均是短板。

本研究显示，对渔业生态绩效有显著影响的因子包括4组一级因子5个二级因子：宏观因子(外生环境因素、国家治理)是影响渔业生态绩效的最主要变量，对生态绩效有显著正向作用；其次是相差不大的行政管理因子(数据获取与使用)和产权制度因子(产权制度)，二者对生态绩效均有显著正向作用；再次是渔获后因子(基础设施)，对生态绩效有显著负向作用。国际比较分析显示，目前中国南海渔业在生态绩效显著影响因子上的整体表现并不令人乐观：与不同发展程度国家的渔业案例平均水平相比，中国南海渔业在数据获取与使用、产权制度、基础设施 3 个因子表现超过了发展中国家平均水平，但略低于世界平均水平，远低于全球投入控制制度渔业系统前 10 平均水平；在外生环境因素、国家治理两个因子表现低于发展中国家平均水平。与不同产权制度渔业系统相比，中国南海渔业的数据获取与使用、产权制度、基础设施 3 个因子表现略低于投入控制制度渔业系统的平均水平；在外生环境因素、国家治理两个因子表现低于开放性进入和投入控制制度渔业系统的平均水平。

因此，有必要以提高生态绩效为主要目标改进中国南海渔业资源治理的制度设计。具体来说，应提升生态绩效显著影响因子的表现，即外生环境因素、国家治理、产权制度、数据获取与使用、基础设施 5 个因子。

对于外生环境因素，既是这 5 个因子中的主要变量，也是中国南海渔业的短板，因而应给予重点关注。根据对中国南海渔业外生环境因素的评估结果，建议关键应采取措施降低工业或农业径流等长期慢性污染对南海渔业种群的影响，同时需要采取措施降低突发性污染事故、赤潮、台风等自然灾害对渔获价值的影响。

对于产权制度，根据对中国南海渔业产权制度因子的评估结果，中国南海渔业投入控制制度表现一般，特别是在捕捞权可转移性和捕捞权弹性方面表现很弱，在捕捞权耐久性和捕捞权排他性方面表现一般，应当进一步改善我国南海渔业的投入控制制度，增强捕捞权的可转移性、弹性、耐久性和排他性，以通过有限的捕捞权真正实现有效控制入渔，避免事实上的自由准入。

本研究显示，对投入控制制度渔业系统产权制度综合特征代理变量有显著正影响的因子为：管理方法、数据获取与使用两个行政管理因子。因此，为了完善中国南海渔业的投入控制制度，提升捕捞权的表现，核心是要加强行政管理。建议：以种群资源养护为目的，适度增加封闭或高度限制捕捞的海域面积，推进通过渔业社区直接管制或通过限制捕捞准入地点(出海或上岸地点)间接管制渔场，科学明确总可捕量，并严格遵守和统计总可捕量。同时，增强获取渔业资源生物和经济数据的能力，并推动管理部门科学使用数据。此外，南海渔业的国际外部性决定了我国需要与周边国家和地区在渔业数据获取与使用方面加强合作，以整体提高南海渔业科学管理水平；渔业数据不仅涉及海洋生物学，还包括海洋地质、海洋生态、海洋气候、海洋水文、海洋经济、海洋文化等多个方面，因此也需要跨部门、跨学科的合作。

(3)若转向产出控制制度渔业系统的产权制度，建议重点强化渔区领导力与凝聚力和数据获取与使用

本研究显示，对于产出控制制度渔业系统的产权制度综合特征代理变量有显著正影响的因子为：渔区领导力与凝聚力、国家经济条件；而渔区领导力与凝聚力、数据获取与使用两个因子既通过影响产权制度，间接地对绩效产生正向作用，其本身也直接对绩效有显著的正向作用。因此，对产出控制制度渔业系统的绩效来说，渔区领导力与凝聚力、数据获取与使用、国家经济条件 3 个因子最为重要。若未来中国的目标是转向产出控制制度渔业系统，那么，除了短期内难以改变的国家经济条件外，强化渔区领导力与凝聚力和数据获取与使用应成为未来渔业治理制度设计的重点。在渔区领导力与凝聚力方面，中国南海渔业在渔区凝聚力方面已有良好的物质和环境基础，但是在渔区领导力方面较弱，需要改进制度设计以提高渔区领导力及其自主治理水平。

参 考 文 献

埃莉诺·奥斯特罗姆，2012. 公共事物的治理之道　集体行动制度的演进[M]. 上海：上海译文出版社：277.

蔡晶晶，2012. 诊断社会－生态系统：埃莉诺·奥斯特罗姆的新探索[J]. 经济学动态，(08)：106－113.

曹云华，鞠海龙，2012. 南海地区形势报告(2011—2012)[M]. 北京：时事出版社：320.

陈琦，韩立民，钟美希，2017. 社会－生态系统分析框架在国外渔业管理领域的应用研究进展[J]. 水产学报，41(11)：1806－1816.

陈琦，胡求光，2018. 中国海洋渔业社会－生态系统脆弱性评价及影响因素分析[J]. 农业现代化研究，39(03)：468－477.

陈书全，邓宇冠，2018. 海域资源市场化配置及政府规制研究[M]. 北京：经济科学出版社：274.

陈新军，2001. 海洋渔业资源可持续利用评价[D]. 南京：南京农业大学.

陈新军，2014. 渔业资源经济学[M]. 第二版．北京：中国农业出版社：340.

陈新军，周应祺，2002a. 渔业资源可持续利用的灰色相对关联评价[J]. 水产学报，(04)：331－336.

陈新军，周应祺，2002b. 基于 BP 模型的渔业资源可持续利用综合动态评价[J]. 湛江海洋大学学报，(06)：38－44.

陈新军，周应祺，2003. 渔业资源可持续利用系统化评价方法的应用研究[J]. 上海水产大学学报，(01)：29－34.

陈作志，林昭进，邱永松，2010. 基于 AHP 的南海海域渔业资源可持续利用评价[J]. 自然资源学报，25(02)：249－257.

邓云锋，2007. 中国渔业中介组织研究[D]. 青岛：中国海洋大学.

邓云锋，韩立民，2006. 我国渔业中介组织的涵义及作用探析[J]. 中国渔业经济，(04)：14－16.

丁琪，2017. 全球海洋渔业资源可持续利用及脆弱性评价[D]. 上海：上海海洋大学.

丁琪，陈新军，方舟，等，2015. 西北太平洋沿海国海洋渔业资源可持续利用评价[J]. 中国海洋大学学报(自然科学版)，45(03)：54－66.

丁琪，陈新军，耿婷，等，2016. 基于渔获统计的太平洋岛国渔业资源开发利用现状评价[J]. 生态学报，36(08)：2295－2303.

丁琪，陈新军，李纲，等，2013. 基于渔获统计的西北太平洋渔业资源可持续利用评价[J]. 资源科学，35(10)：2032－2040.

费鸿年，张诗全，1990. 水产资源学[M]. 北京：中国科学技术出版社：787.

傅崐成，2014. 南(中国)海渔业资源区域合作护养管理研究[C].

高健，2012. 渔业资源产权制度及其应用[M]. 北京：中国农业出版社：177.

高健，刘亚娜，2007. 海洋渔业经济组织制度演进路径的研究[J]. 农业经济问题，(11)：74-79.

高健，陶宝山，朱善国，2002. 渔业资源的物品属性与渔业制度安排[J]. 中国渔业经济，(02)：39-41.

高明，高健，2008. 中国海洋渔业管理制度优化研究[J]. 太平洋学报，(02)：81-85.

高翔，高健，刘樱，2009. 我国渔业经济组织制度的变迁及发展建议[J]. 生态经济(学术版)，(01)：329-332.

葛红亮，鞠海龙，2013. 南中国海地区渔业合作与管理机制分析——以功能主义为视角[J]. 昆明理工大学学报(社会科学版)，13(01)：18-26.

郭守前，2004. 海洋渔业资源管理的理论探讨[J]. 华南农业大学学报(社会科学版)，(02)：92-97.

郭文路，黄硕琳，2001. 我国台湾的渔会及其职能[J]. 中国渔业经济，(04)：23-24.

国务院，2018. 中国(海南)自由贸易试验区总体方案[Z]. [2021-06-10]. https：//www. gov. cn/gongbao/content/2018/content_5335361. htm.

海口海关，2017. 2017 年海南省水产品进出口数据[R].

海口海关，2019. 海关执行的国家贸易管制措施指南[R].

海南省地方志办公室，2009. 海南省志-渔业志[M]. 海口：海南出版社.

海南省海洋与渔业监察总队，2019. 海南省海洋与渔业监察总队关于 2018 系列渔政专项执法行动的总结材料[R].

海南省海洋与渔业科学院，2017. 2016 年海南近海渔业资源状况调查评估报告[R].

海南省海洋与渔业科学院，2018. 2017 年海南近海渔业资源状况调查评估报告[R].

海南省海洋与渔业厅，2006. 2005 年海南省海洋环境状况公报[R]. [2021-06-08]. http：//www. hainan. gov. cn/hainan/0101/200609/dc29b04a16c9429c98d854a2829cd1bc. shtml.

海南省海洋与渔业厅，2014. 海南省 2013 年渔业统计年报表[R].

海南省海洋与渔业厅，2015a. 海南省 2014 年渔业统计年报表[R].

海南省海洋与渔业厅，2015b. 海南省海口市、三亚市、儋州市、文昌市、陵水县水产品市场价格通报每月报表(2013 年 1 月—2015 年 12 月)[R].

海南省海洋与渔业厅，2016a. 关于《海南省珊瑚礁和砗磲保护规定》实施后对琼海市海洋经济影响的情况报告[R].

海南省海洋与渔业厅，2016b. 海南省 2015 年渔业统计年报表[R].

海南省海洋与渔业厅，2017a. 海南省渔业生产情况报告[R].

海南省海洋与渔业厅，2017b. 海南省 2016 年渔业统计年报表[R].

海南省海洋与渔业厅，2017c. 海南省海洋小型渔船船网工具控制指标研究报告[R].

海南省海洋与渔业厅，2018a. 2017 年海南省海洋环境状况公报[R].

海南省海洋与渔业厅，2018b. 海南省列入农业部名录渔业港湾一览表[R].

海南省海洋与渔业厅，2018c. 海南省 2017 年渔业统计年报表[R].

海南省海洋与渔业厅，2018d. 深化海南渔业改革开放的相关政策研究报告[R].

海南省海洋与渔业厅，2018e.《海南渔情监测与渔业资源评估》调查数据集[R].

海南省海洋与渔业厅，2018f. 2018 年海南省海洋与渔业厅预算大本[R].

海南省人民代表大会常务委员会，2017. 海南省珊瑚礁和砗磲保护规定[Z]. [2021-05-20]. http://zw. hainan. gov. cn/data/news/2017/07/74599/.

海南省人民政府，2003. 海南省南沙渔业生产安全管理规定[Z]. [2021-05-20]. https://www.zhongnongwang. com/news/show-23502. html.

海南省水产研究所，2013. 海南海洋渔具渔法[M]. 北京：海洋出版社.

海南省统计局，国家统计局海南调查总队，2018. 海南统计年鉴 2018[M]. 北京：中国统计出版社.

韩兴勇，2001. 浅论渔民协会的作用及其发展方向[J]. 中国渔业经济，(06)：30-31.

韩杨，2018. 1949 年以来中国海洋渔业资源治理与政策调整[J]. 中国农村经济，(09)：14-28.

洪银兴，2000. 可持续发展经济学[M]. 北京：商务印书馆：449.

胡复元，郭云峰，2002. 加强行业自律 提高渔业组织化程度[J]. 中国渔业经济，(02)：9-10.

黄少安，洪银兴，2016. 现代经济学大典(制度经济学分册)[M]. 北京：经济科学出版社：177.

黄硕琳，1998. 国际渔业管理制度的最新发展及我国渔业所面临的挑战[J]. 上海水产大学学报，(03)：223-230.

孔凡宏，2012. 论我国渔业协会与政府关系的演化路径[J]. 上海海洋大学学报，21(03)：475-480.

李晟，朱颖颖，杨正勇，2009. 渔业协会、渔村社区组织及其渔业资源管理功能[J]. 渔业经济研究，(03)：29-33.

李寿岩，2003. 我国海洋渔业资源锐减原因及解决途径[J]. 中国渔业经济，(03)：26-27.

李思田，2004. 南海北部大陆边缘盆地油气成藏动力学研究[M]. 北京：科学出版社.

李文钊，2011. 多中心的政治经济学——埃莉诺·奥斯特罗姆的探索[J]. 北京航空航天大学学报(社会科学版)，24(06)：1-9.

李向民，2014. 蓝色的旋律[M]. 北京：海洋出版社.

联合国粮食及农业组织，2018. 2018 年世界渔业和水产养殖状况：实现可持续发展目标[M]. 罗马，意大利：联合国粮食及农业组织：228.

刘勤，2012. 现代渔业大背景下渔业产权制度探析[J]. 渔业信息与战略，27(01)：30-34.

刘舜斌，2005. 渔业权制度下构建渔业管理新体系的构想[J]. 中国渔业经济，(06)：48-51.

刘舜斌，2006. 渔业权研究(Ⅰ)[J]. 中国海洋大学学报(社会科学版)，(04)：6-9.

刘舜斌，2009. 渔业权研究(Ⅱ)[J]. 中国渔业经济，27(01)：29-32.

卢现祥，朱巧玲，2007. 新制度经济学[M]. 北京：北京大学出版社：531.

卢现祥，朱巧玲，2012. 新制度经济学[M]. 第二版. 北京：北京大学出版社：434.

科斯，诺思，威廉姆森，等，2003. 制度、契约与组织——从新制度经济学角度的透视[M]//刘刚，冯健，杨其静等译. 北京：经济科学出版社：531.

麦贤杰，2007. 中国南海海洋渔业[M]. 广州：广东经济出版社：290.

曼瑟尔·奥尔森，1995. 集体行动的逻辑[M]. 上海：上海人民出版社：225.

慕永通，2004a. 市场理性、产权与海洋生物资源管理——兼析美国北太平洋渔业私有化之逻辑[J]. 中国海洋大学学报(社会科学版)，(06)：114-127.

慕永通，2004b. 渔业管理：以基于权利的管理为中心[M]. 青岛：青岛海洋大学出版社：316.

慕永通，2005. 我国海洋捕捞业的困境与出路[J]. 中国海洋大学学报(社会科学版)，(02)：4-8.
慕永通，吕思言，2013. 基于生态系统的渔业管理：产权、契约和治理结构[J]. 农业经济与管理，(03)：49-53+61.
南海主要岛礁生物资源调查研究课题组，2004. 南海主要岛礁生物资源调查研究[M]. 北京：海洋出版社.
倪海儿，陆杰华，2003. 舟山渔场渔业资源可持续利用指标体系的构建与评价[J]. 应用生态学报，(06)：985-988.
倪海儿，周瑞娟，2009. 舟山渔场渔业资源可持续利用水平的灰色评价与预测[J]. 海洋与湖沼，40(03)：319-324.
农业部，2016. 全国渔业发展第十三个五年规划[Z]. [2021-02-20]. http：//www.moa.gov.cn/nybgb/2017/derq/201712/t20171227_6131208.htm.
农业部，2017a. 农业部关于进一步加强国内渔船管控　实施海洋渔业资源总量管理的通知[Z]. (2017-01-16). www.moa.gov.cn/govpublic/YYJ/20170/t20170120_5460583.htm.
农业部，2017b. 农业部关于调整海洋伏季休渔制度的通告[Z]. [2021-01-20]. www.yyj.moa.gov.cn/tzgg/20170120_6300726.htm.
农业部，2018a. 农业部关于实施带鱼等15种重要经济鱼类最小可捕标准及幼鱼比例管理规定的通告[Z]. [2021-03-20]. http：//www.moa.gov.cn/nybgb/2018/201803/201805/t20180528_6143239.htm.
农业部，2008b. 农业部关于在南海海域实行伏季休渔制度的通知[Z]. [2021-03-04]. http：//www.moa.gov.cn/gk/zcfg/nybgz/200806/t20080606_1057142.htm.
农业部渔业渔政管理局，2014a. 2014中国渔业统计年鉴[M]. 北京：中国农业出版社.
农业部渔业渔政管理局，2014b. 2014中国渔业年鉴[M]. 北京：中国农业出版社.
农业部渔业渔政管理局，2015a. 2015中国渔业统计年鉴[M]. 北京：中国农业出版社.
农业部渔业渔政管理局，2015b. 2015中国渔业年鉴[M]. 北京：中国农业出版社.
农业部渔业渔政管理局，2016a. 2016中国渔业统计年鉴[M]. 北京：中国农业出版社.
农业部渔业渔政管理局，2016b. 2016中国渔业年鉴[M]. 北京：中国农业出版社.
农业部渔业渔政管理局，2017a. 2017中国渔业统计年鉴[M]. 北京：中国农业出版社.
农业部渔业渔政管理局，2017b. 2017中国渔业年鉴[M]. 北京：中国农业出版社.
农业部渔业局，2008. 2008中国渔业统计年鉴[M]. 北京：中国农业出版社.
农业部渔业局，2009. 2009中国渔业统计年鉴[M]. 北京：中国农业出版社.
农业部渔业局，2010a. 2010中国渔业统计年鉴[M]. 北京：中国农业出版社.
农业部渔业局. 2010b. 2010中国渔业年鉴[M]. 北京：中国农业出版社.
农业部渔业局，2011a. 2011中国渔业统计年鉴[M]. 北京：中国农业出版社.
农业部渔业局，2011b. 2011中国渔业年鉴[M]. 北京：中国农业出版社.
农业部渔业局，2012a. 2012中国渔业统计年鉴[M]. 北京：中国农业出版社.
农业部渔业局，2012b. 2012中国渔业年鉴[M]. 北京：中国农业出版社，.
农业部渔业局，2013a. 2013中国渔业统计年鉴[M]. 北京：中国农业出版社.

农业部渔业局，2013b. 2013 中国渔业年鉴[M]. 北京：中国农业出版社.
农业农村部渔业渔政管理局，全国水产技术推广总站，中国水产学会，2018. 2018 中国渔业统计年鉴[M]. 北京：中国农业出版社.
农业农村部渔业渔政管理局，2019. 2018 年渔业渔政工作“十大亮点”[Z]. [2021-01-10]. http：//www.yyj.moa.gov.cn/gzdt/201904/t20190418_6196098.htm.
农业农村部，2019a. 农业农村部关于实行海河、辽河、松花江和钱塘江 4 个流域禁渔期制度的通告[Z]. [2019-05-21]. http：//www.cjyzbgs.moa.gov.cn/zcjd/201905/t20190521_6313314.htm.
农业农村部，2019b. 农业农村部办公厅关于组织开展渔获物定点上岸渔港申报工作的通知[Z]. [2019-04-20]. http：//www.moa.gov.cn/nybgb/2019/201904/201906/t20190607_6316362.htm.
农业农村部，2019c. 关于向社会公开征求《中华人民共和国渔业法修订草案(征求意见稿)》意见的函[Z]. [2019-08-29]. http：//www.fgs.moa.gov.cn/gzdt/201908/t20190829_6326836.htm.
农业农村部，2022. 渔业捕捞许可管理规定[Z]. [2022-10-08]. http：//www.moa.gov.cn/govpublic/CYZCFGS/202201/t20220127_6387843.htm.
庞成芳，梁振林，2009. 渔业行业协会——重构我国渔村社会资本的理想选择路径[J]. 中国渔业经济，27(01)：41-44.
平瑛，张鸿杨，蔡中华，2014. 基于 GAHP 模型对沿海省份渔业社会经济发展定量测评[J]. 中国农学通报，30(29)：39-45.
邱永松，曾晓光，陈涛，等，2008. 南海渔业资源与渔业管理[M]. 北京：海洋出版社.
全国人大常委会法制工作委员会国家法室，2014. 中国海洋权益维护法律导读[M]. 北京：中国民主法制出版社.
全国人民代表大会常务委员会，2013. 中华人民共和国渔业法(2013 年修正本)[Z]. [2021-06-01]. http：//www.moa.gov.cn/ztzl/xfxcz/flfg/201812/t20181203_6164267.htm.
任爱珍，2004. 试论海洋渔业资源产权的地方化——沿海渔民“双转”途径研究[J]. 浙江海洋学院学报(自然科学版)，(02)：118-125.
任航，杨钿，张振克，2016. 越南海洋鱼类捕捞量演变特征及对中国的启示[J]. 东南亚研究，(06)：20-30.
世界银行，2019. 世界银行数据银行[Z]. [2021-06-20]. https：//databank.shihang.org/.
宋文丽，2006. 我国渔业行业协会的现状与发展研究[J]. 中国渔业经济，(02)：20-22.
宋亚洲，韩宝平，朱国平，等，2010. 基于生态足迹的江苏省渔业资源可持续利用评价[J]. 水生态学杂志，31(02)：17-22.
孙吉亭，卢昆，2016. 中国海洋捕捞渔船“双控”制度效果评价及其实施调整[J]. 福建论坛(人文社会科学版)，(11)：49-55.
孙康，周晓静，苏子晓，等，2016. 中国海洋渔业资源可持续利用的动态评价与空间分异[J]. 地理科学，36(08)：1172-1179.
谭江涛，蔡晶晶，张铭，2018. 开放性公共池塘资源的多中心治理变革研究——以中国第一包江案的楠溪江为例[J]. 公共管理学报，15(03)：102-116+158-159.
谭江涛，章仁俊，王群，2010. 奥斯特罗姆的社会生态系统可持续发展总体分析框架述评[J]. 科技进步与对策，27(22)：42-47.
唐建业，黄硕琳，2004. 渔业配额权的基本性质分析[J]. 资源科学，(04)：17-23.
唐建业，黄硕琳，2006. 渔业社区管理在中国的实施探讨[J]. 海洋通报，(04)：63-68.
王国红，2018. 南海经略中的渔民政策：激励与保障[M]. 北京：人民出版社：245.
王群，2010. 奥斯特罗姆制度分析与发展框架评介[J]. 经济学动态，(04)：137-142.
王秀卫，2013. 南海低敏感领域合作机制初探[J]. 河南财经政法大学学报，28(03)：151-155.
王亚华，2017. 对制度分析与发展(IAD)框架的再评估[J]. 公共管理评论，(01)：3-21.
王羊，刘金龙，冯喆，等，2012. 公共池塘资源可持续管理的理论框架[J]. 自然资源学报，27(10)：1797-1807.
王尧耕，陈新军，1998. 世界头足类资源开发现状和中国远洋鱿钓渔业发展概况[J]. 上海水产大学学报，(04)：283-287.
王颖，刘瑞玉，苏纪兰，2013. 中国海洋地理[M]. 北京：科学出版社：910.
王志凯，2005. 渔业权制度与渔民权益保护[J]. 中国渔业经济，(05)：13-16.
吴逢杰，2006. 基于渔业生态足迹指数的渔业资源可持续利用测度研究[D]. 青岛：中国海洋大学.
夏玥明，倪海儿，周瑞娟，2009. 舟山市渔业可持续发展的灰色综合评价[J]. 水产科学，28(05)：295-298.
夏章英，2011. 南沙群岛渔业史[M]. 北京：海洋出版社.
熊敏思，陆亚男，刘勤，等，2015. 我国渔业中介组织的现状、特点及发展对策[J]. 渔业信息与战略，30(04)：259-264.
徐连章，2010. 新制度经济学视角下的我国海洋渔业资源可持续利用研究[D]. 青岛：中国海洋大学.
徐涛，慕永通，2016. 威海市海洋渔业资源可持续利用评价研究[J]. 中国渔业经济，34(06)：50-58.
杨建毅，2004a. 浙江省海洋渔业可持续发展的评估与对策研究[D]. 杭州：浙江大学.
杨建毅，2004b. 浙江省海洋捕捞渔业可持续发展状况分析[J]. 上海水产大学学报，(02)：140-145.
杨立敏，2007. 从日本渔业协同组合论我国渔民合作组织的构建[D]. 青岛：中国海洋大学.
杨立敏，刘群，2007. 利用博弈模型分析和评价日本渔业管理[J]. 中国海洋大学学报(自然科学版)，(03)：372-376.
杨吝，2017. 南海周边国家海洋渔业资源和捕捞技术[M]. 北京：海洋出版社：410.
杨荣命，2019. 论越南的海洋战略[J]. 战略决策研究，10(02)：80-99+102.
杨正勇，2005. 海洋渔业资源管理中 ITQ 制度交易成本研究[D]. 上海：复旦大学.
杨正勇，2012. 渔业资源与环境经济学[M]. 北京：中国农业出版社：282.
杨正勇，沈雪达，吴发华，2006. 论地方渔民协会在我国海洋渔业可持续发展中的作用——来自海安老坝港镇捕捞协会的启示[J]. 渔业经济研究，(04)：8-14.
于会国，陈静娜，慕永通，2006. 我国海洋渔业资源产权化管理模式研究[J]. 浙江海洋学院学报(自然科学版)，(02)：164-169+175.
袁蔚文，2000. 南海渔业资源评估[M]. 广州：广东科技出版社.
翟兵，2001. 渔民协会的作用及经验[J]. 中国渔业经济，(01)：35-45.
张鸿杨，2015. 评估学视角下的沿海省份渔业经济社会发展定量测评[D]. 上海：上海海洋大学.
张宏洲，2018. 南海渔业：IUU 捕捞、渔业冲突和合作途径[J]. 边界与海洋研究，3(05)：36-49.

张魁，廖宝超，许友伟，等，2017. 基于渔业统计数据的南海区渔业资源可捕量评估[J]. 海洋学报，39(08)：25-33.

张晓泉，2009. 中国海洋渔业资源资产产权制度的变迁与变革研究[D]. 青岛：中国海洋大学.

张颖，2016. 半闭海制度对南海低敏感领域合作的启示[J]. 学术论坛，39(06)：68-73.

张蕴岭，2012. 国际问题热点报告[M]. 北京：中国社会科学出版社.

张祖兴，方仕杰，2019. "一带一路"建设中的南海深海渔业资源养护合作[J]. 东南亚研究，(04)：105-123+157.

赵岚，郑先武，2019. 资源安全视域下南海渔业纠纷探析[J]. 亚太安全与海洋研究，(01)：71-89+5-6.

赵丽丽，2009. 中国基于社区的渔业管理研究[D]. 青岛：中国海洋大学.

郑德雁，韩立民，2003. 从国外行业协会的定位论我国水产行业协会的作用[J]. 中国渔业经济，(05)：35-36.

郑泽民，2019. 马来西亚海洋渔业发展和中马开展南海渔业合作思考[J]. 海南师范大学学报(社会科学版)，32(05)：67-74.

中国渔业政务网，2019. 全国水产品批发市场信息采集系统[Z]. [2021-04-19]. http：//www. cninfoyu. cn/Home/Login.

中国政府网，2018. 国家发展改革委农业农村部关于印发全国沿海渔港建设规划(2018—2015 年)的通知[Z]. [2021-04-19]. www. gov. cn/zhengceku/2018-12/31/content-5434021. htm.

中华人民共和国人力资源和社会保障部，2018. 中华人民共和国 2017 年国民经济和社会发展统计公报[R]. [2020-10-11]. http：//www. stats. gov. cn/tjsj/zxfb/201802/t20180228_1585631. html.

中华人民共和国国家统计局，2017. 2017 年国家年度数据[R]. [2020-10-11]. http：//data. stats. gov. cn/easyquery. htm? cn=C01&zb=A0902&sj=2017.

中华人民共和国国家统计局，2018. 中华人民共和国 2017 年国民经济和社会发展统计公报[R]. [2020-10-11]. http：//www. stats. gov. cn/sj/zxfb/202302/t20230203_1899855. html.

中华人民共和国国家统计局，2019. 国家统计局国家数据[R]. [2020-10-11]. https：//data. stats. gov. cn/easyquery. htm? cn=C01.

朱玉贵，2009. 中国伏季休渔效果研究[D]. 青岛：中国海洋大学.

Allison E H, Ratner B D, Åsgård B, et al., 2012. Rights-Based Fisheries Governance：from Fishing Rights to Human Rights[J]. Fish and Fisheries, 13(1)：14-29.

Anderies J, Janssen M, Ostrom E, 2004. A Framework to Analyze the Robustness of Social-Ecological Systems from an Institutional Perspective[J]. Ecology and society, 9(1).

Anderson J L, Anderson C M, Chu J J, et al., 2015. The Fishery Performance Indicators：A Management Tool for Triple Bottom Line Outcomes[J]. Plos One, 10(5).

Anderson J L, Anderson C M, Garlock T, et al., 2016. The Fishery Performance Indicators for California and Indonesia Fisheries Management Systems.

Asche F, Garlock T M, Anderson J L, et al., 2018. Three Pillars of Sustainability in Fisheries[J]. Proceedings of the National Academy of Sciences of the United States of America, 115(44)：11221-11225.

Asia-Pacific Fishery Commission, 2012. Regional overview of fisheries and aquaculture in Asia and the

Pacifec 2012. https://www.fao.org/3/i3185e/i3185e00.pdf.

Baland J M, Platteau J P, 1996. Halting Degradation of Natural Resources: Is There a Role for Rural Communities[J]. Oup Catalague.

Ban N C, Klein C J, 2009. Spatial Socioeconomic Data as a Cost in Systematic Marine Conservation Planning [J]. Conservation Letters, 2(5): 206-215.

Beddington J R, Agnew D J, Clark C W, 2007. Current Problems in the Management of Marine Fisheries[J]. Science, 316(5832): 1713-1716.

Béné C, Arthur R, Norbury H, et al., 2016. Contribution of Fisheries and Aquaculture to Food Security and Poverty Reduction: Assessing the Current Evidence[J]. World Development, 79: 177-196.

Binger B R, Hoffman E, 1989. Institutional Persistence and Change—the Question of Efficiency[J]. Journal of Institutional and Theoretical Economics, 145(1): 67-84.

Birkenbach A M, Kaczan D J, Smith M D, 2017. Catch shares slow the race to fish[J]. Nature, 544: 223-226.

Botsford L W, Castilla J C, Peterson C H, 1997. The management of fisheries and marine ecosystems[J]. Science, 277: 509-515.

Boström M, 2012. A missing pillar? Challenges in Theorizing and Practicing Social Sustainability: Introduction to the Special Issue[J]. Sustainability: Science, Practice and Policy, 8(1): 3-14.

Boyd H, Charles A, 2006. Creating Community-Based Indicators to Monitor Sustainability of Local Fisheries [J]. Ocean & Coastal Management, 49: 237-258.

Branch T A, 2009. How Do Individual Transferable Quotas Affect Marine Ecosystems? [J]. Fish and Fisheries, 10(1): 39-57.

Cao L, Chen Y, Dong S L, et al., 2017. Opportunity for Marine Fisheries Reform in China[J]. Proceedings of the National Academy of Sciences of the United States of America, 114(3): 435-442.

Carruthers I, Stoner R, 1981. Economic Aspects and Policy Issues in Groundwater Development [R]. Washington, D. C.: World Bank.

Carter N, 1996. Halting Degradation of Natural Resources: Is There a Role for Rural Communities? [J]. International Affairs, 72(4): 821-821.

Charles A T, 2002. Use Rights and Responsible Fisheries: Limiting Access and Harvesting through Rights-Based Management [J]. A Fishery Manager's Guidebook: Management Measures and Their Application, 424.

Charles A T, 1994. Towards Sustainability—the Fishery Experience[J]. Ecological Economics, 11(3): 201-211.

Charles A T, 1995. Fishery Science—the Study of Fishery Systems[J]. Aquatic Living Resources, 8(3): 233-239.

Charles A T, 1997. The Path to Sustainable Fisheries, International Oceanographic Commission Technical Series 47[R]. Paris: UNESCO: 201-213.

Charles A T, 2000. Sustainable Fishery Systems[M]. Oxford: Blackwell Science: xiv, 370.

Chu C, 2009. ThirtyYears Later: the Global Growth of ITQs and Their Influence on Stock Status in Marine Fisheries[J]. Fish and Fisheries, 10(2): 217-230.

Clark C W, 1973. The economics of overexploitation[J]. Science, 181: 630-634.

Clark C W, 1976. A Delayed-Recruitment Model of Population Dynamics, with an Application to Baleen Whale Populations[J]. Journal of Mathematical Biology, 3(3-4): 381-391.

Clark C W, 1980. Restricted Access to Common-Property Fishery Resources: A Game-Theoretic Analysis, Dynamic Optimization and Mathematical Economics[M]. New York: Plenum Press: 117-132.

Clark C W, Munro G R, 1980. Fisheries and the Processing Sector-Some Implications for Management Policy [J]. Bell Journal of Economics, 11(2): 603-616.

Copes P, 1986. A Critical-Review of the Individual Quota as a Device in Fisheries Management[J]. Land Economics, 62(3): 278-291.

Costello C, Gaines S D, Lynham J, 2008. CanCatch Shares Prevent Fisheries Collapse? [J]. Science, 321 (5896): 1678-1681.

Costello C, et al., 2016. Global fishery prospects under contrasting management regimes[J]. Proc Natl Acad Sci USA, 113: 5125-5129.

Crona B I, Van Holt T, Petersson M, et al., 2015. Using social-ecological syndromes to understand impacts of international seafood trade on small-scale fisheries[J]. Glob Environ Change, 35: 162-175.

Dahl A L, 2012. Achievements and Gaps in Indicators for Sustainability[J]. Ecological Indicators, 17: 14-19.

Dasgupta P S, Heal G M, 1979. Economic Theory and Exhaustible Resources[M]. Cambridge: Cambridge University Press.

Deacon R T, 2012. Fishery Management by Harvester Cooperatives[J]. Review of Environmental Economics and Policy, 6(2): 258-277.

Del Valle I, Astorkiza K, Díaz-Emparanza I, 2017. Measuring Species Concentration, Diversification and Dependency in a Macro-Fishery[J]. Empirical Economics, 52(4): 1689-1713.

Dietz T, Ostrom E, Stern P C, 2003. The Struggle to Govern the Commons[J]. Science, 302(5652): 1907-1912.

Ehrlich P R, Kareiva P M, Daily G C, 2012. Securing Natural Capital and Expanding Equity to Rescale Civilization[J]. Nature, 486(7401): 68-73.

Emery T J, Green B S, Gardner C, et al., 2012. Are Input Controls Required in Individual Transferable Quota Fisheries to Address Ecosystem Based Fisheries Management Objectives? [J]. Marine Policy, 36(1): 122-131.

Environmental Defense Fund, 2019. Environmental Defense Fund Database.

Essington T E, Melnychuk M C, Branch T A, et al., 2012. Catch shares, Fisheries, and Ecological Stewardship: A Comparative Analysis of Resource Responses to a Rights-Based Policy Instrument[J]. Conservation Letters, 5(3): 186-195.

FAO, 1995. Code of Conduct for Responsible Fisheries. Rome, FAO. 1995[R]. https: //www. fao. org/3/

v9878e/v9878e00. htm：41.

FAO，2021. FAO major fishing areas[R]. https：//www. fao. org/fishery/en/area/search.

FAO，2019a. FAO yearbook. Fishery and Aquaculture Statistics 2017. Rome[R]. https：//www. fao. org/fishery/static/Yearbook/YB2017_USBcard/navigation/index_intro_e. htm.

FAO，2019b. Global capture production quantity（1950－2017）[R]. https：//www. fao. org/fishery/statistics-query/en/capture/capture_quantity.

FAO，2017. Globefish information and analysis on markets and trade of fisheries and aquaculture[R]. https：//www. fao. org/in-action/globefish/fishery-information/tradestatistics/en/.

FAO，1993. Marine fisheries and the law of the sea：a decade of change special chapter（revised）of The State of Food and Agriculture 1992[R]. FAO Fisheries Circular：66.

Frame B，Brown J，2008. Developing Post-normal Technologies for Sustainability[J]. Ecological Economics，65(2)：225-241.

Funge-Smith S，Briggs M，Miao W，2012. Regional overview of fisheries and aquaculture in Asia and the Pacific 2012[R]. Asia-Pacific Fishery Commission，FAO Regional Office for Asia and the Pacific：139.

Garcia S，Rice J C，Charles A T，2014. Governance of Marine Fisheries and Biodiversity Conservation：Interaction and Coevolution[M]. Chichester，West Sussex：Wiley Blackwell：xxxviii，511 pages.

Garcia S M，Staples D J，Chesson J，2000. The FAO Guidelines for the Development and Use of Indicators for Sustainable Development of Marine Capture Fisheries and an Australian Example of Their Application[J]. Ocean & Coastal Management，43(7)：537-556.

Golden C，Allison E H，Cheung W W L，et al.，2016. Fall in Fish Catch Threatens Human Health[J]. Nature，534(7607)：317-320.

Gordon H S，1954. The Economic Theory of a Common-Property Resource：The Fishery[J]. Journal of Political Economy，2(62)：124-142.

Gordon H S，1984. Citation Classic—the Economic—Theory of a Common—Property Resource—the Fishery[J]. Current Contents/Social & Behavioral Sciences(4)：14-14.

Grafton R Q，Arnason R，Bjorndal T，et al.，2006. Incentive-based Approaches to Sustainable Fisheries[J]. Canadian Journal of Fisheries and Aquatic Sciences，63(3)：699-710.

Gutiérrez N L，Hilborn R，Defeo O，2011. Leadership，Social Capital and Incentives Promote Successful Fisheries[J]. Nature，470(7334)：386-389.

Halpern B S，Klein C J，Brown C J，et al.，2013. Achieving the Triple Bottom Line in the Face of Inherent Trade-offs among Social Equity，Economic Return，and Conservation[J]. Proceedings of the National Academy of Sciences of the United States of America，110(15)：6229-6234.

Hardin G，1968. The Tragedy of the Commons[J]. Science，162(3859)：1243-1248.

Heilbroner R L，1974. The Clouded Crystal Ball[J]. The American Economic Review，64(2)：121-124.

Hicks C C，Levine A，Agrawal A，et al.，2016. Engage Key Social Concepts for Sustainability[J]. Science，352(6281)：38-40.

Hilborn R，Stokes K，Maguire J J，et al.，2004. When Can Marine Reserves Improve Fisheries Management?

[J]. Ocean & Coastal Management, 47(3-4): 197-205.

Yanarella E J, Levine R S, 2014. From Sustainability to Resilience: Advance or Retreat? [J]. Sustainability: The Journal of Record, 7: 197-208.

Janssen M, 2002. Complexity and Ecosystem Management: The Theory and Practice of Multi-agent Systems [M]. Edward Elgar Publishing.

Jardine S L, Sanchirico J N, 2012. Catch Share Programs in Developing Countries: A Survey of the Literature [J]. Marine Policy, 36(6): 1242-1254.

Kiser L, Ostrom E, 1982. The Three Worlds of Action: A Meta-theoretical Synthesis of Institutional Approaches, Strategies of Political Inquiry, Beverly Hills, CA: Sage: 179-222.

Kittinger J N, Teh L C L, Allison E H, et al., 2017. Committing to Socially Responsible Seafood[J]. Science, 356(6341): 912-913.

Laerhoven F V, Ostrom E, 2007. Traditions and Trends in the Study of the Commons[J]. International Journal of the Commons, 1(1): 3-28.

Lester S E, Halpern B S, Grorud-Colvert K, et al., 2009. Biological Effects Within No-take Marine Reserves: A Global Synthesis[J]. Marine Ecology Progress Series, 384: 33-46.

Levin S A, 1999. Fragile Dominion: Complexity and the Commons[M]. Cambridge: Perseus Books Reading.

Liu P T, 1980. Dynamic Optimization and Mathematical Economics[M]. New York: Plenum Press: 269.

Low B, Ostrom E, Simon C, et al., 2003. Navigating Social-Ecological Systems: Building Resilience for Complexity and Change, Berkes F, Colding J, Folke C, editor, Navigating Social-Ecological Systems: Building Resilience for Complexity and Change, New York: Cambridge University Press: 83-114.

McCluney J K, Anderson C M, Anderson J L, 2019. The Fishery Performance Indicators for Global Tuna Fisheries[J]. Nature Communications, https: //doi. org/10. 1038/s41467-019-09466-6.

Mcdonald G, Mangin T, Thomas L R, et al., 2016. Designing and Financing Optimal Enforcement for Small-Scale Fisheries and Dive Tourism Industries[J]. Marine Policy, 67: 105-117.

Mcginnis M, Ostrom E, 2014. Social-Ecological System Framework: Initial Changes and Continuing Challenges[J]. Ecology and Society, 19(2).

Neher P A, 1978. The Pure Theory of the Muggery[J]. The American Economic Review, 68(3): 437-445.

Nowlis J, Van Benthem A A, 2012. Do Property Rights Lead to Sustainable CatchIncreases? [J]. Marine Resource Economics, 27(1): 89-105.

Olson, M, 1965. The Logic of Collective Action: Public Goods and the Theory of Groups[M]. Cambridge: Harvard University Press.

Ostrom E, 1990. Governing the Commons: The Evolution of Institutions for Collective Action [M]. Cambridge: Cambridge University Press.

Ostrom E, 2005. Understanding Institutional Diversity[M]. Princeton, New Jersey: Princeton University Press.

Ostrom E, 2007. Institutional Rational Choice: An Assessment of the Institutional Analysis and Development Framework[J]. Theories of the Policy Process, Boulder, CO: Westview Press: 21-64.

Ostrom E, 2009. A General Framework for Analyzing Sustainability of Social-Ecological Systems[J]. Science, 325(5939): 419–422.

Ostrom E, 2010. Beyond Markets and States: Polycentric Governance of Complex Economic Systems[J]. American Economic Review, 100(3): 641–672.

Ostrom E, Burger J, Field C B, et al., 1999. Revisiting the Commons: Local Lessons, Global Challenges [J]. Science, 284(5412): 278–282.

Ostrom E, Walker J, Gardner R, 1992. Covenants with and without a Sword: Self-Governance Is Possible [J]. American Political Science Review, 86(2): 404–417.

Pauly D, Christensen V, Dalsgaard J, et al., 1998. Fishing down marine food webs[J]. Science, 279: 860–863.

Pauly D, Zeller D, 2017. Comments on FAOs State of World Fisheries and Aquaculture (SOFIA2016)[J]. Marine Policy, 77: 176–181.

Picardi A C, Seifert W W, 1977. A Tragedy of the Commons in the Sahel[J]. Ekistics, 43(258): 297–304.

Pitcher T J, Lam M E, 2015. Fish commoditization and the historical origins of catching fish for profit[J]. Maritime Study, 14: 1–19.

Pomeroy R, Parks J, Lorenz Mrakovcich K, et al., 2016. Drivers and Impacts of Fisheries Scarcity, Competition, and Conflict on Maritime Security[J]. Marine Policy, 67: 94–104.

Ren J, Tamaki K, Li S, et al., 2002. Late Mesozoic and Cenozoic Rifting and Its Dynamic Setting in Eastern China and Adjacent Areas[J]. Tectonophysics, 344(3).

Rindorf A, Dichmont C M, Thorson J, et al., 2017. Inclusion of Ecological, Economic, Social, and Institutional Considerations When Setting Targets and Limits for Multispecies Fisheries[J]. Ices Journal of Marine Science, 74(2): 453–463.

Ruddle K, Davis A, 2013. Human rights and neo-liberalism in small-scale fisheries: Conjoined priorities and processes. Marine Policy, 39: 87–93.

Rydin Y, 2007. Indicators as a Governmental Technology? The Lessons of Community-Based Sustainability Indicator Projects[J]. Environment and Planning D: Society and Space, 25(4): 610–624.

Sanchirico J, Wilen J, 2007. Global Marine Fisheries Resources: Status and Prospects[J]. International Journal of Global Environmental Issues, 7: 106–118.

Sanchirico J N, Cochran K A, Emerson P M, 2002. Marine protected areas: economic and social implications [R].

Schlager E, Ostrom E, 1992. Property-Rights Regimes and Natural Resources: A Conceptual Analysis[J]. Land Economics, 68(3): 249–262.

Scott A, 1955. The Fishery: The Objectives of Sole Ownership[J]. Journal of Political Economy, 63(2): 116–124.

Segerson K, 2016. Collective Approaches to Fisheries Management [J]. Effort Rights in Fisheries Management: General Principles and Case Studies from Around the World: 251–260.

Seijo J C, Defeo O, Salas S, 1998. Fisheries Bioeconomics Theory, Modelling and Management[J]. FAO

Fisheries Technical Paper, 368: 1-108.

Sethi S A, Branch T A, Watson R, 2010. Global fishery development patterns are driven by profit but not trophic level[J]. Proc Natl Acad Sci USA, 107: 12163-12167.

Shepsle K A, Weingast B R, 1984a. Political Solutions to Market Problems[J]. American Political Science Review, 78(2): 417-434.

Shepsle K A, Weingast B R, 1984b. Uncovered Sets and Sophisticated Voting Outcomes with Implications for Agenda Institutions[J]. American Journal of Political Science, 28(1): 49-74.

Smith V L, 1969. On models of commercial fishing[J]. J Polit Econ, 77: 181-198.

Smith M D, Roheim C A, Crowder L B, et al., 2010. Sustainability and Global Seafood[J]. Science, 327 (5967): 784-786.

Smith R J, 1981. Resolving the Tragedy of the Commons by Creating Private Property-Rights in Wildlife[J]. Cato Journal, 1(2): 438-468.

Sneath D, 1998. State Policy and Pasture Degradation in Inner Asia[J]. Science, 281(5380): 1147-1148.

Sneath D, 2003. Land use, the Environment and Development in Post-Socialist Mongolia[J]. Oxford Development Studies, 31(4): 441-459.

Snidal D, 1985. Coordination versus Prisoners' Dilemma: Implications for International Cooperation and Regimes [J]. American Political Science Review, 79(4): 923-942.

Squires D, 2014. Rights Based Management in International Tuna Fisheries[C].

Squires D, Maunder M, Allen R, et al., 2017. Effort Rights-Based Management[J]. Fish and Fisheries, 18: 440-465.

Squires D, Kirkley J, Tisdell C A, 1995. Individual Transferable Quotas as a Fisheries Management Tool[J]. Reviews in Fisheries Science, 3(2): 141-169.

Stephenson R L, Benson A J, Brooks K, et al., 2017. Practical Steps toward Integrating Economic, Social and Institutional Elements in Fisheries Policy and Management[J]. ICES Journal of Marine Science, 74 (7): 1981-1989.

Stephenson R L, Paul S, Wiber M, et al., 2018. Evaluating and Implementing Social-Ecological Systems: A Comprehensive Approach to Sustainable Fisheries[J]. Fish and Fisheries, 19(5): 853-873.

The Heritage Foundation, 2018. Index of Economic Freedom[R]. URL: https://www.heritage.org/index/country/china.

United Nations General Assembly, 2015. Transforming Our World: the 2030 Agenda for Sustainable Development[C]. United Nations General Assembly. https://www.un.org/ga/search/view_doc.asp?symbol=A/RES/70/1&Lang=cn.

Welch W P, 1983. The Political Feasibility of Full Ownership Property-Rights-the Cases of Pollution and Fisheries[J]. Policy Sciences, 16(2): 165-180.

Williamson O E, 1979. Transaction-Cost Economics: The Governance of Contractual Relations[J]. Journal of Law and Economics, 22: 233-61.

Williamson O E, 1985. The Economic Institutions of Capitalism[M]. New York: Simon & Schuster: 450.

Wilson R K, 1984. Constraints on Social Dilemmas: An Institutional Approach[J]. Annals of Operations Research, 2(1): 183-200.

World Bank, 2018. Worldwide Governance Indicators. http://info.worldbank.org/governance/wgi/.

World Bank, 2019. World Bank Open Data. URL: https://data.worldbank.org/.

World Bank, FAO, 2009. The Sunken Billions the Economic Justification for Fisheries Reform[M]. Washington DC, Rome: xxiii, 100.

World Wide Fund For Nature, 2016. Living Planet Report 2016 Risk and Resilience in a New Era[R] http://awsassets.panda.org/downloads/lpr_living_planet_report_2016.pdf.

Worm B, Hilborn R, Baum J K, et al., 2009. Rebuilding Global Fisheries[J]. Science, 325(5940): 578-585.

Yale University, 2018. Environmental Performance Index[R]. https://epi.envirocenter.yale.edu/.

Zhang H, 2016. Chinese Fishermen in Disputed Waters: Not Quite a "People's War"[J]. Marine Policy, 68: 65-73.

Zhang H, Bateman S, 2017. Fishing Militia, the Securitization of Fishery and the South China Sea Dispute [J]. Contemporary Southeast Asia, 39: 288-314.

Zhou R, Segerson K, 2016. Individual vs. Collective Approaches to Fisheries Management[J]. Marine Resource Economics, 31(2): 165-192.

附　　录

附录一　英文缩写索引

缩写	术语(中文)	全称(英文)
AR	准入权/投入控制制度	Access Right
EPI	国家环境绩效	Environmental Performance Indicator
FAO	联合国粮农组织	Food and Agriculture Organization of the United Nations
FPIs	渔业绩效指标体系	Fishery Performance Indicators
HR	渔获权/产出控制制度	Harvest Right
IAD	制度分析与发展框架	Institution Analysis and Development
ITQs	个体可转让配额	Individual Transferable Quotas
IUU	非法的、未报告的和未受规制的	Illegal, Unreported and Unregulated fishing
MPAs	海洋保护区	Marine Protected Areas
MSY	最大持续产量	Maximum Sustainable Yield
OA	开放性进入	Open Access
RBFM	基于权利的渔业管理	Rights-Based Fishery Management
SES	社会-生态系统	Social-Ecological System

附录二 海南海洋渔业发展现状调查问卷

海南海洋渔业发展现状调查问卷

尊敬的女士/先生，

您好！欢迎参与我们的工作！

近年来，随着海洋渔业资源的衰退，南海的渔业生产和渔民的生活状况也发生了变化。这份问卷对我们深入了解发展现状、研究解决渔业生产生活中的问题非常重要，您的耐心回答将为我们提供莫大的帮助！

该问卷采用匿名方式，不涉及个人隐私，所得数据仅用于科学研究。问卷大部分是单选题，请结合实际，选择您认为可能性最大的选项，完成问卷大约需要 5~15 分钟。欢迎转发此问卷给参与南海渔业生产和管理的人员。非常感谢您的支持！

1. 您长期居住在海南吗？[单选题]*

○是

○不是

2. 您的工作地点是：[单选题]*

○海口 ○文昌 ○琼海 ○万宁

○陵水 ○三亚 ○乐东 ○东方

○昌江 ○儋州 ○临高 ○澄迈

○其他(请注明)________________

3. 您的职业是：[单选题]*

○个体渔民 ○船长/船东

○渔船船员 ○水产品加工老板/经理

○水产品加工工人 ○贸易商/批发商(进出口商)

○造船厂人员 ○统计调查员

○执法人员 ○行政管理人员

○科研人员 ○NGO 人员

○其他(请注明)________________

4. 您是从哪一年开始从事海洋渔业生产活动？________________年[填空题]*

5. 您今年多大了？[单选题]*

○30 岁以下 ○30~40 岁 ○41~50 岁 ○51~60 岁

○60 岁以上

6. 您的渔船有多大？［单选题］*

○小船，船长小于 12 米

○中船，船长在 12~24 米

○大船，船长大于 24 米

7. 您的渔船属于哪里？［单选题］*

○海南　○广东　○广西　○其他

8. 您的渔船作业方式是？［多选题］*

□刺网　□围网　□拖网　□张网

□钓具　□耙刺　□陷阱　□笼壶

□地拉网　□敷网　□抄网　□掩罩

□其他：

9. 您（或您的企业）是否加入了渔业相关的合作社或协会组织（如捕捞合作社、水产品加工流通协会）？［单选题］*

○是

○否

10. 近 5 年来，从南海捕获的以下鱼类尺寸是如何变化的？［矩阵单选题］*

	变大	基本没变	变小
金线鱼	○	○	○
带鱼	○	○	○
蓝圆鲹	○	○	○
石斑鱼	○	○	○
鲳鱼	○	○	○
海鳗	○	○	○

11. 您认为，近 5 年来，海南的海洋渔业资源是如何变化的？［单选题］*

○快速恢复　○有所恢复　○保持稳定　○有所衰退

○快速衰退

12. 您认为，海南近海及三沙海域的渔业资源关键栖息地（如产卵场）状态如何？［单选题］*

○关键栖息地是健康的，不受威胁

○退化或功能失调的栖息地面积低于 25%

○25%~75%的栖息地被降级或功能失调

○超过 75%的关键栖息地遭到破坏

○几乎所有重要的栖息地都受到了破坏或功能失调

○不知道

13. 您觉得，海南鱼虾产卵场的健康状态怎么样？[单选题]*

○破坏非常严重，几乎都被破坏

○破坏严重，超过七成被破坏

○破坏较严重，三成以上被破坏

○轻微破坏

○没有受到破坏

14. 海洋捕捞过程中，有被丢弃的渔获物吗？[单选题]*

○几乎没有，全部渔获都能利用

○丢弃的渔获物大概占 5%

○丢弃的渔获物大概占 5%~25%

○丢弃的渔获物大概占 25%~50%

○超过一半的渔获物会丢弃

○不知道

15. 您所在地区的海洋捕捞上岸渔获中，有第三方认证的有多少？[单选题]*

○没有第三方认证

○1%~25%经过认证

○26%~50%经过认证

○51%~75%经过认证

○76%~100%经过认证

○不知道

16. 您当年开始海洋捕捞时，花了多少钱购置一条渔船？

________________万元[填空题]*

17. 现在一条新渔船的卖价，与 5 年前类似规格的渔船相比，价格是如何变化的？[单选题]*

○增加 10%以上　　○增加 10%以内

○没什么变化　　○减少 10%以内

○减少 10%以上

18. 现在的渔船价格，与过去 10 年中类似规格渔船的 3 个最高价格相比，总体上是涨了还是跌了？幅度大概多少？[单选题]*

○现在的价格超过 3 个历史最高价格的 95%

○是 3 个历史最高价格的 85%~95%

○是 3 个历史最高价格的 70%~85%

○是 3 个历史最高价格的 50%~70%

○不到 3 个历史最高价格的 50%

19. 造渔船的资金来源主要是什么？[多选题]*

□银行提供的无担保商业贷款，或风险资本提供的无担保商业贷款

□银行提供的有担保业务贷款，或公开发行股票的有担保业务贷款；或来自水产行业其他方面的投资

□以个人(非商业)资产担保的银行贷款；或来自水产行业其他方面的担保贷款

□政府补贴的私人贷款，或政府运营的贷款项目，或国际援助机构

□小额贷款；或来自水产行业其他方面的贷款，但显著降低了利润

□家庭亲友借贷款，或社区贷款，或渔业行业协会贷款

□高利贷，或无资金可用；自有存款；或来自水产行业其他方面的剥削关系

□其他(请注明)：________________

□不知道

20. 渔业加工企业购置厂房、设备等的资金来源主要是什么？[多选题]*

□银行提供的无担保商业贷款，或风险资本提供的无担保商业贷款

□银行提供的有担保业务贷款，或公开发行股票的有担保业务贷款；或来自水产行业其他方面的投资

□以个人(非商业)资产担保的银行贷款；或来自水产行业其他方面的担保贷款

□政府补贴的私人贷款，或政府运营的贷款项目，或国际援助机构

□小额贷款；或来自水产行业其他方面的贷款，但显著降低了利润

□家庭亲友借贷款，或社区贷款，或渔业行业协会贷款

□高利贷，或无资金可用；自有存款；或来自水产行业其他方面的剥削关系

□其他(请注明)：________________

□不知道

21. 上面的贷款利率是多少(请选填其中一项)？[单选题]*

○无贷款

○年利率百分之________________

○年利率________________分________________厘

○月利率千分之________________

○月利率________________分________________厘

○日利率万分之________________

○日利率________________分________________厘

22. 上述贷款的还贷期限是：[单选题]*

○无贷款　○0~1 个月　○1~3 个月　○3~6 个月

○6~12 个月　○1~5 年　○5~10 年　○10 年以上

23. 按照每日 100%产能计算，您所在的加工厂，每年进行加工生产的天数占全年(365 天)的比例是多少？[单选题]*

○几乎全年　○273~347 天　○182~272 天　○73~181 天

○少于 73 天

24. 您(或您的企业)是否拥有自己的捕捞船队？[单选题]*

○无

○有，每年捕捞渔获约多少吨？________________

25. 您(或您所在的企业)主要收购哪些鱼类？[填空题]*

____

26. 今年以来，上述鱼类的平均收购价格分别是多少？[填空题]*

____

27. 上述鱼类经您(或您所在的企业)加工转手后的出售价格是多少？[填空题]

____

28. 您从渔船收购的水产品到加工后的批发产品，所增加的价值平均大概是多少？[单选题]*

○价值增长 2 倍以上

○价值增长 1~2 倍

○价值增长 50%~100%

○价值增长 10%~50%

○价值增长不足 10%

29. 您因搬运、损坏或偷窃而损失的水产品重量大概有多少？[单选题]*

○少于 5%　○5%~10%　○10%~25%　○25%~50%

○超过 50%

30. 您所在的水产品加工厂厂房、集料加工船等设施设备的平均使用年限是怎样的？[单选题]*

○设施设备很新，不到预期寿命的 1/4，建筑物年龄不到 7 年

○设施设备较新，不到预期寿命的一半，建筑物年龄在 7~15 年

○设施设备较旧，不到预期寿命的 3/4，建筑物年龄在 16~20 年

○设施设备很旧，达到预期寿命的最后 1/4，建筑物年龄在 21~25 年

○设施设备已超过预期寿命，建筑物超过 25 年

31. 您捕捞的渔获是在哪里卖的？[多选题]*

□水产品批发市场　□农贸市场

□中介商(鱼婆)收购　□加工商收购

□其他：________________

32. 您捕的鱼虾，有多少买家来买？［单选题］*

○有很多买家
○4~6 个买家
○2~3 个买家
○只有 1 个买家，长期与 1 个买家合作

33. 您每年捕捞获得的水产品总共能卖多少钱？

大约________________元［填空题］*

34. 您的所有年收入总额大概多少？［单选题］*

○超过 10 万元
○7.5 万~10 万元
○6.8 万~7.5 万元
○3.5 万~6.8 万元
○不到 3.5 万元

35. 如果不从事渔业，您还可以从事什么职业？［单选题］*

○农林牧业
○没有其他合适的工作可做
○采矿业
○建筑业
○批发和零售业
○住宿和餐饮业
○房地产业
○租赁和商务服务业
○居民服务、修理和其他服务业
○其他职业（请注明）________________

36. 在您所居住的社区内，您的社会地位怎么样？［单选题］*

○是社区最受尊敬的人群，类似官员、医生、律师等专业人士
○与管理人员和白领相当
○与熟练技术工人相当
○相当于技术不熟练的蓝领或服务人员
○最不受尊重

37. 您认为，渔船船员在其所居住社区内的社会地位怎么样？［单选题］*

○是社区最受尊敬的人群，类似官员、医生、律师等专业人士
○与管理人员和白领相当
○与熟练技术工人相当
○相当于技术不熟练的蓝领或服务人员
○最不受尊重

38. 您认为，船东（船长）在其所居住社区内的社会地位怎么样？［单选题］*

○是社区最受尊敬的人群，类似官员、医生、律师等专业人士
○与管理人员和白领相当
○与熟练技术工人相当
○相当于技术不熟练的蓝领或服务人员

○最不受尊重

39. 您认为，水产品加工工人在其所居住社区内的社会地位怎么样？[单选题]*

○是社区最受尊敬的人群，类似官员、医生、律师等专业人士

○与管理人员和白领相当

○与熟练技术工人相当

○相当于技术不熟练的蓝领或服务人员

○最不受尊重

40. 您认为，加工企业老板(经理)在其所居住社区内的社会地位怎么样？[单选题]*

○是社区最受尊敬的人群，类似官员、医生、律师等专业人士

○与管理人员和白领相当

○与熟练技术工人相当

○相当于技术不熟练的蓝领或服务人员

○最不受尊重

41. 您可获得的、可负担得起的医疗保障水平是哪一种？[单选题]*

○国际领先的治疗

○正规医生提供的创伤、手术和药物等治疗

○护士或医生提供紧急和常规药物治疗

○基本和简单的药物治疗是可行的

○无法获得医疗或药物治疗

42. 您能供您的子女获得的最高教育是什么？[单选题]*

○可接受大学及以上教育

○可接受高中教育或高级技术培训

○可接受初中水平的教育或简单的技术培训

○具备基本的读写和算术能力

○无法接受正规教育

43. 您认为海南的渔港和水产品加工区域的卫生条件怎么样？[单选题]*

○渔港和加工区域的卫生非常好

○渔港和加工区域的卫生得到了基本治理

○人类废弃物得到了充分处理，但渔获废物带来了卫生问题

○有适当的排水排污处理，但鱼或渔民、加工工人暴露在未经处理的污水中

○渔港和加工区域没有排水排污设施，没有干净的厕所

44. 您认为，当地在渔业关键投入(如食物、冰、捕捞装备、船只维修)和水产品经纪、物流运输等方面的业务支持情况怎么样？[单选题]*

○各种类型的支持业务很丰富

○某些类型的支持受限或不可用

○大多数类型的支持受限或不可用

○仅有少量投入支持

○相关业务支持在本地都不可用

45. 您认为渔业从业者的法律挑战、民事诉讼、抗议、信访等活动在多大程度上阻碍了渔业管理？[单选题]*

○没有针对渔业管理制度的重大法律挑战、民事诉讼或抗议

○有较小的法律挑战，使得渔业制度放缓执行

○法律挑战、民事诉讼或抗议阻碍了某些渔业管理措施

○法律挑战、民事诉讼或抗议导致暂停部分渔业管理活动

○法律挑战、民事诉讼或抗议导致关键的管理改革和监管认证的暂停或禁止实施

46. 渔民的年龄分布如何？[单选题]*

○各年龄段人数均匀

○稍微偏向年轻人(18~30岁)或年长者(50~60岁)

○明显倾向于年轻人或年长者

○几乎都是处于工作年龄(18~60岁)的年轻人或年长者

○大部分渔民小于18岁或大于60岁

47. 您认为，海南上岸的捕捞渔获物受疾病、病原体、有毒藻类或类似因素(如龙虾壳病、赤潮)影响的程度是怎样的？[单选题]*

○渔获价值有所提高

○渔获价值不受疾病影响

○渔获价值降低10%以下

○渔获价值降低10%~30%

○渔获价值降低30%以上

○渔获价值几乎完全被疾病消灭

○不知道

48. 您认为，海南上岸的捕捞渔获物受地震、火山、飓风、海啸和台风等突发自然灾害影响的程度如何？[单选题]*

○渔获价值有所提高

○渔获价值不受灾害影响

○渔获价值降低10%以下

○渔获价值降低10%~30%

○渔获价值降低30%以上

○渔获价值几乎完全被灾害消灭

○不知道

49. 您认为，海南上岸的捕捞渔获物受一次性污染和意外事故(如溢油、工业意外事故)影响的程度如何？[单选题]*

○渔获价值不受一次性污染或意外事故的影响

○渔获价值降低10%以下

○渔获价值降低10%~30%

○渔获价值降低30%以上

○渔获价值几乎完全被毁灭

○不知道

50. 您认为，工业或农业径流等长期慢性污染对南海渔业种群的影响程度如何？[单选题]*

○检测不到污染　　○检测到低度污染

○检测到高度污染　　○污染影响渔业资源增长

○污染导致渔业资源严重下降　　○不知道

51. 您认为，工业或农业径流等长期慢性污染对海南水产品消费的限制程度如何？[单选题]*

○不影响消费　　○消费影响非常小

○官方提出了一些消费限制要求　　○官方暂时禁止捕捞食用

○官方完全禁止消费　　○不知道

52. 您所在地区的海洋捕捞渔民加入合作社的比例大概有多少？[单选题]*

○几乎所有　　○70%~95%　　○35%~70%　　○5%~35%

○几乎没有　　○不知道

53. 您所在地区的水产品加工企业加入水产品行业协会的比例大概有多少？[单选题]*

○几乎所有　　○70%~95%　　○35%~70%　　○5%~35%

○几乎没有　　○不知道

54. 您认为，海南省的海洋捕捞合作社对渔业管理和船网工具指标有多大影响？[单选题]*

○合作社没有做出积极的努力，或没有能力影响渔业管理

○合作社对公共参与和分配进行社会的或非正式的监控

○合作社在政治上活跃，但不具有控制力

○合作社对资源分配有重大影响

○合作社可以有效确定资源分配

○不知道

55. 您认为，海南省的水产品加工流通协会对渔业商务活动有多大的影响？[单选题]*

○协会合作确定营销和运营细节

○协会进行广泛的联合营销

○协会是促进营销的大型子群体；会联合采购

○协会是合作采购或运营的小团体

○协会没有积极的努力或能力来影响渔业商务运作

○不知道

56. 您所在的地区，每年当中，有渔业从业者(如渔民代表、加工企业代表、合作社领导)参加的政府涉渔会议有多少次？[单选题]*

○0 次 ○1～5 次 ○6～11 次 ○12～24 次

○每年 24 次以上

57. 您每年参加政府组织的渔业相关会议有多少次？[单选题]*

○0 次 ○1～5 次 ○6～11 次 ○12～24 次

○每年 24 次以上

58. 您所在地区，海洋捕捞和水产品加工企业或个人是否为渔业公共管理提供资金支持？[单选题]*

○没有

○有，每年约多少万元？________________

59. 您所在的渔业组织(或企业)对渔业公共管理有资金支持吗？[单选题]*

○没有

○有，每年约多少万元？________________

○不知道

60. 您认为，海南渔村社区的领导能力如何？[单选题]*

○领导能力很强，渔村社区有受到广泛认可的一个或多个领导者，他们为渔业发展提供愿景，并能够吸引利益相关者实现这一愿景

○领导能力一般，可以维持渔业管理制度，但目前没有提供清晰的渔业发展愿景

○领导能力弱，没有公认的领导者为渔业利益相关者提供愿景

61. 您所在的渔业社区的领导能力如何？[单选题]*

○领导能力很强，社区里有受到广泛认可的一个或多个带头人，并且大家愿意跟随他们一起发展渔业

○领导能力一般，社区里有带头人，但是没有带领大家一起发展渔业

○领导能力弱，社区里没有渔业发展的带头人

62. 您认为，海南的渔业协会(如水产品加工流通协会)的领导能力如何？[单选题]*

○领导能力很强，渔业协会有受到广泛认可的一个或多个带头人，他们为渔业发展提供愿景，并能够吸引利益相关者实现这一愿景

○领导能力一般，可以维持渔业管理制度，但目前没有提供清晰的渔业管理愿景

○领导能力弱，没有公认的领导者为渔业利益相关者提供愿景

63. 为了促进渔业从业者之间的社会联系和互动，您认为，海南具备下列哪些条件？[多选题]*

□具备非渔业事务、文化或商业定期聚会和会议的公共场所

□存在促进交易信任的共享社会规范

□具备共享公共机构(政府、学校、市场)

□没有阻碍互动的社会地位或种姓的差异

□没有宗教差异和/或冲突

□没有阻碍互动的文化、种族或部落差异

64. 您认为，海南对海洋渔业的执法监管能力如何？[单选题]*

○对整个海岸线(包括近岸和近海)执法监管能力都强

○具备近岸执法监管能力，近海执法监管能力有限

○具备在大多数港口实施近岸执法监管的能力，近海执法监管能力非常有限

○仅具备在主要港口实施管制的能力，近海执法监管能力非常有限

○没有执法监管能力

65. 因为渔业种群具有流动性，其覆盖范围往往涉及多个国家，那么，中国对南海渔业种群的管理是否协调？是否存在某一国家的无效管理破坏了另一国家的努力？[单选题]*

○南海渔业种群的生命周期是在同一个或者多个国家管辖范围内，但具备一个有效的、正式的系统来共同管理整个范围内的渔业种群请选您认为可能性最大的选项

○有效的协调机构促进了整个南海渔业的联合管理请选您认为可能性最大的选项

○有一个协调结构，但没有约束性权威请选您认为可能性最大的选项

○有非正式的协调管理机构请选您认为可能性最大的选项

○不同国家有效地独立管理同一种群请选您认为可能性最大的选项

○不知道请选您认为可能性最大的选项

66. 海南的涉渔补贴(含捕捞、加工、出口等渔业环节)包括以下哪几种？[多选题]*

□燃油补贴

□捕捞准入支付补贴

□资本支持或者资本贷款补贴(如造船补贴、贷款贴息等)

□价格支持(通过投入或直接支付)(如出口补贴)

67. 海南省对南海可获得的生物和经济数据情况如何？[单选题]*

○每年(或其他适当时期)对渔业种群评估、上岸渔获和可用经济数据进行抽样

○持续收集全面的上岸渔获和价格数据

○可获得的可靠上岸渔获或价格数据有限；不定期收集的或基于大样本的数据

○基于小样本或缺失数据的可用数据极大地阻碍了管理所需的推断

○没有集中收集数据

68. 海南的渔业管理部门使用生物和经济数据的程度如何？[单选题]*

○生物和经济数据用于管理前瞻性分析

○以生物数据为主的简单的前瞻性分析

○使用生物或经济数据追溯绩效

○数据使用不一致或不规律

○在管理过程中没有进行数据分析

69. 您所在地区的捕捞渔获中，有多少是在公开透明的价格下(如进入批发市场、农贸市场、拍卖等)销售的？[单选题]*

○几乎所有　○70%以上　○30%~70%　○不到30%

○几乎没有　○不知道

70. 您所在地区的水产品市场向渔民提供信息的能力如何？[单选题]*

○可以做到即时向市场参与者提供完整、准确的价格和数量信息

○在下一次市场结算前，可获得可靠的价格和数量信息

○有价格信息，但没有及时的数量信息

○价格和数量信息不准确、滞后或只有少数人知道

○没有可用信息

71. 您所在地区的每个渔获上岸点(或水产品市场)，渔民可以接触到的买家有多少？[单选题]*

○竞争激烈，有很多买家　○4~6个买家

○2~3个买家　○少量互相协调的买家

○只有1个买家(如果渔民是通过信用关系与1个买家合作，则算1个买家)

○不知道

72. 您所在企业出口的水产品，能够获得稳定的海运和空运服务吗？一般从哪个港口出发？[多选题]*

□无出口业务　□服务稳定

□服务不稳定

☐出发港口是：________________

☐不知道

73. 您所在企业出口的水产品，海运和空运的平均价格大概是多少？比国内的平均价格怎么样？［多选题］*

☐海运价格：________________

☐空运价格：________________

☐比国内的平均价格高

☐比国内的平均价格低

☐不知道

74. 您认为，海南的政府或非政府组织通过技术推广活动帮助渔民的程度如何？［单选题］*

○在所辖区域的办事处开展广泛的技术推广服务，与国内外学术界保持密切联系

○推广服务所辖区域覆盖适度，与国内外学术界联系充分

○有推广服务，但与国内外学术界联系薄弱

○推广服务少、支持差

○没有推广服务

75. 您所在地区的水产品供应链中，从渔船到消费者，冰和/或制冷设备的可用范围如何？［单选题］*

○冰的形式多种多样，有足够的能力为所有需要冰的渔获提供新鲜的冰

○冰的形式多种多样，但数量限制使其无法适用于整个供应链的所有渔获量

○冰的形式和数量都是有限的，因此只适用于渔获物中最有价值的部分

○冰可用，但容量有限；或，冰经常重复使用，或经过融化阶段使用

○冰的数量非常有限

76. 您对上述问题的回答有多大把握？［单选题］*

○很有把握，对上述问题熟悉，正确率可达 90%以上

○比较有把握，对上述问题较熟悉，正确率在 70%~90%

○不太有把握，对上述问题不太熟悉，正确率不到 70%

77. 如果您愿意，请留下您的任意一种或几种联系方式：［填空题］

○手机：________________

○办公电话：________________

○微信号：________________

○QQ 号：________________

○邮箱：________________

附录三 专家及其他类型调查对象所答问卷题目对照表

专家及其他类型调查对象所答问卷题目对照表

备注：表中“1”代表答了该题，“0”代表未答该题，题目序号对应附录二“海南海洋渔业发展现状调查问卷”。

序号	科研人员	个体渔民	船长/船东	渔船船员	加工企业主/经理	加工工人	贸易商/批发商	造船厂人员	统计调查员	执法人员	行政管理人员	NGO人员	其他
第 1 题	1	1	1	1	1	1	1	1	1	1	1	1	1
第 2 题	1	1	1	1	1	1	1	1	1	1	1	1	1
第 3 题	1	1	1	1	1	1	1	1	1	1	1	1	1
第 4 题	0	1	1	1	1	1	1	0	1	0	0	0	0
第 5 题	0	1	1	1	1	1	1	0	1	0	0	0	0
第 6 题	0	1	1	1	0	0	0	0	0	0	0	0	0
第 7 题	0	1	1	1	0	0	0	0	0	0	0	0	0
第 8 题	0	1	1	1	0	0	0	0	0	0	0	0	0
第 9 题	0	1	1	1	1	1	1	0	0	0	0	0	1
第 10 题	1	1	1	1	1	1	1	0	1	1	1	1	0
第 11 题	1	0	0	0	0	0	0	0	1	1	1	1	0
第 12 题	1	0	0	0	0	0	0	0	0	0	1	1	0
第 13 题	0	1	1	1	0	0	0	0	0	0	0	0	0
第 14 题	1	1	1	1	0	0	0	0	1	1	1	1	0
第 15 题	1	0	0	0	1	0	0	0	0	0	1	1	0
第 16 题	0	1	1	0	0	0	0	0	0	0	0	0	0
第 17 题	0	0	0	0	0	0	0	1	0	0	0	0	0
第 18 题	0	0	0	0	0	0	0	1	0	0	0	0	0
第 19 题	1	1	1	0	0	0	0	1	0	0	1	1	0
第 20 题	1	0	0	0	1	1	0	0	0	0	1	1	0
第 21 题	0	1	1	0	1	0	0	1	0	0	0	0	0
第 22 题	0	1	1	0	1	0	0	1	0	0	0	0	0
第 23 题	0	0	0	0	1	1	0	0	0	0	0	0	0
第 24 题	0	0	0	0	1	1	1	0	1	0	0	0	0
第 25 题	0	0	0	0	1	1	1	0	1	0	0	0	0

续表

序号	科研人员	个体渔民	船长/船东	渔船船员	加工企业主/经理	加工工人	贸易商/批发商	造船厂人员	统计调查员	执法人员	行政管理人员	NGO人员	其他
第 26 题	0	0	0	0	1	1	1	0	1	0	0	0	0
第 27 题	0	0	0	0	1	1	1	0	1	0	0	0	0
第 28 题	0	0	0	0	1	1	1	0	0	0	0	0	0
第 29 题	0	1	1	1	1	1	1	0	1	0	0	0	0
第 30 题	0	0	0	0	1	1	0	0	0	0	0	0	0
第 31 题	0	1	1	1	0	0	0	0	0	0	0	0	0
第 32 题	0	1	1	1	0	0	0	0	0	0	0	0	0
第 33 题	0	1	1	0	0	0	0	0	0	0	0	0	0
第 34 题	0	1	1	1	1	1	1	0	0	0	0	0	0
第 35 题	0	1	1	1	1	1	1	0	0	0	0	0	0
第 36 题	0	1	1	1	1	1	1	0	0	0	0	0	0
第 37 题	1	0	0	0	0	0	0	0	0	1	1	1	1
第 38 题	1	0	0	0	0	0	0	0	0	1	1	1	1
第 39 题	1	0	0	0	0	0	0	0	0	1	1	1	1
第 40 题	1	0	0	0	0	0	0	0	0	1	1	1	1
第 41 题	0	1	1	1	1	1	1	0	1	0	0	0	0
第 42 题	0	1	1	1	1	1	1	0	1	0	0	0	0
第 43 题	1	1	1	1	1	1	1	1	1	1	1	1	1
第 44 题	1	1	1	1	1	1	1	1	1	1	1	1	1
第 45 题	1	0	0	0	0	0	0	0	0	1	1	1	0
第 46 题	1	0	0	0	0	0	0	0	0	1	1	1	0
第 47 题	1	0	0	0	0	0	0	0	0	0	1	1	0
第 48 题	1	0	0	0	0	0	0	0	0	0	1	1	0
第 49 题	1	0	0	0	0	0	0	0	0	0	1	1	0
第 50 题	1	0	0	0	0	0	0	0	0	0	1	1	0
第 51 题	1	0	0	0	0	0	0	0	0	0	1	1	0
第 52 题	1	0	0	0	0	0	0	0	0	1	1	1	0
第 53 题	1	0	0	0	0	0	0	0	0	1	1	1	0
第 54 题	1	1	1	0	0	0	0	0	0	1	1	1	0
第 55 题	1	0	0	0	1	1	1	0	0	1	1	1	0
第 56 题	0	0	0	0	0	0	0	0	0	1	1	0	0
第 57 题	0	1	1	0	1	0	1	0	0	0	0	1	0
第 58 题	0	0	0	0	0	0	0	0	0	1	1	1	0

续表

序号	科研人员	个体渔民	船长/船东	渔船船员	加工企业主/经理	加工工人	贸易商/批发商	造船厂人员	统计调查员	执法人员	行政管理人员	NGO人员	其他
第 59 题	0	1	1	0	1	0	1	0	1	0	0	0	0
第 60 题	1	0	0	0	0	0	0	0	0	1	1	1	1
第 61 题	0	1	1	1	1	1	1	0	1	0	0	0	0
第 62 题	1	0	0	0	1	1	1	0	0	1	1	1	0
第 63 题	1	0	0	0	1	0	1	0	0	0	1	1	0
第 64 题	1	0	0	0	0	0	0	0	1	1	1	1	0
第 65 题	1	0	0	0	0	0	0	0	0	1	1	1	0
第 66 题	0	0	0	0	0	0	0	0	0	0	1	0	0
第 67 题	1	0	0	0	0	0	0	0	0	0	1	0	0
第 68 题	1	0	0	0	0	0	0	0	0	0	1	0	0
第 69 题	0	0	0	0	0	0	1	0	1	1	1	0	0
第 70 题	1	0	0	0	0	0	0	0	1	1	1	1	0
第 71 题	1	0	0	0	0	0	0	0	1	1	1	0	0
第 72 题	0	0	0	0	1	1	1	0	0	0	0	0	0
第 73 题	0	0	0	0	1	1	1	0	0	0	0	0	0
第 74 题	1	0	0	0	0	0	0	0	0	1	1	1	0
第 75 题	1	0	0	0	1	1	1	0	0	1	1	1	0
第 76 题	1	1	1	1	1	1	1	1	1	1	1	1	1
第 77 题	1	1	1	1	1	1	1	1	1	1	1	1	1